Zu diesem Buch

Es ist schon lange her, da rieten Freunde dem Autor, er müsse mal dorthin, nach Irland. Er könne doch nicht immer nach Frankreich fahren. Doch, könne er, hatte der Autor geantwortet. Irland ist ein eigenwilliges Land. Ob es nun an Heinrich Böll lag oder am Guinness oder an der irischen Musik: irgendwann, es ist schon lange her, fuhren Autor und Malerin mit einem alten VW-Bus zum ersten Mal auf diese Insel, dort oben links außen auf der Europakarte. Es war nicht das letzte Mal. Denn die Insel übte ihre geheimnisvolle Wirkung aus, sodass nun das zweite Buch über Irland geschrieben werden musste, zusätzlich zu einem Bändchen mit Gedichten. Ein Buch über eigene Erlebnisse, über das Leben, über Träumereien und Fantasien, über Politik und Geschichte. Über Irland und die Iren eben.

Ulrich Straeter, geb. 26. Juli 1941 in Dortmund, gelernter Dipl.-Finanzwirt, gab 1981 seinen Beruf auf und wurde Autor und Verleger. Er veröffentlichte zuletzt die Reisebücher *Schottland schaurig schön,* Eine Reise von Cornwall zu den Hebriden und *Bittersüßer Aperitif,* Reisenotizen aus Südfrankreich im ARKA Verlag, Essen; *Bretagne bleue – Reiseerzählungen* und *Wer über das Meer kommt ist ein Dieb – Unterwegs in Sardinien und Korsika* im Horlemann Verlag, Bad Honnef, sowie *Westfälische Dichterstraßen III* im Ardey Verlag, Münster. Kürzlich erschien außerdem ein Band mit Reisegedichten aus dreißig Jahren: *Steinfinger sticht in Coelinblau,* Gedichte, im ARKA Verlag.
Herausgaben zuletzt: *Der Pott kocht.* Geschichten zur Criminale 2000, (mit H.P. Karr & Walter Wehner), *Schmales Blütenblatt aus Meer und Schnee* – Streifzüge durch Chile (mit Angelika Wolf), beide ARKA Verlag, Essen.

Ilse Straeter, geb. 1947 in Bottrop, Grafikdesignerin und Malerin. Gab nach zwanzig Jahren ihren Beruf als Atelierleiterin in einer Werbeagentur auf und machte sich als Künstlerin selbstständig. Zeigte seitdem eine Reihe von Ausstellungen zu den Themen Landschaftsmalerei und Tanz.
Veröffentlichungen u.a.: *unterwegs,* Aquarelle im kleinen Format, sowie *TanzScription,* Bilder vom Tanz. Zahlreiche Buch-Illustrationen.

Ulrich Straeter

IN IRLAND

Reise-Erzählungen

Illustrationen
Ilse Straeter

Nachwort
Jürgen Lodemann

ARKA Verlag

Bibliografische Information der Deutschen Bibliothek

Die Deutsche Bibliothek verzeichnet diese Publikation
in der Deutschen Nationalbibliografie;
detaillierte bibliografisch Daten sind im Internet
über http://dnb.ddb.de abrufbar.

2008
ARKA Verlag
Joseph-Lenné-Str. 3
D-45131 Essen
Tel. / Fax + +49 (0)201 / 42 12 26
Mail: straeter-kunst@t-online.de
www.straeter-kunst.de

© Text: Ulrich Straeter
© Titelgestaltung und Layout: Ilse Straeter
Satz: Günter Großheimann, Essen
Gesetzt in der Palatino 10 Punkt
Druck: Druckerei & Verlag Steinmeier GmbH, Deiningen
ISBN 978-3-929219-27-2
Frontispiz: In Kinsale (Aquarell)

Isle of Kathleen

Einige Plätze, an denen Irland gefunden werden könnte

The Most Northerly Pub

The Rope and other Bridges
(Because there is a way
for giants)

Ferry to Staffa or the Most
beautiful Scotland *)

Little Harbour
with Roarks
Kitchen

Town
without
Lighthouse

Bloody Foreland
(Temporary
„Straeter Point")

The Middle
of Nowhere

The North West Passage

Patsy's Country

Liberty Statue

Home of
the Writing Man

Time of Stones

Pirate
Queen Bay

The Sentence
of Wittgenstein

Madonna
Village

River of Guinness Water

Place
of Flying
Englishmen

Lynch Town
or Barnacle Town
or Lodemann Town

City of Anne
and David and J.J.

Whiskey Town

Fish Grounds with Music

Loop Head

Arthurstown
upon
Sunshine

Ferry to
Dylan Thomas
Country or
Great Wales

The Bridge
of Reveries

Town of Funghi the Dolfin

Hook Head

Isle
where the boats
never sail

Ballyferriter or Baile an Fheirténraight or Baile an Feirteiris
(One of the Most Westerly Points of Europe)

Head of
Fine Weather

Head of
Bad Weather

Head of Gale Warnings

*) s. auch Ulrich Straeter: Schottland schaurig schön,
Eine Reise von Cornwall zu den Hebriden, Essen, 1999

INHALT

Irland hat sich ein wenig verändert.
Oder es ist nur ein Land der Phantasie.

Hugo Hamilton

Da ist das Problem mit Irland.
Es weckt unrealistische Hoffnungen.

Pete McCarthy

Irland wurde von Dichtern und Schriftstellern erträumt –
na gut, ein paar verrückte Priester, Besoffene
und Politiker waren auch dabei.

Bono, Musiker der Band U 2

VON DER SCHATZSUCHE
(Vorwort)

Selten fand man bisher einen der vergrabenen Schätze berühmter Seeräuber. Vielleicht haben sie ihr Gold zu gut versteckt, zu wenige kannten den geheimen Ort und starben, ohne ihn verraten zu haben. Oder irgendwann erwischte es den Piraten in einem Kampf oder die Gegner fingen ihn und knüpften ihn auf – so erging es Käpt'n Kidd, der lange in einem Drahtkäfig zur Schau gestellt am Londoner Hafen zur Abschreckung baumelte. Vielleicht war es aber auch mit den erbeuteten Schätzen nicht so weit her, schnell verjubelt waren Geld und Gold in mancher Hafenbar bei Suff und leichten Mädchen. Oder der Schatz bestand aus Waren, aus Tee und Baumwolle, die verhökert werden mussten: der Ertrag wurde auf die Mannschaft verteilt. Oder man fuhr mit einem Lettre de course (daher der Begriff Korsaren), einem Kaperbrief seines Souveräns, zum Beispiel Queen Elisabeth I oder Napoleon I, dann musste man mindesten die Hälfte der Beute an diese abliefern. Solche Kapitäne brauchten keine geheimnisumwitterte Insel, um Schätze zu vergraben, sie wurden hoch geehrt und konnten die geraubten Gelder legal als Reeder und Kaufmann anlegen.

Auch auf den Juan-Fernandez-Inseln unweit Kap Hoorns, wo Alexander Selkirk (Robinson) vier Jahre kampierte, wurden keine Schätze vergraben. Hier reparierten die seeräubernden armen Teufel ihre morschen Schiffe, um später dennoch abzusaufen oder in spanische Gefangenschaft zu geraten. Manchmal setzten sie auch einen aufrührerischen Kollegen dort aus.

Also keine vergrabenen Schätze? Wozu auch. Für wen? Für wann? Wer würde denn als Rentner mit welchem Schiff dorthin zurückkehren können, um den Schatz zu holen. Warum der Zeitaufschub, wenn das Leben gefährlich und wahrscheinlich kurz war? Zum Vererben? Nur eine spießbürgerliche Idee, keines Seemannes würdig. Also her mit den Dukaten und Dublonen und hoch die Tassen!

Aber vielleicht hat doch jemand irgendwo etwas vergraben. Den Kirchenschatz von Lima zum Beispiel, der zur Sicherheit auf ein Schiff gebracht und nie wieder gefunden wurde, obwohl im Lauf der Zeit etliche Karten auftauchten. Und John Flints Schatz? Dessen Fundstelle nur er allein wusste, weil er seine beiden Mitwisser erschlug. Trotzdem gab es plötzlich eine Karte, die in die Hände eines schottischen Schriftstellers geriet... *Großer Baum, Fernrohrabhang, Richtung ein Grad N nach NNO. Knocheninsel, Schädelstätte, zehn Fuß O.*

Einen Schatz findet nur derjenige, der weiß, was er sucht. Vielleicht befindet sich die einsame Insel in uns und ist deshalb so schlecht zu erkennen. Vielleicht ist der Schatz auch über eine ganze Insel verstreut. Fangen wir an in Arthurstown, und wenn die irische Göttin uns wohlgesonnen ist, stoßen wir auf allerlei Überraschungen. Fernrohrabhang, Richtung ein Grad N nach NNO. Schädelstätte, zehn Fuß O. Oder strikt nach Nord. Vielleicht.

U. S.

DAS GIBTESNICHT

In diesem Kapitel wird erläutert, warum es Irland manchmal nicht gibt, vor allem, wenn man auf die Wetterkarte schaut. Da man aber den Wetterberichten häufig nicht trauen kann (was ist schon sicher?), gibt es das Gibtesnicht vielleicht doch.

Eigentlich wollte ich nach Arthurstown.

Leider liegt dieses Nest in Irland. Und dieses Land gibt es nicht. Auf einer Infrarotaufnahme Europas und Afrikas, die der Wettersatellit NOAA-9 am sechsten August 1986 aus ungefähr 850 Kilometer Höhe machte, ist Irland nicht zu sehen. Nordafrika leuchtet überwiegend rötlich, Europa (ohne dieses seltsame Land, das man nicht sieht) in Grün- und Gelbtönen. Über Süditalien und Griechenland treiben sich einige weiße Flecken herum. Am oberen rechten Rand erblickt man Dänemark und ein wenig von Schweden und Norwegen. Dann, weiter westlich, schemenhaft England und schaurig schönes Schottland. Vom Atlantik, von den Azoren her, wälzt sich eine weiße Wolke nach Nordosten, fegt über die Bretagne hinweg und fängt bei den Shetland Inseln an, sich in enger werdenden Spiralen auf, ja auf dieses Gibtesnicht, dieses Gaeltacht, zuzuwälzen, um es endgültig mit dem riesigen weißen Klumpen eines Orkans zuzudecken. Reste des Spiralnebels ziehen in Richtung Skandinavien ab. Dieses Land, in dem Arthurstown liegen soll, gibt es nicht, die Wissenschaft und der Wetterdienst haben es bewiesen.

Dessen ungeachtet hat Heinrich Böll – und der dürfte als Gewährsmann integer sein – schon 1967 behauptet, er habe viel über Irland gelesen und erfahren. Auch er hatte Erkenntnisse, die von einem Beobachtungssatelliten stammen sollten. Es sei objektiv nachgewiesen, dass die Iren näher am Himmel wohnen als die übrigen Europäer, und zwar ziemlich genau vierzig Meter. Die Zahl vierzig überrascht uns überhaupt nicht, darauf werden wir im Zusammenhang mit dem heilig genannten Patrick noch näher eingehen. Mit dem Himmel haben die Iren also ihre besonderen, sicher ganz persönlichen Kontakte, die möglicherweise irgendwelche Mittelsmänner oder Agenten in Rom oder anderswo überflüssig machen.

Eine weitere Erkenntnis stammt aus dem Internet, dafür legen wir unsere Hand auf keinen Fall ins Feuer. Jedermann und -frau kann es aber nachprüfen: dem irischen Alfabet fehlen acht Buchstaben! J, k, q, u, w, x, y, und z gibt es angeblich nicht!

Trotzdem gelang und gelingt es irischen Schriftstellern ziemlich gut, genau das auszudrücken, was sie meinen. Wobei sie allerdings überwiegend, was günstig für uns ist, die englische Sprache benutzen.

Da müsst ihr mal hin, hatten Freunde vor längerer Zeit gesagt. Ihr könnt nicht immer nach Frankreich fahren! Doch, können wir! hatten wir geantwortet. Der deutsche Schriftsteller und Journalist Arnold Höllriegel, der später vor den Nazis in die USA flüchten musste, schrieb 1914 unter seinem Pseudonym Richard Arnold Bermann ein ironisch-ergötzliches Buch über Irland, in dem er einen Bekannten zitierte, der ihn vor diesem Land warnte. Fahren Sie bloß nicht dorthin, sagte dieser angebliche Kenner, es mag landschaftlich ganz schön sein, aber es ist ein schmutziges und ungemütliches Land. Bermann konterte: Wenn er ein Land besuche, ein fremdes Haus sozusagen, dann bleibe er nicht gern im Salon. Er interessiere sich dann auch für das Kinderzimmer und das Klosett! Und er schrieb sein auch sarkastisches Buch ‚Irland‘ mit deutlicher Sympathie für dessen Einwohner.

Scheinbar verdrängt, bohrte der Vorwurf der Freunde in uns, wir seien bei der Auswahl unserer Reiseländer zu einseitig; gab es in diesem Keltenland da oben links außen nicht solch eigenartige Musik, über die manche Leute ins Schwärmen gerieten? Ein paar dudelsackdrückende und in Blechflöten pustende Säufer aus Dublin waren auch schon einmal in unserer Heimatstadt aufgetreten. Und dieses seltsam dunkle Bier mit seinem gelben Schaum? Hatten wir noch nie probiert! Wir kauften uns Heinrich Bölls Irisches Tagebuch und fuhren hin.

Irgendetwas war damals mit uns passiert.

Nun waren wir zum vierten Mal in Richtung dieses Landes unterwegs, das, sagt man dort, der liebe Gott, wenn er es ernst gemeint hätte, nicht hätte erschaffen dürfen. Er tat es dennoch in einem schwachen Moment. Kelten und Iren und Besucher müssen damit fertig werden. It could be worse.

Das Wetter war fantastisch! Das glaubt kein Mensch, der schon einmal etwas über Irland gehört hat. Wir erlebten während der ganzen Fahrt vier richtige Sonnentage. Das wird schon eher akzeptiert. Doch ganz so schlimm war es nicht. Es gibt Zwischentöne, auch in Irland. Doch wer fährt schon wegen des Wetters dorthin! Und das zum vierten Mal! Wir haderten ein wenig mit der Statistik, doch sie log nicht. Sie bot für Mai und Juni die besten Wetterlagen. Natürlich nach irischen Maßstäben, versteht sich. Das Wetter war also fantastisch. Wir wollen nicht mehr darüber reden. It could have been worse.

Eigentlich fing der vermaledeite Regen schon in England an, auf den vollen Autobahnen, wo wir uns wieder ans Linksfahren gewöhnen mussten. Warum die Engländer unbedingt noch immer links fahren, weiß kein vernünftiger

Mensch. Bei den Iren ist das klar: als das Auto erfunden wurde, gehörten sie noch (zu) den Engländern, und die machten eben fast alles anders als es auf dem Kontinent üblich war. Bei dem Begriff Linksfahren könnte man auf politische Assoziationen kommen, doch Vorsicht: was nützt das Linksfahren, wenn rechts gesteuert wird!

Erfreulicherweise zeigte sich die Sonne ein wenig, als wir die Bücherstadt Hay-on-Wye in Wales erreichten. Sie war die erste ihrer Art in Europa. Inzwischen haben ihr Redu im südlichen Belgien und Bredevoort in den Niederlanden den Rang abgelaufen. Auch Deutschland bemüht sich. Die ehemalige Chemiestadt Bitterfeld versucht ihr Image mit Büchern aufzupolieren, das Städtchen Langenberg im Bergischen Land, nach Eingemeindung zu Velbert gehörend und nach dem Zusammenbruch der Leinenindustrie auf neuen Pfaden, versucht es ebenso wie das Örtchen Marienheide-Müllenbach, wo es bereits ein Bücher- und Geschichtsmuseum gibt und den sehr rührigen Schriftsteller Harry Böseke, der sich um die Dinge kümmert.

Nach einer ruhigen Nacht auf einem Camp in Calne, in der Nähe von Basington – wir waren vom Autobahnfahren unter Wolkenbrüchen ziemlich erschöpft und hatten, von der M 3 kommend, endlich ‚The West', die M 25/26 erreicht, – wollten wir uns diesmal Hay-on-Wye ansehen, weil wir im Jahr 1990 auf unserer Fahrradtour durch Wales eine andere Route genommen hatten. Irreführend für uns war die Kennzeichnung der Nationalstraßen mit dem Buchstaben A und einer Ziffer, die wir zunächst mit Autobahnangaben verwechselten. Weil aber die Sonne zwischen weißen Wolken hindurch schien und wir schließlich auf der richtigen Straße landeten, besserte sich unsere Laune zusehends.

«A very nice day, is'n't?» wiederholte Ilse gebetsmühlenartig, damit ich es auf jeden Fall glaubte.

«A perfect day, indeed!» antwortete ich jedes Mal brav.

Die Landstraßen ähnelten denen in Cornwall: eng, ohne Seitenstreifen, von Hecken und Mauern begrenzt. Es gab viele Kreisverkehre, die wir mit zunehmender Gelassenheit und Geschwindigkeit nahmen. Meist kam kein anderes Fahrzeug. Links fahren, aber rechts vor links achten. Ilse gab ihre Kommandos, ich verließ mich blind auf ihre Angaben. Hidden dips, wellige Fahrbahnen, schwangen sich, wie in Cornwall, auf zu blind summits, den höchsten Punkten von Steigungen, hinter denen die Straßen nach einer Seite hin abrupt wegkippten, was man beim Herauffahren nicht erkennen konnte. Fuhr man zu schnell, ergaben sich Skischanzeneffekte.

Durch überwiegend flache, grüne Landschaft gelangten wir zur walisischen Bücherstadt. Der Ort wirkte völlig normal. Dass er übermäßig viele Buchhandlungen beinhaltete, fiel zunächst nicht auf. Es gab genügend andere Läden und Einrichtungen, nur wenige Besucher hatten sich an diesem 13. Mai 2003 hierher verlaufen. Über den Straßen flatterten Leinen mit bunten Wimpeln. Die Häuser, überwiegend zwei- bis dreistöckig, aus grob behauenen, graubraunen Bruchsteinen gebaut, besaßen in kräftigen Farbtönen gestrichene Ladenfassaden aus Holz. Nasenschilder aus Blech wehten im Wind, eins hieß Murder & Mayhem, unmissverständlich verwiesen zwei Hände, die einen Hals würgten, auf die angebotenen Spezialitäten. Ein Mann in Jeans und knallrotem Pullover stand auf einer Leiter und strich Fensterrahmen, vielleicht spähte er das Zimmer seines Opfers aus? Auf der Suche nach etwas Besonderem wurde ich zunächst enttäuscht. Die meisten Buchläden boten das Übliche an, wenig echt Antiquarisches, überwiegend Massenware. Natürlich alles auf Englisch, was hatte ich denn gedacht?

Im Fenster eines kleinen Ladens, der neben Büchern auch Babyartikel verkaufte (sehr sinnvoll, dachte ich, was kann man hier bei schlechtem Wetter schon anfangen, außerdem kommen im Winter wenig Touristen), entdeckten wir ein Poster von Eric und Wanda. Er mit Tirolerhut und sie mit hellblonden Haaren. Beide trugen Handschuhe.

So sehen die also aus, dachten wir. Eric und Wanda Newby. Wir kannten die beiden nicht persönlich, sie waren uns aber mit ihrem Buch Round Ireland in Low Gear ans Herz gewachsen. Ein Jahr lang hatten sie sich bei allen Wetterlagen mit ihren Rädern durch Irland gequält, bis es wieder Frühling wurde und Wanda bestimmt hatte (Wanda said!), sie müsse nach Hause, nach England, um ihren Garten zu bestellen. Eric hatte das Buch geschrieben, nicht sein erstes und nicht sein letztes. Die am häufigsten benutzte Redewendung lautete: Wanda said: …! Auf dem Foto sah Wanda gar nicht so bestimmend aus und Eric nicht so, als ob er sich viel sagen lassen würde. Vor allem, wenn ich bedachte, dass er 1939 mit einem der letzten Getreidesegler als Matrose von England nach Australien gefahren war. Auf dem Hinweg um das Kap der Guten Hoffnung, auf dem Rückweg ums Kap Hoorn herum. Und der Kapitän, dieser olle Dullkopp, hatte trotz eines heftigen Sturms keinen Fetzen herunternehmen lassen, weil er nämlich das Weizenrennen gewinnen wollte, an dem insgesamt vierzehn Segler teilnahmen. Was ihm tatsächlich zusammen mit seiner Mannschaft gelang. Das Schiff, die Moshulu aus Schweden, brauchte nur 91 Tage voll beladen von Port Victoria in Australien bis Queenstown, das letzte Schiff 140. Die hatten anscheinend vorschriftsmäßig gerefft...

Es nahmen übrigens auch die damals noch unter schwedischer Flagge segelnden Pamir und Passat teil.

Auch Wanda war nicht ohne. Als der liebe Eric, der zwar nie wieder in die Masten wollte, trotzdem viele Flausen im Kopf hatte, statt im Kaufhaus zu arbeiten mit einem Freund vom diplomatischen Dienst, der bergsteigerisch ebenso unerfahren war wie er, 1956 den Mir Samir in Afghanistan besteigen wollte, folgte sie den beiden bis weit nach Persien hinein, um entweder bis zum Hindukusch mitzugehen oder die beiden zur Rückkehr zu überreden. Erst eine schwere Darmerkrankung konnte sie zur Rückfahrt mit dem Auto bewegen. Auch hierüber hatte Eric ein Buch geschrieben, lange bevor er mit Wanda im Jahr 1985 das Abenteuer Irland unternahm. Bei diesen Irish, the Eighth Walking (and Talking) Wonders of the World, wie er sagte. Das Land, das es manchmal nicht gibt. Dieses Gibtesnicht. Und jetzt verstanden wir, warum sie beide auf dem Poster Handschuhe trugen. Man sollte Eric Newbys Buch mal den bundesdeutschen Kriegsministern Struck (sozialdemokratisch) und Jung (christdemokratisch) zu lesen geben, möglich wäre, sie würden dann ,unsere Freiheit nicht mehr am Hindukusch verteidigen' lassen wollen!

Zurück nach Wales, wo wir Treppen hinab in dunkle Büchergruften stiegen, auf der Suche nach etwas, das ich nicht so recht konkretisieren konnte. Ein Buch sollte es sein, das war klar. Aus Hay am Fluss Wye, dem ersten Bücherdorf Europas, nahm man ein Buch mit. Doch welches? Nicht allzu schwierig sollte es sein, damit meine Englischkenntnisse mithalten konnten, denn lesen würde ich meine Erwerbung schon gern. Gerade, als wir enttäuscht aufgeben wollten, entdeckte ich in einem der vollgestopften Foliantengräber oben unter der Decke einen breiten, dunkelgrünen Buchrücken:

Robinson Crusoe by Daniel Defoe, Pictured by Gordon Robinson, Kelly Verlag London. Eine Ausgabe von 1915 mit vielen farbigen Zeichnungen und Bildern. Mit einer handgeschriebenen Widmung auf der ersten Seite: For Geoffrey Thompson from Owen M. Rees, Xmas, 1916. Ob sich Geoffrey damals, mitten im Weltkrieg, über sein Weihnachtsgeschenk genau so gefreut hatte wie ich jetzt? Der Buchhändler ließ nicht mit sich handeln, ich hatte zwölfeinhalb Pfund zu berappen. Erst als wir wieder draußen waren, sagte Ilse:

«Weißt du, in welcher Abteilung das Buch stand?»

«Nein.»

«Bei den Kinderbüchern!»

Genau so glücklich fühlte ich mich.

Fast jeder Junge kennt seinen Robinson, und in jedem Mann steckt ein Junge, sagen nicht nur die Frauen. Ob die heute Robinsongeschichten lesen, weiß ich nicht. Ich fürchte, eher nicht, so weit ist die Emanzipation noch nicht gediehen. Aber da meine Kochkünste sehr zu wünschen übrig lassen, will ich lieber nicht meckern. Jugendliche in dem Alter, als ich den Robinson und die Schatzinsel las und die Geschichten über Tecumseh, lesen heute Harry Potter und den Hobbit. Aber Piratengeschichten sind noch immer gängig, und davon ist Robinson nicht all zu weit entfernt oder genauer gesagt: sein Autor. Der etliche Jahre als Kaufmann und Freibeuter auf den Weltmeeren unterwegs gewesen war und sich sachkundig gemacht hatte. Nun bedeutete Freibeutersein nicht unbedingt das, was durch bestimmte Filme in unsere Gehirne gepflanzt wurde. Kaufleute taten sich zusammen, gründeten eine Firma, wir würden sie heute eine Kommanditgesellschaft nennen oder eine GmbH (in England Ltd.), und rüsteten mit ihrem Geld Schiffe aus. Sie warben durchaus gute Leute an und schickten sie mit dem Auftrag auf die Weltmeere, die spanischen Gold- und Silbergaleonen zu überfallen. Auch Schiffe anderer Länder, die sich mit England im Krieg befanden, mussten dran glauben. Und wenn es gelang, im Indischen Ozean den asiatischen Fürsten eine gut beladene Dschunke abzujagen, war es ebenfalls Recht. Den Großteil der Beute erhielten die Schiffseigner und die Offiziere, den Rest die Besatzungen. Nicht nur in England, auch in Frankreich und an der Ostküste der USA war dies üblich. Fuhr man mit einem Kaperbrief seines Souveräns, musste man fünfzig Prozent an Napoleon oder Queen Elisabeth I. abgeben. Falls man dann noch Inseln in Beschlag nahm und politische Dienste leistete, konnte man dafür geadelt werden wie die Herren Francis Drake und Walter Raleigh. Im Mittelmeer kaperten die kabylischen Piraten weniger Reichtümer als Menschen, für die sie dann hohe Lösegelder verlangten. Das Glück, freigekauft zu werden, hatten allerdings nur hochgestellte Persönlichkeiten. Frauen und Kinder verschwanden in den Serails, die Mannschaften dienten als Sklaven am Ruder oder in den Steinbrüchen.

Da wir den Romanrobinson fast alle kennen, möchte ich ein wenig über den armen Hund erzählen, der wirklich vier Jahre lang (nicht die erfundenen achtundzwanzig) auf einer einsamen Insel aushalten musste. Obwohl neueste Forschungen ergeben haben, dass ein englischer Arzt, der sich strafbar gemacht hatte und in die Karibik verbannt wurde, wohl vorrangig Daniel Defoes Vorlage für seinen Protagonisten gewesen ist. Doch ist die belegte Geschichte des schottischen Seemanns Alexander Selkirk oder Selcraigh aus Largo am Fife eine Erwähnung wert. Wahrscheinlich hatte Defoe mindestens zwei Vorlagen und mixte sie zusammen. Literatur entsteht selten aus dem luftleeren Raum. Selkirk verschlug es im Jahr 1703 auf ein Eiland der Juan-Fernandez-Inseln, die 350 Seemeilen vor der südchilenischen Küste in Höhe Valparaisos im Pazifik liegen. Diese Insel wurde erst Mitte der achtziger Jahre des vorigen Jahrhunderts auf den Namen Robinson-Insel getauft, weil man sich davon etwas Tourismus versprach. Leider ist das Klima dort überwiegend herb und lockt nicht besonders. Allerdings könnte es erklären, warum viele Illustratoren des Robinsonromans den Protagonisten in dicker Fellkleidung über Stock und Stein stapfen lassen. Diese Kleidung war für Selkirk nützlich, nicht aber für Robinson, bei dessen Insel es sich laut Untertitel der Originalausgabe um ‚an uninhabited Island on the Coast of America, near the Mouth of the Great River of Oronooque' gehandelt hat, eine Insel, die in klimatisch angenehmeren Gefilden vor der Küste Venezuelas liegt, wo im Gegensatz zu Juan Fernandez Kokospalmen wachsen. Robinson spricht auch über die Insel Trinidad, die nördlich seiner Insel liege. Somit dürfte Freitag kein Polynesier, sondern ein indigener Südamerikaner gewesen sein.

Selkirk war Seemann und nahm an etlichen Freibeuter-exkursionen teil. Die Juan-Fernandez-Inseln, unter ihnen die größte mit dem Namen Mas-a-Tierra, wurden von den Freibeutern häufig nach den schwierigen, zeitraubenden und verlustreichen Umrundungen des Kap Hoorns angelaufen, um Wasser und frische Nahrungsmittel aufzunehmen und die Schiffe zu reparieren. Auch vor Alexander Selkirk hatte es schon Menschen gegeben, die hier jahrelang aushalten mussten, weil sie vergessen wurden, oder weil man Schiffbruch erlitten hatte. Sie alle hatten überlebt.

Die in Frage kommende Kaperfahrt mit der Cinque Ports wurde vom bekannten, aber wenig erfolgreichen Kapitän William Dampier geleitet. Selkirk war als Segelmeister im Range eines ersten Maats angeheuert. In Folge von Auseinandersetzungen über die Seetüchtigkeit des Schiffes nach der Umrundung des Kaps verlangte Selkirk, mit all seinem Gepäck an Land gesetzt zu werden. Seine Hoffnung, ein großer Teil der Besatzung werde ihm folgen, trog. Sein Wunsch, nun doch lieber auf dem Schiff zu bleiben, wurde vom Kapitän abgelehnt. Selkirk blieb wild gestikulierend und fluchend an Land, das Schiff setzte Segel und verschwand am Horizont. Beim nächsten Sturm schlug die Cinque Ports leck und wurde kurz darauf von den Spaniern gekapert. Die Besatzungsmitglieder wurden als Gefangene nach Lima verschleppt. Nur einem gelang es, an Bord eines französischen Schiffes zu fliehen. Selkirk würde der einzige sein, der nach Hause zurückkehrte. Nur musste er vorher vier Jahre und vier Monate allein – kein Freitag und auch kein anderer Wochentag ließen sich sehen – auf seiner Insel ausharren. Bis ihn eine andere Freibeuterexpedition unter Kapitän Woodes Rogers rettete.

Selkirk fand Nahrung und Unterkunft. Frühere Schiffe hatten Hausziegen, die nun verwildert waren, zurückgelassen. Auch Rüben und Grüngemüse waren von den Piraten angebaut worden. Selkirk zimmerte sich zwei Hütten aus Holz, Gras und Ziegenleder. Nachdem seine Schuhe zerschlissen waren, lief er barfuß, seine Fußsohlen wurden hart und widerstandsfähig. Das erzwungene einfache Leben und viel Bewegung (als seine Munition verschossen war, fing er die Ziegen lebend ein, indem er sie bergauf trieb und schneller war als sie) förderten seine Gesundheit. Er lebte dort besser und gesünder, als es Menschen seines Schlages zur damaligen

Zeit in England oder Schottland möglich gewesen wäre. Auch besser als auf den Schiffen, die stets unter Wassermangel und frischer Nahrung litten. Fast auf jeder Fahrt brach Skorbut aus, dessen Ursache man noch nicht kannte. Erst der Forscher und Kapitän James Cook nahm später Weißkohl mit auf seine Fahrten, um dem Problem zu begegnen. Dass es sich um Mangel an Vitamin C handelte, wusste aber auch er noch nicht. Im ersten Dreivierteljahr seines Aufenthaltes litt Selkirk sehr unter Depressionen. Seine Ängste überwand er schließlich, sein Verlangen nach menschlicher Gesellschaft blieb. Dies hat Defoe sehr gut herausgearbeitet. Der Roman wurde im als eng empfundenen Europa des achtzehnten Jahrhunderts ein Bestseller und lockte viele Herzen in die Weiten der Exotik, wobei ein schwammiger, unrealistischer Freiheitsbegriff die raue Wirklichkeit und Einsamkeit auf Inseln in den entsprechenden Breitengraden überdeckte.

Selkirk las in den Büchern, die ihm zur Verfügung standen, der Bibel und nautischen Anleitungen, ansonsten teilte er seine Tage in bestimmte Abschnitte für bestimmte Tätigkeiten ein und genoss die ruhigen Nächte. Auch sein Sprechvermögen versuchte er durch bestimmte Übungen zu erhalten. Als der rettende Segler anlegte, beteiligte er sich sofort an den Reparaturarbeiten; Kapitän Woodes Rogers bekam den Eindruck, der Mann habe es nicht besonders eilig, dort wegzukommen. Die spätere Wiedereingliederung in die englisch-schottische Gesellschaft war mit Schwierigkeiten verbunden. Selkirks Sprache war trotz seiner Übungen nur noch schwer zu verstehen. In seinem Blick soll nach Augenzeugenberichten ‚eine starke, heitere Ernsthaftigkeit und eine gewisse Geringschätzung für das Gewöhnliche und Normale um ihn herum' gelegen haben. Oft war er tief in

Gedanken versunken. Zuhause in Largo zog er sich zeitweise in eine außerhalb des Ortes gelegene Höhle zurück. Die Rückkehr in die Welt könne ihm trotz aller Vergnügungen nicht die Ruhe seiner Einsamkeit wiederbringen, klagte er. Er begann Liebesaffären, wurde aber gewalttätig. Einige Jahre später fuhr er wieder zur See. Auf einer der Fahrten kam er durch verseuchtes Wasser ums Leben.

Nach neuesten Erkenntnissen waren die Erlebnisse des Alexander Selkirk nicht das alleinige Vorbild für Robinson, sondern höchstens eine der Anregungen. Insel und Mensch passen nicht. Robinson war viel aktiver, erlebte wesentlich mehr, und als sein Vorbild kann besser der Wundarzt Henry Pitman dienen, der selbst ein Buch über seine Abenteuer geschrieben hatte, nach der Rückkehr Arzneien verkaufte und im Haus seines Verlegers John Taylor wohnte, dessen Sohn später den Robinson Crusoe verlegte.

Pitman hatte 1685 an dem erfolglosen Kampf des walisischen Herzogs von Monmouth gegen den englischen König Jakob II. teilgenommen. Im Gegensatz zu vielen anderen wurde er nicht zum Tode verurteilt, sondern für zehn Jahre als Strafgefangener in die Karibik, auf die Insel Barbados, gebracht, wo er als Sklave verkauft wurde. Nichts als Flucht im Sinn, gelang es Pitman schließlich nach mehreren misslungenen Versuchen, mit einigen Begleitern in einem kleinen offenen Boot mit einem Hilfssegel von Barbados fortzukommen. Die abenteuerliche und lebensgefährliche Fahrt führte an Grenada vorbei zur Insel Salt Tortuga vor der venezolanischen Küste. Pitmans Leben auf der einsamen Insel und sein kleines Buch darüber, das er nach glücklicher Rückkehr schrieb, gerieten für fast zweihundert Jahre in Vergessenheit. Erst Edward Arber, ein ehemaliger Beamter der Admiralität, der sich zum literarischen Spürhund und Hochschuldozenten mauserte, stolperte über Pitmans Büchlein. Arber stellte eine Reihe von Übereinstimmungen mit Defoes Robinson fest und wurde stutzig. In neuerer Zeit hat der Entdecker, Forscher und Schriftsteller Tim Severin die letzten Zweifel durch Recherchen in der Karibik und in England beseitigen können. Severin segelte mit einem Boot die Route Pitmans in der Karibik nach, er lebt heute in Irland und wird uns im Zusammenhang mit den Exkursionen des ‚heiligen‘ Brendan noch einmal über den Weg laufen.

Als erster hatte nach der Rückkehr von der Kaperfahrt Kapitän Woodes Rogers über die Geschichte Selkirks erzählt. Der Journalist und Stückeschreiber Richard Steele hörte davon und suchte Selkirk auf, ließ sich mehr erzählen und verfasste einen Artikel, der in der Zeitschrift The Englishman erschien. Diesen Aufsatz las der Publizist Daniel de Foe. Er verwob die Erzählungen Alexander Selkirks mit den Aufzeichnungen Pitmans und seinen eigenen Erlebnissen und Erfahrungen. Es entstand mit Hilfe seiner Fantasie eins der unsterblichen Bücher der Weltliteratur. Bereits 1720 erschien die erste deutsche Ausgabe. Besonderen Erfolg hatte eine Kinderbuchausgabe, in der Robinson Krusoe in Hamburg aufwächst, geschrieben von Joachim Heinrich Campe, dem Erzieher der Brüder von Humboldt. Die mir vorliegende Ausgabe dieses Buches ohne Jahrgangsangabe, ich schätze, sie stammt aus dem Anfang des vorigen Jahrhunderts, bietet schon beim Durchblättern reinen Genuss. Ein Robinson in Fellkleidung und Pelzmütze in Prägedruck auf dem Umschlag, dann sechs Farbdrucke, vier Schwarzweißradierungen sowie fünfzehn Textbilder als Radierungen verschlagen mich in eine Welt, aus der mich höchstens ein gelungenes Abendessen wieder zurückholen kann. Und auch das nur schwerlich.

Doch eigentlich wollte ich nach Arthurstown.

IM SIEBENSCHLÄFERNDEN ORT

Auf dem Weg zu dieser fernen Insel, um die es in unserem Buch gehen soll, durchquert man eine andere Insel, die sich dem europäischen Gedanken immer noch zu verschließen sucht (behaupten wir). Dort fährt man links und bezahlt nicht in Euro. In einem Teil dieser Insel lebte einmal ein verrückter Dichter, ein verdammt guter, dessen Wohnort man unbedingt besuchen muss, während man allerdings nicht unbedingt siebzehn warme walisische Biere schlürfen sollte.

Wir ließen uns verführen vom alten, verlorenen Laugharne, wo dieser verrückte Dichter gewohnt hatte. An ihm kommt man in Wales nicht vorbei. Verführerisch war es wirklich, denn wir würden auch auf der Rückfahrt abbiegen, um dieses verschlafene Dorf mit dem Grab des großen Wortklaubers, Worterfinders und Stromers, dieses Wanderers in den Wortwelten, dieses ‚Jängele, der keine Kaschäm ausließ', erneut aufzusuchen. Ähnlich wie wir im Südosten Irlands zum dritten Mal (wirklich?) Arthurstown erkunden wollten, das es so, wie ich es wollte, nicht gab.

Aber nun Laugharne, das man cymrisch so ähnlich wie Talarchan ausspricht, mit rauem Kehllaut. Mit seiner Burgruine, die über die große Bucht von Carmarthen grüßt, wo bei Ebbe die Boote in dünnen Rinnsalen zwischen den Wiesen liegen, und es aussieht, als hätte man die Masten in die sumpfige Erde getrieben. Ein Ort, der sich geringfügig belebt, wenn abzählbare Touristen kommen, der sich ein klein wenig zur holterdipolternden Stadt verändert, wenn ein paar Marktstände aufgebaut werden zwischen Castle und Denkmal, der Büste des Dichters auf einem Steinsockel, rundum umgeben von einer Bank, auf der sich Besucher niederlassen. Der Dichter mag das, nah an seinen Leuten wollte er sein, an den Metzgern, Briefträgern, den Organisten und Onanisten, Kapitänen, Gastwirten, Witwen und leichten Mädchen. Ein Ort, der sich belebt, wenn die Flut kommt und kleine offene Boote von den Einheimischen zum Meer gerudert werden oder die letzten Fischer zu ihren Reusen und Körben tuckern, wenn die Segler ihre Außenbordmotoren anwerfen.

Nicht weit, direkt oberhalb des Strandes, leuchtet ein weißes Bootshaus mit blauen Fensterrahmen und dunklem Schieferdach. Hier wohnte in seinen letzten Lebensjahren Dylan Marlais Thomas, der 1914 in Swansea geboren wurde. Hier hätte er sein berühmtes Stück Unter dem Milchwald schreiben können, alles wirkt wie die erdichtete Spielzeugstadt, und dem Bootshaus gegenüber auf der anderen Seite der Bucht liegt ein Wald, der dennoch nicht der Milchwald sein kann, denn der kommt über das Meer.

Llangoed – Dorf in Wales

Für Dylan Thomas

Unter dem Milchwald spielen die Stimmen
lebt der Vormittag bis in die Nacht
Im Postamt wird Sirup verkauft
nie, glaubst du, wird der rote Briefkasten geleert

Und doch wird die Stadt fertig mit dem Morgen
der fleißig ist wie die Bienen
Und wie immer schon kommt der Milchmann
(stell die leeren Flaschen vor die Tür!)

Doch manche sagen, was Bessres weiß keiner
als Bier für ein Baby in der Kuh ihrem Eimer
Die Kinder kaufen Bussy Mix
im Laden beim Postamt und
Venus schwebt durch den milchigen Milchwald
schlingt ihre Tangarme um die Liebenden
lässt die Fallschirme der Pusteblume tanzen
ja, nein, ja, nein, ja

Die Zeit treibt durch rosa Gassen
und wieder hoffen wir auf den Morgen
an dem der Himmel über dem Milchwald
sich auf die Erde senkt

(Kursivgedruckte Zeilen: Dylan Thomas,
übersetzt von Erich Fried)

Mein Llandovery, Lladrindod, Llangadog, Llanwrda,
Llandybie, mein Laugharne, mein Llaregubb, entdeckte ich
vor Jahren auf der Isle of Anglesey, im nördlichen Wales, es
nannte sich Llangoed und lag neben Llangfaes. Und wer es
findet, darf dort bleiben, zu den Wassern der Menai Straight
hinausfahren oder zur Inselspitze bei Penmon, wo die Glocke
des Leuchtturms bei Nebel, Wind und Sonnenschein jede
halbe Stunde schlägt. Und wo man ins Nachdenken kommt,
während wasservollgesogene Kormorane zu trocknen versuchen und bunte Papageientaucher sich tummeln, Seehunde,
Delfine und herabstürzende Basstölpel beim Fischfang zu
beobachten sind. Und die Einheimischen, die, wenn die
Sonne scheint, mit ihren Autos zum Strand fahren, im Auto
sitzen bleiben, die Türen öffnen, sich Sonnenbrillen aufsetzen
und die Zeit genießen.

Doch jetzt sind wir weiter im Süden, im Pembrokeschen, auf dem Weg von oder nach Pembroke Dock oder Fishguard, wo die Irlandfähren an- und ablegen. Unweit des Bootshauses liegt ein grüngestrichener Geräteschuppen unter Bäumen versteckt. Auch von hier aus kann man zwischen den Zweigen hindurch über die Bucht schauen, auf das *milchmädchenflüsternde* Wasser. Das Arbeitszimmer, schlecht beheizbar mit einem alten Kanonenofen. Der Schreibtisch quer vor dem Fenster, übersät mit Papieren, Flaschen. Auf dem Boden zerknüllte Papiere. Ja, so muss es aussehen bei einem Dichter. Und wenn dann in Llareggub, das walisisch oder cymrisch auszusprechen unsere Zungen sich weigern, das sich rückwärts gelesen in Bugger all verwandelt, was lauter Päderasten oder alles Schufte heißen kann, wenn dort es den Dichter überkam, lief er schnell auf schmalem Pfad in wenigen Minuten zum Dorf, die Straße hinauf, wo sich rechterhand ehrwürdig das weiße Brown's Hotel erhebt, mit seinen beiden klassizistischen Säulen unter dem Vordach, damit man nicht nass wird, falls es regnet und man zögert. Doch unser Dichter hält nicht inne, er weiß, was er will, es ist seine Stammkneipe. Cherry Owen hat gerade eben siebzehn Glas schales warmes dünnes walisisches bitteres Bier hinuntergegossen. Und unser Dichter tut es ihm nach, häufig.

In Brown's Hotel gibt es in einem Fensterwinkel immer noch den Tisch, seinen Lieblingstisch, aus altem, dunklem, verkratztem Holz, den der Wirt trotz angeblich verlockender Geldangebote bisher nicht verkauft hat. Nicht siebzehn schale Biere wollten wir trinken, eher weniger, aber an seinem Tisch. Zu seinen Ehren. Doch der Tisch war besetzt. Ein junges Paar war schneller gewesen als wir, die sich mit dem Nebentisch begnügen mussten.

«So können wir ihn viel besser sehen!» sagte Ilse.

«Aber das ist es nicht!» entgegnete ich.

«Meinst du, der Tisch überträgt den Geist des Dichters und dir fällt etwas ein?»

«Warum nicht?»

«Ich glaube, das läge dann eher am Bier!»

Wir bestellten zwei pints vom Bier mit dem roten Drachen, das Felinfoel von den Champion Brewers, Bragwyr Buddugol. Es war dunkel, kräftig, schmeckte süßer als unser helles, stärker gehopftes deutsches Pils.

Doch manche sagen, was Bessres weiß keiner.

Zu essen gab es leider nichts, deshalb mussten wir später noch ein Häuschen weiter. Die beiden an Dylan's Tisch unterhielten sich einfach so, wer weiß worüber. Die könnten doch gar nicht ermessen, an welch heiligem Holz sie säßen, meinte ich. Vielleicht wüssten sie nicht einmal... Ach, meinte meine Begleiterin süffisant, seit wann ich denn den Begriff heilig benutzte? Das müsse am Bier liegen, murmelte ich, gab mich geschlagen. In Donegal würden wir wieder auf den Geist unseres Dichters stoßen, denn im Jahr 1935 verbrachte er den Sommer in der Nähe von Glencolumbkille und Ardara, in einer Ecke, die sich Glenlough nannte und nicht auf jeder Karte zu finden ist. Wo er sich weiter denn je von der Welt entfernt fühlte (was man auch heute noch so empfinden kann), wo ihn manche Spaziergänge in der Dunkelheit am Atlantik ‚höllisch glücklich' machten.

Doch manche sagen, was Bessres weiß keiner als Bier für ein Baby.

Wir bestellten die nächsten beiden pints. Dieser Thomas kommt nicht gut weg, wenn man seinen Lebenslauf betrachtet. Die arme Cathleen musste sehen, wie sie mit den Kindern durchkam, denn der Dichter verdiente wenig und gab viel aus, war oft unterwegs und den Frauen nicht abgeneigt. Und manche von ihnen sang:

«Armer kleiner Schornsteinfeger, seit mein Mann von mir fort ist, sieht keiner meinen Schornstein nach. Komm und feg meinen Schornstein! Komm und feg meinen Schornstein! Dein Besen, der tut mir Not!»

Freunde und Bekannte nannten den Dichter einen Trunkenbold, einen Gauner, einen Lügner und Schläger, einen gefühlskalten kleinen Hedonisten, der nur um sich selbst kreiste, während seine Kinder hungerten. Er sähe aus wie ein Chorknabe und rede wie ein Bolschewist.

«Na, Bolschewist ist ja nur für Nichtbolschewisten ein Schimpfwort, und außerdem hat er gute Gedanken gehabt und gut geschrieben, und die beiden an seinem Tisch gehen immer noch nicht!» flüsterte ich.

«Wir würden doch auch nicht gehen!» sagte Ilse.

«Wenn das so weitergeht, kommen wir auf siebzehn Bier!»

Doch manche sagen, was Bessres weiß keiner als Bier für ein Baby in der Kuh ihrem Eimer.

Wir bestellten die nächsten pints.

Eigentlich sah der Tisch, an dem wir saßen, ähnlich aus. Er wurde mit jedem Bier ähnlicher.

«Draußen ist Dylan Thomas!» behauptete ich plötzlich.

«Wo?»

«Da! Gegenüber.» Ich zeigte aus dem Fenster.

Das junge Pärchen verließ die Kneipe immer noch nicht. Nun gut, sollten sie ruhig ihre siebzehn schalen Biere am Tisch des Meisters genießen, unser Durst war gestillt. Wir bezahlten und gingen.

In dem völlig vergammelten Haus auf der anderen Straßenseite, das über der Eingangstür die Andeutung eines klassizistischen Vordachs trug, wo der Putz in großen Placken von der Fassade gefallen war, befand sich ein Buchladen. Corran Books. Die beiden Schaufenster rechts und links der Tür waren wild vollgestopft mit Büchern. Irgendwelche Titel konnten wir kaum erkennen. In der Mitte des linken Fensters hing ein Plakat mit dem Konterfei des Dichters. Über seinem Profil stand in dicken Lettern: Dylan Thomas. Es war, als läse er nächste Woche in Carmarthen.

«Da ist er!», sagte ich. «Er liest!»

«Der ist doch tot», sagte Ilse.

«Ja. Er lebt.»

Carmarthen Bay

Der Malerin Motiv
flügelig grauschwarz
hüpft davon sobald
sie den Stift schwingt

Widrig wie der Dichter
der am Fels über
der seeräubergrölenden See
den Milchwald beschrieb

Im hölzernen Schuppen
zerknülltes Papier, dann
schnell um die Ecke
bei Brown's einen Whisky

Als mich das Bier in der Nacht aus dem Zelt trieb, wölbte sich über mir ein wolkenloser, sternenübersäter Himmel. Kein Milchwald floss durch die Baumwipfel, der Milchwald hatte sich in der Milchstraße aufgelöst. Stille schwebte über den Häusern, die Menschen schliefen, nur in meinen Ohren rauschte der Kosmos. Das Blut pochte. Der Rhythmus des Lebens flog über die Landschaft zum Meer, das verlassen da lag. Keine seeräubergrölende See. Lautlos tropfte die Milch auf die taunasse Wiese.

ARTHURSTOWN ZUM ZWEITEN

Hier waren wir schon einmal, in diesem Nest, dem wir (warum nur?) ein Wiederkommen versprochen hatten. Vielleicht lag hier ein Schatz? Nur eingefleischte Eingeborene behaupteten, hier regnete es nicht immer.

Zum ersten Mal hatten wir Arthurstown im Jahr 1993 erreicht. Im Regen. Es war Zufall. Nicht der Regen. Ob Regen in Irland mit dem Zufall zusammenhängt, möchte ich offen lassen. Nein, wir mussten hier durch, weil wir nach Waterford wollten. Damals hatte ich beschlossen, es bei Sonnenschein erneut zu besuchen. Was zieht einen Menschen an einen nahezu unbekannten kleinen Ort, der durch nichts auf sich aufmerksam macht, der in seiner alltäglichen Normalität kaum auffällt? Wonach richtet man sich beim Aussuchen seiner Reiseziele? Oft hatte ich nur ein Reizwort im Kopf, eine vage Angabe, den Tipp eines Menschen, dessen Geschmack ich nicht teilen musste. Manchmal bilden sich Vorstellungen aufgrund von Irrtümern heraus, aufgrund von falschen Informationen, Vorstellungen, die mit Hilfe der Phantasie Bilder erzeugen, deren Wahrheitsgehalt (oder deren Geheimnis) Abenteuer versprechen, Neuigkeiten, Genüsse. An Fehlschläge oder Widrigkeiten denkt man in solchen Momenten nicht. Oft reizt auf Reisen das scheinbar Unauffällige, Unwichtige, Nebensächliche. Nicht der Wirbel, der an von Touristen überlaufenen Orten veranstaltet wird. Jede Reise ist eine Weltreise. Und inmitten der Welt ist man zu Hause. So nehmen wir Arthurstown. Ich hatte ihm versprochen (oder mir) wiederzukommen, und jetzt, zehn Jahre später, war es so weit.

Lynx hatte uns übers Meer gebracht. Der schnittige Katamaran nahm nur einhundertfünfzig Personenkraftwagen mit und sechshundert Passagiere. Zwischen den beiden Bootskörpern konnte man das dunkle, ölige Hafenwasser sehen. Das Autodeck schien sehr niedrig, doch auch unser Renault-Trafic mit seinen fast zwei Metern Höhe passte hinein. Der Katamaran, der nur bei gutem Wetter über das Wasser schießt, verkürzt die Seefahrt zwischen Fishguard und Rosslare um zweieinhalb Stunden. Die Windstärke betrug vier bis fünf, das bedeutete eine mäßige bis frische Brise, also moderate, wie ein Schild verkündete.

Wir saßen am Heck in der Bar, blickten über das Meer auf das langsam verschwindende Wales, auf Ramsey Island und die südlich davon nach Irland zeigende Landspitze von Cornwall. Wir hatten unser Murphy's Bitter noch nicht ganz ausgeschlürft, als der dunkle Strich Irlands nach einer Stunde und fünfzig Minuten in Sicht kam. Backbord trieb der Leuchtturm auf dem vorgelagerten Inselchen Grenore Point vorbei. Weiter südlich im Dunst lagen der Tuskar Rock und der berühmt berüchtigte Fastnet Rock, der bei einer bekannten englischen Regatta umrundet werden muss. Dann der Hafen von Rosslare mit neuen Gebäuden, die schräg ansteigende Straße hinauf, die wir schon kannten. Keep left!, das nahmen wir wörtlich in anderem Sinn, also links ab in Richtung Bridgetown. Hinweise folgten, nachdem wir abgebogen waren – irischer Humor, Paddy Clarke Ha Ha Ha –, schmale, ruppige Straßen empfingen uns zwischen hohen Hecken, die sich oben zum Tunnel schlossen. Der Ginster blühte, die Insel war gelb, nicht grün. Ach, Irland, das gab es doch gar nicht.

Vielleicht trafen meine Zweifel an Irland am ehesten auf Arthurstown bei Sonnenschein zu. Arthurstown, ein Örtchen, in dem wir vor Jahren mit den Fahrrädern bei strömendem Regen gestrandet waren. Dabei ließ sich damals alles zunächst gut an. Bis auf das Zugsignal, das ich gehört hatte. Da wo es keine Züge gab, wo nicht einmal, wie Ilse mir eindringlich versicherte, Schienen lagen. Aber die Sonne schien. Und wir wollten zum Hook Head, vor Waterford gelegen, weil es dort auf der Halbinsel zwischen Arthurstown und Churchtown, an der Bucht, die sich Waterford Harbour nennt, mindestens drei Leuchttürme gab. Die wollte die Malerin malen. Und ich hatte schon, vielleicht, so genau weiß man das hinterher nicht mehr (oder erst dann genau, wer weiß) eine Kapitelüberschrift im Kopf: Vom Hook Head zum Loop Head. Das Loop Head lag weit draußen an der Westküste, dorthin kamen wir später. Zum Hook Head kamen wir überhaupt nicht. Einige Zeit, nachdem ich dieses eigenartige Zugsignal gehört hatte, begann es zu regnen. Ganz sacht. Nicht der Rede wert, dachte ich. Falsch gedacht. In Irland sollte man das ernst nehmen, hier gibt es fast so viele Regenarten wie verschiedene Schnees für die Eskimos, ich nehme mal an, so ungefähr siebenundzwanzig. Trotzdem ließen wir uns, das würde sich rächen, nach Arthurstown hinunterrollen, um uns nach einem Übernachtungsplatz umzusehen. Zum Hook Head wollten wir am nächsten Tag. Uns erwarteten einige Häuser, zwei Kneipen, ein kleiner Hafen mit wenigen Booten, eine lange Mauer zwischen Bucht und Straße, die nach Waterford ging. Wir fanden nichts, was man hätte gebrauchen können.

«Dann eben das Hook Head», meinte Ilse, «so spät ist es noch nicht.»

Also quälten wir uns die Straße bis zum Abzweig nach Churchtown wieder hinauf und fuhren bei stärker werdendem Regen und Gegenwind nach Westen in Richtung

Duncannon. Dort entdeckten wir zwei Leuchttürme, der eine nicht mehr in Betrieb, der andere an ungünstiger Stelle, außerdem war bei Regen an Malen nur zu denken. Einen Standplatz für unser Zelt gab es nicht. Unschlüssig trieben wir unsere Räder noch einige Kilometer weiter, bis uns die Sinnlosigkeit des Unternehmens klar wurde. Zurück nach Arthurstown. Unterwegs sahen wir eine Wiese, die bei schönem Wetter vielleicht fürs Übernachten in Frage gekommen wäre. Doch das Gras stand fünfzig Zentimeter hoch, alles war nass. Zurück nach Arthurstown. Mit gemischten Gefühlen rollten wir ein zweites Mal die Straße hinab. Als es dunkel wurde, zelteten wir auf einem kleinen Aschenplatz am Anfang des Ortes, wo eine Nebenstraße mündete. Versteckten uns hinter einem Einachsanhänger.

Später hörte der Regen auf, Vögel begannen zu zwitschern, trotz der Dunkelheit, oder hörte ich die nur, ähnlich dem Zugsignal? Ilse hatte sich bereits in den Schlafsack verzogen, ich zwängte mich noch einmal in meine nasse Jacke. Langsam ging ich an der Hafenstraße, die auch die Durchgangsstraße war, entlang. Linkerhand sah ich eine alte Bogenbrücke über einer Bachmündung. Von Südwesten her schimmerte trotz der Abendzeit Helligkeit. Es roch nach Meer und salziger Luft, eindringlich rief eine Amsel. Niemand war zu sehen; die Bevölkerung schien ausgewandert. Ich lehnte mich auf die Brückenmauer und starrte in Richtung Hook Head. Dort, wo das Leuchtfeuer unter dem dunklen Wolkenhimmel aufblitzte, begann die Celtic Sea, die sich an Ärmel- und St. Georgs Kanal anschloss. An der linken Buchtseite, im Anschluss an die Bogenbrücke, lagen Fischerboote und kleine Segeljachten. Ich sah ihre schwarzen Umrisse, die Masten wie flüchtige Striche.

Ich atmete tief durch, fühlte mich plötzlich trotz der empfundenen Einsamkeit wohl. War dies das ‚höllische Glücklichsein' des Dylan Thomas? Die friedliche Stille machte mich heiter. Was konnte einer nassen Katze noch passieren?

Ich wanderte zurück, an der langen Häuserzeile vorbei, der traurigen, die jetzt nicht mehr traurig aussah. Warmes Lampenlicht spiegelte sich in den Resten der Feuchtigkeit auf der Straße. Ein junger Mann in Jeans und schwarzer Lederjacke kam mir entgegen, schlenderte zu den Booten, konnte sich wohl nicht entscheiden, in eins der beiden pubs zu gehen. Der Ort war nicht ausgestorben, ich nicht allein unterwegs in Arthurstown. Ich beschloss, dass mir der Ort gefiel und ich sehr gern einmal bei Sonnenschein hierher zurückkehren würde.

So dachte ich damals; nun also der zweite Versuch, doch wo war der Sonnenschein? Das Wetter am Ring of Hook war grausig. Die Scheibenwischer liefen auf höchster Stufe. Hundert Meter vor uns überquerte eilig etwas Giftgrünes die Straße, wieselte von recht nach links und verschwand hinter einer Hecke. Giftgrün. In Katzengröße. Es konnte auch ein kleiner Hund gewesen sein. Giftgrün? Eine Katze mit Wollpullover? Bei der Wetterlage, heute hatten wir bestimmt Windstärke sechs bis sieben, das bedeutete starker bis steifer Wind, kabbelige See, drizzling, nichts war mehr moderat, vor allem nicht die Dauer der Regenschauer, bei der Wetterlage konnte nicht nur eine Katze einen dicken Pullover, gleich welcher Farbe, gut gebrauchen. Die Katze im giftgrünen Pullover lugte unter der Hecke hervor, als wir vorbeibrausten. Es handelte sich um eine leere Seven-up-Plastikflasche, die der Wind über die Straße getrieben hatte. Wir nahmen es gelassen, denn bei dem Wetter wollten wir gern sogar einer Limonadenflasche einen giftgrünen Pullover zugestehen.

Nach einer halben Stunde tauchte das Lighthouse im Dunst auf. Ein dicker, weißer Turm mit zwei breiten, schwarzen Streifen, oben aufgesetzt ein schmaleres Türmchen mit rotem Geländer und der Glaskuppel. Nebenan zwei weiße doppelstöckige, identische Wohngebäude, durch ein eingeschossiges Zwischenstück verbunden. Mit roten Tupfern, den Eingangstüren. Nautische Symmetrie. Dem widersprach der runde Turm, der an einer Seite eine unerwartete Ausbuchtung zeigte. An seinem Fuß leuchteten eine grüne und eine rote Fahrwassertonne, daneben das orangefarbene Wellblechdach einer Gerätehütte. Der Wind heulte um den Bus, wir standen auf freier Pläne, hier war das Land zu Ende, hier ging es zur Sache, hier begann das Meer. Die Scheibenwischer liefen immer noch auf Hochtouren, verteilten hochgespritzten Dreck und das Regenwasser in Schlieren auf der Frontscheibe. Nach links und rechts schwankend, hielten dunkle Holzpfähle das schwingende Kabel der Telefonleitung, die sich bis zum Leuchtturm hinzog. Auf der anderen Seite der schmalen Landzunge tanzten Stromdrähte im selben Rhythmus. Sie würden am Leuchtturm sicher ein Notstromaggregat haben, dachte ich, gerade bei Sturm wäre das wichtig. Neben uns fielen die Felsen steil ab ins Meer, das wir tief unter uns nur ahnen konnten. Attention, blow holes, verkündete ein Schild. Felseinbrüche. Nicht weit von uns hatte sich die See bereits ein Stück der Straße geholt.

Der Bus schwankte.

Ich stellte die Scheibenwischer ab. Im Nu konnten wir nichts mehr sehen, die anderen Scheiben waren längst völlig beschlagen. Ilse holte ihren Block heraus und begann vorzuzeichnen. Ich griff zu meinem Buch.

«Scheibenwischer, please!»

Ich griff zum Hebel. Sie tauchte den Pinsel ins Wasser, brachte Farbe aufs Blatt.

«Reicht.»

Ich las weiter.

«Scheibenwischer!»

Ich griff zum Hebel.

«Danke.»

Ich griff zum Buch.

So ging es weiter, bis das Bild fertig war. Es war gelungen, kaum konnte ich es glauben. Mit meiner und der Wischerblätter Hilfe.

Eigentlich wollte ich nach Arthurstown. Bei Sonnenschein. Wieder stand ich, ein wenig später, an der niedrigen Mauer, die sich zwischen Landstraße und Bucht entlang zog und blickte traurig über das Wasser. Es hatte zwar aufgehört zu regnen, doch dunkelgrauweiß drückte der Himmel auf Landschaft und Gemüt, das Wasser leckte mit kleinen graugrünen Wellen am steinigen Strand. Wieder lagen linkerhand die wenigen Boote, neben einem zerfallenden Kutter. Ein braunes Schild wies zur Tintern Abbey, ein weißes Schild mit schwarzer Schrift zeigte die Entfernung nach New Ross mit zwanzig Meilen an. Immer noch. Das war tröstlich, manchmal ist es schön, wenn sich Dinge nicht verändern. Der kleine Aschenplatz, auf dem wir damals gezeltet hatten, zeigte sich mit Rasen bepflanzt. Das Dreieck, das die Nebenstraße mit der Durchgangsstraße bildete, war mit neuen, kräftig gelb gestrichenen Wohnhäusern bebaut worden, die Fensterrahmen in passendem Braun abgesetzt. Die Wohnzimmer besaßen kleine Erker, die Schieferdächer glänzten ebenso vom Regen wie der Asphalt der Straßen. Kein Mensch war zu sehen, der rote Renault hätte die Blicke im Grau des übrigen Lebens auf sich gezogen. Vielleicht saßen die Leute im pub?

«Vielleicht sollten wir uns dazu gesellen», schlug ich vor.

«Mittags schon?»

Wir fuhren weiter in Richtung New Ross.

Zum zweiten Mal erlebte ich Arthurstown im Regen. Eine Chance hatte ich noch.

Auf dem Rückweg.

Am Hook Head

Schwarzweiß das Lichthaus
neben roten und grünen Tonnen
Den Himmel graut's
und die Wasser schütten

Am steilen Hang
die Bisse der See
Braunes Felsgewirr
das in die Tiefe stürzt

Welch irischer Teufel
trieb uns ans Hook
Den Besucher schaudert's
und die Wasser schütten

BEGEGNUNG MIT HARRY

Gute Bücher haben keine Handlung.
Wer Handlung will, soll zum Catchen gehen.
Harry Rowohlt

Harry, dieser alte Gauner! Ist uns ganz schön in die Quere gekommen, zusammen mit Ralf. Diese Schluckspechte! Wenn sie's nur wüssten! Doch der Nachtisch, den Harry uns empfahl, war außergewöhnlich.

Wenn wir davon spinnen, ob es dieses Land da oben links außen auf der Landkarte überhaupt gibt, wissend, dass es manchmal, wenn sich die Jahrhundertstürme zusammenbrauen, auf Satellitenfotos nicht mehr zu sehen ist, obwohl es für die Iren dann immer noch ziemlich existent ist, vor allem in Form der Wassermassen, denen sie sich mit Sandsäcken vor den Haustüren erwehren müssen, und es in Heinrich Bölls wunderbarem Irischen Tagebuch eine Stelle gibt im Kapitel: Betrachtungen über den irischen Regen, wo geschildert wird, wie das elektrische Licht ausgeht, die erste Zunge einer Pfütze zur Tür hereinschlängelt, lautlos und glatt, glitzernd im Schein des Kaminfeuers; wenn das Spielzeug, das die Kinder natürlich haben liegenlassen, wenn Korken und Holzstücke plötzlich zu schwimmen beginnen und von der Zunge nach vorn getragen werden, dann ist Irland sehr real, dann gibt es dieses Land, obwohl fraglich ist, ob es dieses Land ist, wie wir es uns oft vorstellen oder wünschen, denn vielleicht ist es erfunden worden von Heinrich Böll, von Jürgen Lodemann, Harry Rowohlt oder Ralf Sotscheck, von Franjo Terhart, Elsemary Maletzke oder von uns und vielen anderen. Vielleicht wirken die alten keltischen Sagen und Märchen in uns nach, die Lieder der Sänger, die sich seit

Jahrhunderten jährlich bei den großen Eisteddfods in Wales treffen, denn wir sind alle Kelten, obwohl die Römer Vercingetorix und seine tapferen Leute besiegt haben.

In Reiseprospekten wird von einer Insel gesprochen, wo die Wogen des Atlantiks gegen gewaltige Felsküsten branden und einsame Sandstrände streicheln würden, wo vom Wind kahl gefegte Berge in einen Himmel emporragen sollen, der sich in einer Perlenkette von Seen widerspiegelt. Dem Wind die Schuld an den kahlen Bergen in die Schuhe zu schieben ist ziemlich frech, abgeholzt haben sie die Menschen, vor allem die Engländer. Wo, sagt der Reiseprospekt, und das wäre wirklich wichtig, die Menschen noch menschlich sein sollen und uralte Sagen erzählen würden von Gälen, Kelten und Normannen. Es gibt dieses Irland, schrieb Heinrich Böll, wer aber hinfährt und es nicht findet, hat keine Ersatzansprüche an den Autor. Er meinte das Irland, welches er erfunden hatte und in seinem Irischen Tagebuch niederschrieb, um uns alle verrückt zu machen, denn sein Buch ist seit fünfundvierzig Jahren die Bibel aller Irlandreisenden, und ausnahmsweise habe ich einmal nichts gegen eine Bibel einzuwenden. Wir können diese Aussage durch eigenes Erleben ergänzen, indem wir sagen, es gibt dieses Böllsche Irland immer noch ein wenig (doch, doch, man muss nur richtig suchen), und die Iren werden dafür sorgen, dass es nicht stirbt, obwohl sie jetzt Auto fahren, Fernsehen und dichte Häuser haben und Präservative benutzen. Es gibt eben ein vielfältiges Irland, trotz allem, das reale (mit seiner Geschichte und den heutigen Problemen) und das, welches jeder und jede von uns sich selbst im Herzen erfinden muss.

Irgendwann lernten wir Harry kennen. Harry Rowohlt – den Penner aus der Lindenstraße – erlebten wir in Essen bei einer seiner sechsstündigen Lesungen, wobei er weniger las als erzählte. Harry Rowohlt ist ein Typ, den man manchmal irgendwo treffen kann. Nicht überall natürlich, er kann ja nicht überall sein, obwohl er durchaus den Eindruck zu erwecken sucht. Ein Typ, der eigentlich völlig out ist mit seinen langen Haaren und dem wilden, mächtigen Bart. Die Haare sind neuerdings ab, schade. Jetzt sieht er richtig intelligent aus, nicht mehr wie der gemütliche Brummbär von nebenan. Doch das ficht ihn nicht an, Harry zieht das durch, auch wenn er manchmal bei Bibliotheken und Universitäten nicht hereingelassen wird, weil man dort auf den berühmten Herrn Rowohlt wartet. Harry weiß noch viele dumme Sprüche aus den Fünfziger Jahren zu erzählen, die heute kaum noch jemand kennt, zum Beispiel Kinder mögen Sternchen gern, Sternchen ist das Kind vom Stern, brauchst dir nur den Stern zu kaufen, kommt das Sternchen angelaufen. Harry erzählte auch vom englischen Pädagogen A. S. Neill, der die Schule in Summerhill gegründet hatte, die mal ziemlich berühmt war. Auch davon weiß heute kaum noch jemand etwas, vor allem die Pädagogen nicht, und auch damals lehnten sie ihn ab, wahrscheinlich, weil er Erfolge hatte. Na, jetzt haben sie mit PISA die Quittung gekriegt. Den Neill hat der H.R. neben vielen anderen Texten, zum Beispiel die Bücher über Pu den Bären von A.A. Milne, auch übersetzt.

Da wir uns dann und wann von berühmten Schriftstellern auf unseren Lebenswegen leiten lassen, beachten wir gern ein Zitat Erhart (nicht Erich) Kästners: Toren besuchen im fremden Land die Museen, Weise gehen in die Tavernen. Der Mann war oft in Griechenland. Einmal, ich glaube, es war irgendwo in Donegal (oder sollte es etwa in der Künstlerstadt St. Ives in Cornwall oder gar im Hebridenort Dunvegan gewesen sein? Nein, ich behaupte mal: es war in Irland), einmal kamen wir in eine Kneipe, die proppevoll war. Ha, ha, einmal? würde Harry sagen und die Zeitangabe als Zahlwort glatt der Lüge zeihen. Und eine proppevolle Kneipe sei ja nun wirklich nichts Besonderes. Aber damit würde er wohl nur auf sich als das Besondere weisen wollen. Demnach muss sich dieses Ereignis in Irland abgespielt haben. In dieser Kneipe bediente ein Typ wie Harry, der den Laden ganz allein schmiss. Er besorgte uns blitzschnell zwei Plätze in irgendeiner Ecke; unsere Essensbestellung nahm er im Vorbeigehen auf, während er ein volles Tablett auf einer Hand balancierte. Das Bier kam schneller, als wir denken konnten, und dass es sich um zwei pints of Guinness Stout handelte, war irgendwie selbstverständlich, obwohl Harry noch etliche andere Flüssigkeiten dieser Firma im Angebot hielt.

Das Essen kam schnell, war einfach, schmeckte gut, was Harry versprochen hatte. Als er sich das nächste Mal an unserem Tisch vorbeiquetschte, empfahl er uns einen bestimmten Nachtisch. Eine Art Cream Crowdy. Wir verstanden nur etwas von Himbeeren. Es gäbe auch noch eine Menge andere Sachen zum Nachtisch, aber den würde er uns empfehlen. Also nahmen wir den empfohlenen Nachtisch. Das war goldrichtig, denn hinterher erzählte er uns, seine Mutter habe diese Götterspeise zubereitet, die im Glas serviert wurde und außer den Himbeeren geröstete Haferflocken, Honig und Whiskey enthielt. Das Ganze wurde von Sahne gekrönt, auf der zusätzlich drei Himbeeren lagen, zwischen denen ein irisches Kleeblatt steckte. Selbst Ilse, die sonst nicht allzu sehr für süße Sachen zu haben ist, meinte, wir hätten dies drei Mal essen sollen, als Vorspeise, Hauptspeise und Nachtisch.

Als wir gingen, wir hatten diese Kneipe zum ersten Mal frequentiert, begleitete uns Harry wie selbstverständlich, als seien wir alte Freunde, zur Tür und gab uns zum Abschied die Hand. Und ich sagte unwillkürlich: Bye, Harry! Und er sagte ganz einfach: Bye! So, als sei auch das selbstverständlich.

Mit dem richtigen Harry war das dann so, auch mit Ralf, seinem Mitstreiter oder besser gesagt Mittäter: Nachdem wir uns einen Arbeitstitel für dieses, unser Buch ausgedacht hatten, nämlich In Irland-vier-Reisen, vielleicht, weil sicherlich irgendwie der gute alte Flann O'Brien in unseren Köpfen herum spukte, der einem ja immer Trost und Rat spendet, zum Beispiel mit seinem Roman In Schwimmen-zwei-Vögel, vielleicht hatten wir uns auch an den alten Spruch aus der Werbebranche erinnert, der da lautet: Gut geklaut ist besser als schlecht selbst gemacht, kurzum, nachdem dieser Titel also längst fest stand, das Manuskript in Arbeit war, mussten wir erkennen, dass andere auch gut klauen können. Das Buch In Schlucken-zwei-Spechte erschien auf dem Markt, von keinen Geringeren als Harry Rowohlt und Ralf Sotscheck. Der Untertitel lautet: Harry Rowohlt erzählt Ralf Sotscheck sein Leben von der Wiege bis zur Biege. In der Edition Tiamat, nicht bei Rowohlt, oh, da würde Harry fuchsteufelswild werden, damit hat er nichts zu tun, außer, dass sein Bruder klugerweise den Laden eines Tages vom Vater übernommen und Harry, noch klüger, darauf verzichtet hat. Diese Schluckspechte!

Die Iren würden sagen: It could be worse!

ERINNERUNGEN I

Erinnerungen sind ein Zeichen des Älterwerdens. Manchmal fällt man jüngeren Menschen damit ganz schön auf den Wecker. Aber das erste Mal durch Irland zu reisen war aufregend. Und damals lebte Heinrich Böll noch, was beweist, dass es Irland doch gibt.

Ankunft

Da müsst ihr mal hin, hatten die Freunde gesagt. Nach Irland. Nicht immer nach Frankreich. Eines Tages im Frühjahr 1977 kauften wir uns Heinrich Bölls Irisches Tagebuch und einen guten Reiseführer, schwangen uns in den selbst ausgebauten VW-Bus, den wir seit einem Jahr besaßen, und fuhren los, hin zu diesem Land, das da oben links außen auf der europäischen Landkarte verzeichnet ist, so, als gehöre es gar nicht richtig dazu.

St. Patrick hieß das Schiff – wie anders hätte eine irische Fähre wohl heißen können! Die Autoschlange bewegte sich durch das Hafengelände. Nach vierstündiger Wartezeit hatten uns die streikenden Dockarbeiter gnädigerweise zu einer entfernten Anlegestelle geleitet. Kurz darauf steckten wir im Bauch der 6000-Tonnen-Fähre und Le Havre verschwand im Abenddunst.

Das Dinner wurde im großen, mit dicken Teppichen ausgelegten Viking-Restaurant geboten. Die Kasse klingelte gleich am Eingang, vier Pfund sechzig, please, es gab nur einen Preis. Nervös nestelte ich meinen Brustbeutel hervor, obwohl doch niemand wissen sollte, wo ich mein Geld aufbewahrte. Ich hatte noch keine irischen Pfunde ins Portemonnaie umgeschichtet, dort tummelten sich die französischen Franken, die hier keiner haben wollte. Dann bedienten wir uns nach Lust und Laune am skandinavischen Buffet und tranken dazu das erste kräftige schwarzbraune stout mit dem gelben Schaum. Inzwischen war es dunkel geworden, die Fenster warfen unsere Gesichter zurück, ab und zu verliefen vom Wind gedrängte Gischtspritzer fächerartig über die Scheiben.

Unsere Kabine besaß ein eigenes WC-Waschräumchen und eine Dusche. Die Fahrt nach Rosslare würde zweiundzwanzig Stunden dauern, zum ersten Mal verbrachten wir eine Nacht auf See. Das Schiff lag ruhig, die Motorgeräusche hielten sich in Grenzen, ab und zu fühlten wir eine stärkere Bewegung. Ich wurde im Lauf der Nacht einige Male wach, Ilse, die aus Sorge vor Seekrankheit Pillen geschluckt hatte, schlief wie immer gut und tief. Ich vermutete, dass eher das Guinness beruhigend auf die Magennerven gewirkt hatte. Gegen sechs Uhr am nächsten Morgen bekam ich zufällig einen Blick auf die Scilly Islands mit, graue Schemen zogen für kurze Zeit am Horizont vorbei. Dann wieder nur Wasser.

Um neun Uhr standen wir auf, stolperten durch enge Gänge, hielten uns bei den Treppen am Geländer fest, obwohl das Schiff nur leicht stampfte, Seebeine hatten wir noch längst nicht. Nach dem Frühstück (man konnte nach Überwindung der Kasse wieder so viel nehmen wie man wollte...) zog es uns an Deck. Die Sonne schien, es herrschte Windstärke drei bis vier, schätzte ich.

«Woher willst du das wissen?» fragte Ilse.

«Das sieht man doch!» erwiderte ich.

Einer, der es wissen musste, war sicherlich der Kapitän. Aber den lernten wir nicht kennen. War es der erste Offizier, der in smarter Seemannsuniform mit prüfendem Blick über das Deck schlenderte? Das Schiff kam uns wie ein schwimmendes Riesenrestaurant vor, wir und die anderen Passagiere hatten hauptsächlich mit Gastronomiepersonal zu tun. Auch im zollfreien Shop natürlich, wo wir Whiskey und Tabak kauften. Sechs Pfeifen hatte ich in einem Wildlederetui bei mir, damit musste ich auskommen, es bedeutete häufiges Reinigen, Kaltwerdenlassen und Wechseln. Oder weniger zu rauchen...

Später, beim Anlegemanöver, würden dann aber doch ein paar kantige Kerle in Blaumännern auftauchen, um die Taue abzuwickeln und an Land zu schleudern, während sie kurze Worte zur Brücke hinaufbrüllten. Zunächst wurde ein dünnes Tau mit einem schweren Ball am Ende hinüber geworfen, an dem dann das eigentliche, wesentlich dickere Tau herangezogen wurde. Abgesehen von diesen beim Ablege- und Anlegemanöver auftauchenden Männern steuerten für uns unsichtbare Menschen und wahrscheinlich in erster Linie der Autopilot das Schiff auf seinem Kurs, dem richtigen, dem Klabautermann sei's gedankt, als um die Mittagszeit Rosslare Harbour in Sicht kam.

Doch noch war es nicht so weit. Wir sonnten uns auf dem windstillen Achterdeck, wo wir einen jungen Mann aus Aschaffenburg trafen, der allein mit seinem Renault 4 unterwegs war. Er arbeitete als Chemiker in einer Fabrik bei Hanau, die atomare Brennelemente herstellte. Die Sache wurde ihm langsam unheimlich, berichtete er, und so hatte er vor, sich in Kürze einen anderen Job zu suchen. Die Geschichten, die er erzählte, bestätigten unsere schlimmsten Vermutungen. Dann redeten wir lieber über Irland, und als das Gespräch einschlief, weil Sonne und Seeluft uns angenehm müde machten, beobachteten wir andere Passagiere.

Der junge Playboy war da, mit Gefährtin und Jaguar, auch seine ältere Ausgabe, der Fabrikdirektor in Begleitung seiner Sekretärin (wenn es denn die Sekretärin war) und Mercedes-Benz. Viele ältere Leute mit Caravans, die richtigen Touristen, wie wir meinten. Junge Leute mit riesigen Rucksäcken lehnten sich an die Bordwand und würdigten uns keines Blickes. Ein Radrennfahrer in eng anliegender schwarzer Kluft schlenderte unablässig über das Deck, sein Gepäck hatte er auf den Rücken geschnallt, am liebsten wäre er sicher mit dem Rad über die Planken geflitzt. Von wegen Planken, der ganze Pott war aus Stahlblech, man sah hier und dort überpinselte Schweißnähte. Wir rieten, wer von den Passagieren wohl Ire war, denn nicht alle Iren sind rothaarig und sommersprossig. Ein junges Mädchen mit kräftigem roten Lockenschopf entdeckte ich aber doch, das traurig am Heck unter der nur wenig bewegten irischen Flagge übers Meer blickte. Typisch, meinte Ilse, warum ich keinen irischen Jungen entdeckt hätte; ja, aber wenn doch keiner da ist, sagte ich. Ob das Mädchen auf Urlaub in Frankreich gewesen war und dort seinen neuen Freund hatte zurücklassen müssen?

Gegen vierzehn Uhr kam Irland in Sicht. Ein schmaler Streifen welliges Land. Die Sonne schien immer noch. Wir mussten rückwärts von Bord, verließen das Hafengelände und rollten langsam die Straße hoch, die in einer leichten Steigung parallel zum Wasser nach Rosslare führte. Keep left! Große Schilder machten darauf aufmerksam. Ein auf der vermeintlich falschen Seite entgegenkommender Sattelschlepper verursachte ein starkes Zucken in meinen Armen. Nach Straßenkreuzungen war der Drang zur falschen Straßenseite sehr stark, auch Parkplätze verließen wir gern durch die Einfahrt. Das Wenden musste man andersherum machen, stellte Ilse fest, als sie dabei eine Aschetonne in den Graben beförderte.

Dublin würden wir heute nicht mehr erreichen. In den Wicklowbergen fanden wir einen Übernachtungsplatz am Rand eines Waldes. Ein Holzweg schien wie für uns angelegt, er hörte mit einem Wendeplatz auf. Wir saßen vor unserem Fahrzeug in der Abendsonne. Was redeten die Leute eigentlich immer vom schlechten irischen Wetter! Wir blickten über die mit wenigen Bäumen bewachsenen Hügel, auf deren Hängen sich Wiesen und Felder hinzogen. Dann und wann ein kleiner Bauernhof. Vogelgezwitscher ertönte über uns in den Bäumen, wir hörten einen Kuckuck, Kühe brüllten nach dem Melker. Ich hatte die Pfeife gestopft, der Rauch kringelte sich senkrecht nach oben.

Welcome

Über Enniskerry auf Dublin zu. Anne und David Goffey, Freunde der Freunde, die uns nach Irland geschickt und dort avisiert hatten, wohnten in einem Vorort der Stadt. Beim Tanken fragten wir das Mädchen nach Windy Arbour, wir hatten Glück, es waren nur noch vierhundert yards geradeaus, dann links ab. Als wir uns bedankten, hörten wir ein «You're welcome!» Wie nett, dass sie uns willkommen heißt, dachten wir. Erst später wurde uns klar, dass damit «Keine Ursache, gern geschehen!» gemeint war. Wir fanden das Schild Windy Arbour und auch die Straße Farenboley Park. Irgendwo wusch ein Mann im Vorgarten sein Auto, Ilse fragte ihn nach der Hausnummer, der Mann zeigte schelmisch grinsend auf sich, es war David, der blond, jugendlich und sportlich wirkte und Vertreter für Flachglas war, was ihn durch das ganze Land und auch häufig nach Nordirland und Großbritannien trieb.

Hallo, hallo. Der Begrüßungswhiskey war fällig. Wir packten die aus Deutschland mitgebrachten Geschenke aus und auch den Whiskey, den wir auf der Fähre gekauft hatten. Dann schlug David vor, uns eine der wichtigsten Errungenschaften des Landes zu zeigen: seine Stammkneipe. Wir waren sofort einverstanden, erinnerte uns das doch sehr an zu Hause, und so neugierig wir auf die Unterschiede waren, soll man doch die Gemeinsamkeiten pflegen. Auf jeden Fall gehörte das braune, gelbschaumige Guinness-Stout aus dickbäuchigen Pint-Gläsern (1 Pint entspricht etwa 0,56 Litern) zu den bemerkenswerten Unterschieden. Damals gab es dieses Gebräu in Deutschland kaum. Ein weiß gestrichenes, ziemlich schmuckloses Gebäude empfing uns, das sich durch Bier-Reklametafeln zwischen den Fenstern als Kneipe auswies. Die schummrige Innenbeleuchtung ließ eine niedrige, vom Zigarettenqualm schmutzig gelb gefärbte Decke erkennen, mehrere dunkelbraune Tische, die einem bis zum Knie reichten, davor kleine Hocker. Aufwändiger gestaltet war die mächtige Theke, auf der drei geheimnisvoll beleuchtete Zapfhähne thronten, je einer für Stout, Kilkenny und Harp Lager. Der Clou jeder irischen Kneipe ist die Wand hinter der Theke, völlig ausgefüllt mit Regalen und Fächern voller Flaschen, in der Mitte ein Spiegel, das Ganze durch Neonlampen indirekt beleuchtet, geheimnisvoll und verführerisch schimmernd.

Ein junger Mann erschien wie aus dem Nichts, begrüßte David lebhaft, schloss uns sofort in seine Freundschaftsbezeugungen mit ein, während David nur ‚three' sagte. Anne stieß zu uns, als wir gerade das zweite pint geordert hatten.

Sie hatte sich das schon so gedacht, als niemand zu Hause war. Eine schwarzhaarige resolute Frau, die sich in ihrer Freizeit mit Hundezucht beschäftigte. Da die beiden, die überhaupt nicht wie Iren aussahen, jedenfalls nicht so, wie wir uns sie typischerweise vorstellen, kein Deutsch sprachen, mussten wir nun endgültig ins kalte Wasser springen und Englisch parlieren. Wir erzählten von der Fahrt, dann wurde die Gestaltung des Abends überlegt. Wir versuchten den Satz: «Wir sind zu allen Schandtaten bereit!» ins Englische zu übertragen, erzielten damit allerdings nur einen Heiterkeitsausbruch. Ebenso, als ich erzählte, wir hätten ein altes, baufälliges Haus vor dem Abbruch gerettet und den Begriff crashed down benutzte. No, no, wehrte sich David, abandoned hieße es, das sei besser. Er meinte es höflich, denn es war nicht nur besser, sondern richtig. Die beiden schlugen die Old Abbey's Tavern auf der anderen Seite von Dublin vor, wo man ausgezeichnet essen können sollte. Auf der Fahrt dorthin sahen wir bereits einiges von der irischen Hauptstadt, Davids Tonfall wurde leicht ironisch, wenn er auf offizielle Gebäude zu sprechen kam.

«Und hier sehen Sie», näselte er im Ton von Reiseleitern, «die St. Patrick's Cathedral mit der größten Orgel Irlands und einen Gedenkstein, der an den Dechanten und Schriftsteller Jonathan Swift erinnert. Natürlich sind Kathedralen die wichtigsten Gebäude in Irland, denn Irland ist...»

«Schon gut, schon gut,» warf Anne ein, «die Beiden wissen sicher schon, dass Irland katholisch ist und die Politik obendrein, dass Abtreibungen verboten und Scheidungen unmöglich sind und...».

David ließ sich nicht stören. «Und hier», säuselte er weiter, «zeige ich Ihnen die National Gallery von außen, innen hängt unter anderem die Kreuzabnahme Christi von Caravaggio.»

Schon waren wir vorbei, und wir überlegten, ob uns das Gemälde aus irgendwelchen Kunstbildbänden vielleicht bekannt war.

«Und dann ist da noch das Trinity College, weltberühmt, in der dortigen Bibliothek wird das nicht minder berühmte Book of Kells aufbewahrt, es enthält die vier Evangelien in lateinischer Sprache und wurde von den Schreibern in einer wunderbar verzierten Schrift verfasst sowie mit Menschen- und Tierdarstellungen versehen.»

David holte Atem.

«Ist er als Reiseführer tätig?» fragten wir Anne. Die lachte und meinte: «Die O'Connell Street könnt ihr euch morgen selber ansehen, oder die Grafton Street, die Einkaufsstraßen, auch das St. Stephen's Green, wo man sich ausruhen kann.»

«Und natürlich die alte Hauptpost», unterbrach David sie, «wo am Ostermontag 1916 der Schwerpunkt der Revolution lag, die unter Patrick Pearse von den Irish Volunteers und James Connolly von der Irish Citizen Army angeführt wurde. Dort wurde eine Proklamation der provisorischen irischen Regierung verlesen. Der Kampf ging aus verschiedenen Gründen verloren, noch einmal siegten die Briten, bis sechs Jahre später endlich die Irische Republik gegründet werden konnte. Glaubt aber bloß nicht, dass Irland die Engländer damit los geworden wäre.»

Und dann wäre da noch die weltberühmte Guinness-Brauerei, schob Anne ein, direkt am Fluss Liffey gelegen, ob wir wüssten, dass sich der besondere Geschmack und die Farbe des stout aus der Nutzung des ungefilterten Wassers ergäbe?

Die Old Abbey's Tavern war ein riesiger Laden, in dem wir so eben noch einen Tisch bekamen. Es spielte eine Band, die

Beleuchtung war gedämpft, das Gemurmel der Gäste blieb unverständlich, dichter Zigarettenqualm hing in der Luft. Die tin whistles und union pipes lullten uns ein, sachte wiegten wir uns im Rhythmus der Musik, die manchmal eintönig, aber nie langweilig wirkte. Das Essen war ausgezeichnet, es gab prawns (shrimps oder Garnelen), grilled salmon (gegrillten Lachs) und einen Muscadet. Danach Irish Coffee und Irish Whiskey. Das hieß, nicht für Anne. Anne trank konsequent Scotch, also Whisky. Eine Erklärung dafür verweigerte sie. Ob nun mit e oder ohne, das Zeug löste die Zungen und die Unterhaltung klappte besser.

Die Zeit verging wie im Fluge, erst sehr spät fuhren wir nach Windy Arbour zurück. Bei einem letzten Schluck brüteten wir gemeinsam über der Irlandkarte, Anne zeichnete uns die schönsten Stellen an der Westküste ein. Vor allem machte sie auf zwei berühmte Lokale aufmerksam: Moran's Oyster Bar bei Clarinbridge, nördlich der Burren vor Galway gelegen, und Doyle's Seafood-Bar in Dingle. Beide würden wir heimsuchen.

In unseren Notizen stand später:

«Am Abend kaufen wir Guinness und andere wichtige Lebensmittel in Dingle ein. Die Stadt liegt ungefähr zweieinhalb Meilen vom Zeltplatz bei Ventry entfernt. Danach verschwinden wir in Doyle's Seafood-Bar, die in einem knallgelb angestrichenen Haus gelegen ist. Später sollte sich das Haus in einen rotes verwandeln, mit weißumrandeten Fenstern und Türen. Ein kleines, gediegen eingerichtetes, gemütliches Esslokal. Mr. Doyle begrüßt uns persönlich, verschwindet dann wieder hinter der Theke, über der unübersehbar eine der Speisekarten hängt, die andere befindet sich draußen neben der Eingangstür in einem ausrangierten Bullauge.

Innen hängen ausgestopfte Fische von der dunkel gebeizten Decke, auf Wandborden stehen Schiffsmodelle und Bilder mit maritimen Motiven.

Nach ausgiebiger Beratung durch den Chef des Hauses fallen uns zum Opfer: Austern, Muscheln und eine Smoked Fish-Platte mit sieben oder acht Sorten Fisch. Ein hartes Stück Arbeit für mich, denn Fischezerlegen gehört nicht gerade zu meinen Lieblingsbeschäftigungen. Dank guter Ratschläge meiner Reisebegleiterin, doch überall Zitrone darüber zu träufeln und viel Mayonnaise zu nehmen, gelingt es mir sogar, die Sardinen klein zu kriegen. Dazu trinken wir einen gut gekühlten Muscadet. Während des Essens erregt die große Speisekartentafel über der Theke immer wieder unsere Aufmerksamkeit. Haddock steht da, was ist das? Ich schaue im Wörterbuch nach: Schellfisch. Wir befragen den Wirt. Er besteht, wenn wir ihn richtig verstanden haben, auf Kabeljau. Ob bei den Namen für Fische ein ähnliches Durcheinander herrscht wie bei den Meeresfrüchten? Bei den Garnelen, Krabben, Crevetten, Langustinen und Granaten? La crabe nennen die Franzosen zum Beispiel häufig den Krebs. Mr. Doyle klärt uns auf: Shellfisch sei der englisch-irische Begriff für das, was die Franzosen fruits de mer nennen, von shell, der Muschel. Shellfish ist also alles mögliche, nur kein Fisch, außer im Deutschen. Das nun wiederum findet Mr. Doyle recht seltsam. Kopfschüttelnd verschwindet er hinter der Theke, schaut noch einmal, wie um sich zu vergewissern, zur Tafel hoch. Dort steht es weiß auf schwarz: Haddock. Und das ist Kabeljau, wie wir jetzt wissen.»

Soweit damals unser Erlebnis bei Doyle's Seafood-Bar in Dingle.

Zurück nach Dublin. Wir schliefen like a log in unserem Bus, hatten am nächsten Morgen einen ordentlichen hang over vom Whiskey. Vor der Tür des niedrigen Fertighauses stand ein kleiner Träger mit Milchflaschen, die schon gebracht worden waren. Man stellt die leeren Flaschen vor die Tür, und der Lieferant tauscht sie gegen volle aus. Abgerechnet wird am Monatsende. Wir sollten lernen, dass die Iren, mehr noch als Bier oder Whiskey, Milch trinken. Auch Ziegenmilch, die wir probierten und für gut befanden. Das von David bereitete Frühstück mit bacon, eggs und tea brachte uns einigermaßen auf die Beine. Anne war schon außer Haus, als Lehrerin musste sie vor neun Uhr in der Schule sein, bevor die Rasselbande kam. David wollte anschließend geschäftlich nach Ulster in Nordirland.

Ob das nicht gefährlich sei, fragten wir.

Außer in Derry und Belfast nicht, meinte er.

Übrigens sagen die Iren Derry, nicht Londonderry, you know?

Wir verstanden.

Wir besichtigten kurz die Hunde, einen Basset und zwei Airedales (aber das war Annes Angelegenheit, wie David deutlich machte), und gondelten dann mit einem roten Doppeldeckerbus, der in der Nähe hielt, in die Stadt. Natürlich stiegen wir über die enge Treppe auf das Oberdeck, um uns besser umsehen zu können, obwohl das für unsere Mägen nicht gut war. Dublin schäumte über vor quirligem Leben. Fast die Hälfte aller Iren lebt in der Hauptstadt. Die meisten Häuser waren alt, wir entdeckten viele georgianische Fassaden, noch gab es kaum moderne Betonkästen. Eine Fassade, die völlig mit Glas verkleidet war, spiegelte das gegenüberliegende historische Gebäudes, so fiel der Neubau kaum auf. Alte, rote Doppeldeckerbusse quälten und qualmten sich durch den Verkehr, bestimmten das Bild der Straßen. Kinder der Tinkers, der irischen Outlaws, der Fahrensleute, die keine Zigeuner sind, verfolgten uns. Hungrige Augen blickten uns an, dünne Ärmchen hielten leere Pappschachteln für die Pennies hin. Die Mütter standen an den Straßenecken und verkauften Hula-Hoop-Reifen. Es dauerte nicht lange und ich hatte kein Kleingeld mehr. Als wir nichts mehr gaben, wurden wir von einem etwa sechsjährigen Jungen lauthals beschimpft, wütend schlug er mit der leeren Schachtel auf den Boden. Auch Erwachsene sprachen uns ständig an, sammelten für die Kirche, für andere Sekten, für karitative Organisationen. Irgendwann gab ich nach, opferte eine Pfundnote und erhielt eine rosa Papierblume zum Anstecken. Danach ließen uns alle in Ruhe. In einem original Peterson-Geschäft (Peterson ist neben Dunhill die zweite berühmte irische Pfeifen- und Tabakmarke) erstand ich Tabak, um meine McBaren's-Vorräte zu schonen. Dann kauften wir Ansichtskarten und machten uns auf zum berühmten Hauptpostamt in der O'Connel Street. Ein riesiges Gebäude mit sechs großen griechischen Säulen empfing uns, innen mutete es sehr altmodisch an mit seinen winzigen Schaltern, hinter deren undurchsichtigen Scheiben unsichtbare Stimmen Fragen stellten und unsichtbare Hände Briefmarken durch einen schmalen Schlitz schoben, Geld an sich nahmen. Dunkelbraun glänzende Schreibpulte standen in der Halle unter einer hohen Decke. Wir fühlten uns wie in einer gewaltigen Kathedrale, in der eine numinose Macht dafür zu sorgen schien, unsere unwichtigen Postkarten auf undurchschaubaren Wegen sicher ans Ziel zu bringen.

Irgendwo saßen wir dann auf einer steinernen Parkbank und beobachteten den Verkehr mit seinen Doppeldeckerbussen, mit den damals noch altmodisch hochbeinigen englischen Autos, vor allem den schwarzen Taxen, die denen in London ähnelten. Die Stadt wirkte sehr bunt und lebendig, wir hatten nicht den Eindruck, im Norden Europas zu sein. Als wir weiter gingen, kamen wir zum Fluss, über ein Brückengeländer lehnend starrten wir in die schwarzöligen Liffey-Fluten und übten die irische Aussprache, die das Doppel-F in ein Doppel-W verwandelte. Manche Iren nennen den Fluss auch Sniffey, um damit dezent auf die Verschmutzung aufmerksam zumachen. Auf dem Campus des Trinity-College fand ein Stegreif-Spiel der Theatergruppe statt, in dem es um die Befreiung Irlands vom englischen Joch ging. Wir hockten uns auf eine Treppenstufe und versuchten, die Texte zu verstehen. Dass wir verzichteten, das Book of Kells in seiner Glasvitrine zu besichtigen (jeden Tag wird einmal umgeblättert), möge man uns verzeihen. Unsere

Mittagspause verbrachten wir wie die irischen Angestellten im St. Stephen's Green, dem großen Park in der Stadtmitte. Legten uns auf die Wiese, da die Sonne sich sehen ließ. Viele lasen hier ihre Zeitung, Grüppchen trafen sich und palaverten. Ein Polizist unterhielt sich mit einem Obdachlosen, der einen Plastikmantel gegen Regen übergezogen hatte, schenkte ihm eine Zigarette und gab ihm Feuer. Iren fühlen sich den Abgerutschten näher, sie wissen, dass es ihnen sehr schnell und plötzlich selbst so ergehen kann.

In Windy Arbour verabschiedeten wir uns am Abend schon von Anne, die am nächsten Tag sehr früh aufstehen musste, weil sie bei einem Wettbewerb für Hunde, an der ihre drei teilnahmen, als Richterin fungieren sollte. Aus diesem Anlass bat sie uns, ihr einige Abschnitte aus einem deutschen Buch über Hunde (wer weiß, wo sie das aufgetrieben hatte) zu übersetzen, was wir recht und schlecht versuchten, denn viele Fachbegriffe fanden wir nicht in unserem Wörterbuch.

Bezahlt haben wir in den zwei Tagen bei Anne und David nichts, nicht einmal eine Ehrenrunde in der Kneipe gönnten uns die beiden. Kaum konnten wir uns für so viel Gastfreundschaft bedanken. Wir versuchten es später und sandten per Post zwei gute Flaschen deutschen Weißweins in den Norden (sie hatten sich das gewünscht), doch das Paket ist nie angekommen, jedenfalls nicht bei Anne und David. Ich hoffe, der Rebensaft hat den Dubliner Zöllnern geschmeckt.

Bei den Seeigeln

Wir brachen auf und fuhren durchs Land. Der in sattem Gelb blühende Ginster, die Bäume am Straßenrand, die von Bruchsteinmauern eingerahmten Äcker und Wiesen, die weißen Gatter ließen das Land wie einen großen Vorgarten anmuten. Manchmal hatten wir das Gefühl, uns auf der Einfahrt zu einer der wenigen Farmen zu befinden. Buchten wie Fjorde, dann wieder Seen. Die Häuser erinnerten an die Bretagne, ähnlich wie bei den Häusern dort befanden sich an ihren Giebelseiten die beiden Schornsteine. Viel Land, wenig Tiere, kaum Menschen, Donegal 1977. Dem verloren in der Landschaft liegenden Ort Carrigart folgten Portnablagh und Dunfanaghy. Auf den Straßenschildern lasen wir die Namen in Englisch und Gälisch, manchmal nur in Gälisch. In einigen Fällen ist noch zu erkennen, dass der englische Begriff sich aus dem Gälischen entwickelt hat. Bis weit ins sechzehnte Jahrhundert hinein wurde in Irland fast nur Gälisch gesprochen. Dann verboten die Engländer für lange Zeit diese Sprache. Sie wurde heimlich gelehrt und konnte in wenigen Gebieten, den gaeltachts, überleben. Außerdem schwächte die große Hungersnot in den Jahren 1845 – 1848, die durch den Ausfall der Kartoffelernten wegen Mehltaubefalls hervorgerufen wurde, die irische Kultur. Die Iren hatten um die nackte Existenz zu kämpfen, Hunderttausende wanderten aus. Heute ist das Gälische wieder offiziell Landessprache, vor dem Englischen, auch wenn viele Schüler fluchen. Dass die Engländer ein schlechtes Gewissen haben, erkennt man, wenn sie ihr eigenes Auto in England lassen und sich einen irischen Leihwagen nehmen, um nicht gleich erkannt zu werden.

Außerhalb von Dunfanaghy fanden wir einen fast zwei Kilometer breiten Strand mit weißgelbem Sand, an den Seiten

61

von Hügeln eingerahmt, von den Dünen bis zum Wasser war es etwa fünfhundert Meter. Hier machten wir Pause, aßen nach Safran schmeckende Käsebrote und tranken ein helles Harp Lager-Bier aus der Dose. Die Sandmulde in den Dünen lud zum Träumen ein. Wenn wir die Augen schlossen, konnten wir uns vorstellen, nicht in Donegal, sondern am Mittelmeer zu sein. Von dort war es gedanklich nicht mehr weit bis zum Gebiet zwischen Euphrat und Tigris. Ob es dort vor fünftausend Jahren so ähnlich ausgesehen haben mochte? Kein Mensch außer uns war zu dieser Stunde am Strand, am trà, die Sonne brannte. Nur schwer konnten wir uns von dieser Bucht trennen, nachdem wir wie wild kreuz und quer durch den Sand gerannt waren und die Füße an der Wasserlinie eingetaucht hatten.

Durch Falcarragh gelangten wir über eine schmale, kurvige Küstenstraße zu einem Gebiet mit dem geheimnisvollen Namen Bloody Foreland. Es wurde einsam, kaum gab es noch Häuser, die grünen Abhänge auf der wasserabgewandten Seite lagen voller Steine; und als wären es zu viele, um aus ihnen die üblichen niedrigen Mauern zu schichten, sahen wir kaum noch Felder und Weiden mit den Steinwällen.

An einer Stelle, die ich nicht beschreiben, nur nach Gefühl wieder finden kann, bogen wir einfach ab von der Straße, rumpelten über einen notdürftigen Fahrstreifen, erkennbar an einer Treckerspur im niedergedrückten Gras, über Sand, Wiesen und Felsen zum Meer. Auf einer kleinen Anhöhe blieb der Bus stehen. Kein Haus und kein Mensch mehr – nur Schafe. Und das Meer. Nun schienen wir weitab von der Zivilisation zu sein, wie wir es uns manchmal vorstellen.

Ich zündete mir eine Pfeife an, trat an den Rand des Felshügels, blickte über die imponierende Weite des Wassers und war froh, dass ich Tabak besaß, den ich in Dublin bei Peterson in diesen buntbedruckten, glänzenden und sich angenehm kühl anfühlenden Dosen hatte erstehen können. Im Auto lagerten Lebensmittel für mehrere Tage. Einige yards entfernt fand ich ein Süßwasserloch, so war dieses Problem gelöst, denn unser Wasserkanister fasste nur zehn Liter. Ich betätigte mich gleich als Wassermann und Ilse, als hätte sie meine Selbstversorgergedanken erraten, stieg mit Brotmesser und Kombizange aus dem Werkzeugkasten in die Felsen, um black seaurchins, Seeigel, zu sammeln. Wegen des auflaufenden Wassers musste sie die Suche allerdings abbrechen. Echte Abenteurer hätten jetzt hungern oder ein Schaf fangen und schlachten müssen. Wir begnügten uns zum Abendessen mit Würstchen vom Holzkohlengrill. Dazu gab es Erbsen, ebenfalls aus der Dose.

«Ja», sagte Ilse gedehnt, «wenn man die Sachen dabei hat!»

«Expeditionen nehmen auch alles mit, vor allem in Dosen», wandte ich ein.

«Sind wir denn eine Expedition?»

«Ja, für drei Tage.»

«Und was erforschen wir?»

«Uns.»

«Dafür muss man so weit fahren?»

«Manchmal schon.»

Ich drehte mich wieder dem Feuer zu, das bei dem stetigen Westwind gut brannte.

Auf dem anschließenden Erkundungsgang entdeckten wir eine kleine Sandbucht und beschlossen, am nächsten Tag dort zu baden. Eine blödsinnige Idee, wie wir feststellen würden, denn trotz der Sonne war das Wasser Ende Mai noch viel zu kalt. Die hinter aufgerissenen Wolkenschleiern untergehende glutrote Sonne ließ mich zum Fotoapparat greifen. Aber es fehlte ein Vordergrund. Ein Vordergrund musste her, Leben ins Bild. Wo blieben meine Statisten? Ich hatte sie für dreiundzwanzig Uhr bestellt, dann ungefähr würde die Sonne ins Meer sinken. Die Statisten kamen nicht, die Sonne sank unaufhaltsam tiefer, plötzlich war nur noch das obere Drittel zu sehen, ein kleiner glutroter Halbkreis, der auf dem Horizont zu liegen schien. Und dann waren die Möwen da. Kreischend jagten sie parallel zur Küstenlinie dahin, ihren uralten Gesetzen nach. Sie hielten sich nicht an meine Regieanweisungen. Zwei Aufnahmen gelangen. Ich werde euch nicht bezahlen, rief ich in den Wind. Gleichgültig strichen die Tiere über die Felsen zum Meer hinunter. Selbstversorger.

ROSSES POINT / SLIGO

Die Erde ist gut zu uns

«Hier liegt einer, der sich nie einen Trip um die Erde leisten
konnte. Doch jetzt ist die Erde gut zu ihm und nimmt ihn mit
um die Sonne.» Und: «Die Friedhöfe liegen voller Menschen,
ohne die die Welt nicht leben konnte.» So lauten zwei irische
Grabinschriften. Aber die Erde nimmt auch die Lebenden mit.
Alle, die angeblich wichtigen und die unwichtigen, die scheinbar großen und die kleinen. Ob wir wollen oder nicht.

An der Küste entlang folgen Bundoran, Ballyshannon,
die Stadt Donegal. Besser gesagt die Ortschaft Donegal, denn
als Stadt kann man wohl nur Dublin, Cork, Belfast und Derry
bezeichnen. Wir sind ganz in der Nähe der nordirischen
Grenze, mitten im Ort werden plötzlich unsere Ausweise
kontrolliert. Durch das Innere der Grafschaft Donegal gelangen wir über Ballybofey und Letterkenny weiter nach
Norden. Es wird einsamer, die Straßen werden schmaler,
noch schmaler, als sie in diesem Land eh schon sind,
Kerrykeel, Rossnakeel, Portsalon und dann Fanad Head, die
zweitnördlichste Spitze Irlands. Die Gegend ist allerdings
bewohnter als wir zunächst gedacht haben. Einzeln stehende
Häuser, kleine Zusammenballungen, eingezäunte und mit
Steinen umfriedete Weiden wechseln einander ab. Sogar eine
Buslinie gibt es. Als uns ein Bus entgegenkommt, können wir
nur unter Schwierigkeiten ausweichen.

Vom Fanad Head sind es noch einige Meilen bis zur
Mulroy Bay, wo wir am Strand stehen bleiben, umgeben von
niedrigen Felsen und Steinen, mit vorgelagerten Inselchen, auf
denen nur Vögel hausen. Ich tauche Hände und Gesicht ins
Atlantikwasser, blicke nach Norden; meine Gedanken springen über die Shetlands und Orkneys zu den Faröern, bis nach
Island.

Gegen Abend hocken wir im Bus, die Schiebetür ist offen, unsere gute Laune lässt uns das einfache Abendbrot ausgezeichnet schmecken: Makrele in Muscadet aus der Dose auf Brot. Ein Bauer führt seine Kuh an der Leine zum Bach, der in der Nähe ins Meer fließt. Er nickt herüber, kümmert sich nicht weiter um uns. Nachdem das Tier seinen Durst gestillt hat, wird es ein Stück entfernt auf einem Hügel angepflockt. In der Dämmerung erinnert uns sein Schattenriss vor dem dunklen Grau des Himmels an den Stier von Osborne, die Reklame für den spanischen Brandy. Später, als es finster geworden ist, tuckern zwei Iren auf einem Traktor vorbei, sie brüllen ein Lied, kommen wohl aus ihrem pub, verschwinden um eine Kurve, noch lange hören wir sie singen.

Am anderen Morgen weckt uns die Sonne. Um acht Uhr sind wir bereits auf den Beinen und bauen den Frühstückstisch am Strand auf. Der Blick geht über das glitzernde Wasser der Bay auf die karge, hügelige Landschaft auf der anderen Seite. Vereinzelt blitzen kleine, weiße Punkte auf: Häuser. Die herbe Kargheit der Landschaft steht im Widerspruch zur Milde des Klimas. Das Gras der Weiden wird durch Rinder und Schafe kurz gehalten. Möwen und andere Meeresvögel, Lerchen und Kaninchen lassen sich durch uns nicht stören. Ein Kuckuck ist zu hören. Ein Hahn kräht in der Ferne, die Lerchen zwitschern unentwegt, unter dem Klapptisch läuft das Bandgerät. Langsam fährt ein Fischerboot durch die Bay zum offenen Meer, zieht seine Spur durch das türkisfarbene Wasser. Hoch über uns bläst scheinbar lautlos ein Jumbo weiße Kondensstreifen ins Blau.

Auf den mit kurzem Gras bewachsenen Felsen liegen vereinzelt Felsbrocken und Steine umher. Aus der Ferne sehen auch Schafe und Lämmer wie Steine aus, bis sie sich plötzlich bewegen, um sich an anderer Stelle fast unbeweglich wieder nieder zu lassen. Ab und zu kommen einige neugierig heran und beobachten uns. Bei der kleinsten Bewegung flüchten sie. Uns gegenüber liegt eine kleine Insel im Meer, ungefähr einen Quadratkilometer groß. Verlassene Häuser ducken sich hinter Hügeln. Kaum vorstellbar, dass dort Menschen bis in die fünfziger Jahre des 20. Jahrhunderts gewohnt haben, dann aufgeben mussten. Häuser wurden in Irland von heute auf morgen verlassen, wie Mäntel, die in der Kneipe am Haken hängen bleiben, vorwurfsvoll wartend auf den, der doch nicht wieder kommt, schreibt Heinrich Böll. Wie können die Menschen in diesem Land trotz aller Traurigkeit so freundlich und heiter sein? Der Spruch It could be worse ist bezeichnend.

Sonniges Wetter bei nahezu blauem Himmel. Die Lufttemperatur beträgt achtundzwanzig Grad, das wird uns niemand glauben. Lerchen steigen hoch und werden zu kleinen Punkten im Blau, Möwen kreisen gravitätisch über uns, die Luft riecht würzig nach Wiese und Salzwasser. Ein Bauer treibt Schafe zu einer anderen Bucht. Sein Hund besucht uns und wedelt freundlich mit dem Schwanz. Ein Gruß fliegt hin und her und verweht im Wind. Wir sagen uns die Zeit nach Gefühl und Sonnenstand an, wir haben es in den letzten Tagen geübt und werden immer genauer. Zwischen den Felsen befinden sich kleine Teiche zurückgebliebenen Wassers, voller Pflanzen, kleiner Fische, Lurche und Seeigel. Die seaurchins lassen sich nur schwer mit dem Messer knacken. Das seltsam aussehende rote Innere ist weich und schmeckt tatsächlich ein wenig nach Auster. Mit Zitrone beträufelt, erklären wir es zur lukullischen Spezialität. Wie wir erst viel später erfahren, isst man dieses Innere gar nicht, sondern eine dünne Schicht, die sich an der Innenseite der Schale befindet.

Eine Bachstelze kommt nah heran, beäugt uns ausgiebig. Dann klettern wir mit dem Bandgerät in die Felsen und versuchen, das Rauschen der von der Flut gegen Irland gepeitschten Wellen festzuhalten. Weit im Westen geht die Sonne dunkelrot glühend unter.

ERSTER BRIEF AN HEINRICH BÖLL

Die Erlebnisse mussten berichtet werden. Wer eignete sich als Adressat dafür nicht besser als H. B.! Doch was konnten wir ihm schon erzählen! Er hatte sicher viel mehr Ahnung von Irland als wir.

Essen, im Herbst 1977

Sehr geehrter Herr Böll,

dass wir in diesem Jahr zum ersten Mal nach Irland gefahren sind, haben Sie nicht zu verantworten. Es gibt sicherlich viele Menschen, die Sie mit Ihrem Irischen Tagebuch dorthin gelockt haben. Und das ist nicht das Schlechteste. Gelesen haben wir Ihr Buch natürlich, es befand sich selbstverständlich (neben anderen Büchern über Irland) im Reisegepäck. Auch etliche Ihrer Romane, Kurzgeschichten, Essays und Reden haben wir gelesen, freiwillig, denn Ihre Texte sind für uns keine Pflichtlektüre, auch wenn sie im Lehrplan der Schulen stehen. Ich möchte behaupten, kaum ein Deutscher wird ohne Ihr Irisches Tagebuch nach Irland fahren. Es hat sich sozusagen zur Bibel der Irlandreisenden entwickelt. Uns machten Freunde auf das Land da oben links außen aufmerksam. Menschenskinder, nach Irland müsst ihr, sagten sie. Irland ist..., ja was? Richtig deutlich wurde das nicht, aber die Begeisterung der Freunde kam über. Allerdings kann man sich stark täuschen, wenn anderen etwas gefällt.

Nun sind wir nach fünf Wochen wieder zurück, haben sicher nur einen ersten Eindruck gewinnen können – und sind infiziert. Die Freunde hatten Recht, und Sie natürlich auch. Uns hat es dort ausnehmend gut gefallen. Fünf Wochen mit einem VW-Bus und unserem Zelt, fünf beeindruckende

Wochen, nicht nur wegen des Wetters, das so gut war, wie selbst die Iren es nicht glauben wollten. Wir können sagen: Es gibt dieses Irland – immer noch. Aber in Nordirland knallt es weiterhin, die englische Politik richtet großen Schaden an; als die englische Queen zu einem Staatsbesuch kam, stand sie unter ständiger militärischer Bewachung, übernachten musste sie aus Sicherheitsgründen auf einem Schiff. Auch dieses Irland gibt es immer noch.

Einige schöne Tage verbrachten wir auf der Dingle-Halbinsel, diesem Irland im Kleinen. Gezeltet haben wir in Ventry auf dem Gelände eines Bauernhofes. Zum Einkaufen fuhren wir nach Dingle, zum Beispiel, wenn wir Guinness Stout brauchten. Das haben wir in einer kleinen Kneipe, die gleichzeitig Schuh-Reparatur- und Ledergürtel-Werkstatt war, auf umständliche Art und Weise erworben. Die Einschätzung ,umständlich' ist natürlich sehr deutsch und zeigt einmal mehr unsere unsinnige Ungeduld, was mich daran erinnert, dass ich als Schüler schon den diffamieren-den Begriff ,jüdische Hast' in ,christliche Eile' umwandelte. Drei alte Kerle hockten in der Kneipe, zwei vor, einer hinter der Theke. Neugierig beäugten sie uns, quetschten sich ein undeutliches «Hallo» durch die Zähne. Dann griffen sie schweigend zu ihren Gläsern. Es brannte kein Licht, der Raum war in ein angenehmes Halbdunkel gehüllt. Es roch stark nach Leder, im Hintergrund lag ein Stapel Gürtel, dane-ben sahen wir abgeschnittene Reste auf der Erde. An den Wänden zogen sich Flaschenregale hin. Ich überlegte, ob wir vielleicht erst einen trinken müssten, bevor wir unsere Bestellung aufgeben konnten. Doch dann orderte ich vier große und sechs kleine Flaschen Guinness Stout. Die drei Männer gerieten in Bewegung, der Alte hinter der Theke griff in ein Regal und begann, die Flaschen vor uns hin zu stellen.

Er legte Zeitungspapier daneben, das die anderen beiden ergriffen, um umständlich jede einzelne Flasche sorgsam damit zu umwickeln. Unsere zaghaften Proteste wurden überhört. Wir hatten ja keine Ahnung! Die drei arbeiteten schweigend, lächelten uns lediglich zwischendurch einige Male kurz an. Zum Schluss kam alles in einen Pappkarton, der gut verschlossen wurde. Der Preis wurde schriftlich auf einem abgerissenen Stück Papier ausgerechnet und notiert: dreieinhalb Pfund. What's that? So viel? Wir meldeten Zweifel an. Doch, das sei korrekt. Es ging hin und her, jetzt redeten alle durcheinander. That's correct, wurde uns immer wieder versichert, wir hatten den Einruck, die drei beleidigt zu haben. Dann klärte sich unser Irrtum auf. Auf den großen Flaschen lag hohes Pfand, das Glas war wertvoll. Allein das machte schon eineinhalb Pfund aus. Und wenn wir wiederkämen... Wir entschuldigten uns, ja dann slàinte! Jetzt lachten sie erleichtert und verabschiedeten sich lebhaft von uns.

Lieber Herr Böll, trotz Ihres Buches und eines Reiseführers hatten wir ja noch längst keine Ahnung von diesem Land! Deshalb fielen wir auch auf einen bank holiday herein. Wir waren unterwegs in der Ecke von Waterville. Die Ortschaften hatten schon den ganzen Tag sehr geschlossen ausgesehen. Aber wir hatten uns nichts dabei gedacht. War Pfingsten? Nein, das hatte ich geprüft, das war schon vorbei. Aber es war Montag. Alle Banken und Läden hatten geschlossen. Wir schoben das auf die Mittagszeit, ließen uns in einem Restaurant nieder, um eine Kleinigkeit zu essen, beobachten durch das Fenster die gegenüberliegende Ulsterbank, deren Jalousien herunter gelassen waren. Wir mussten dringend Geld wechseln und wollten einen Euroscheck einlösen. Es wurde fünfzehn Uhr, aber kein Banker ließ sich sehen, keine

Jalousie rührte sich. Auch die Lebensmittelläden öffneten nicht. Wir fuhren ein wenig ratlos weiter. Schließlich kamen wir auf die Idee, einmal in unseren Reiseführer zu schauen. Und siehe da: der erste Montag im Juni ist in Irland ein so genannter Bankfeiertag. Da hätten wir lange warten können. In Waterville gelang es uns trotzdem, in einem Touristenbüro einige Ansichtskarten zu erstehen. Aber stamps? No, tomorrow, when the post office will be open, today, there is a bank holiday! Aber ja doch, das wissen wir. Trotzdem schlenderten wir zum post office, das in einem Andenkenladen untergebracht war, der geöffnet hatte. Wir stellten uns ganz dumm und fragten nach Briefmarken. Und wieder wurde uns freundlich, aber bestimmt die Sache mit dem Bankfeiertag erklärt. Morgen... Als die Inhaberin unsere enttäuschten Mienen sah, murmelte sie so etwas wie ausnahmsweise, und sie hätte ja auch selbst Briefmarken, davon würde sie uns jetzt welche geben. Erstaunt erlebten wir die Lösung des Problems. In der Verkaufstheke befanden sich zwei Schubladen, in der einen waren die Briefmarken der Post, in der anderen die Marken des Andenkenladens. Das post office (Schublade eins) war geschlossen, aber der Laden (Schublade zwei) hatte geöffnet. Wer sollte irgendwen daran hindern, irgendwem ein paar Briefmarken abzutreten, die dann morgen, wenn kein Bankfeiertag mehr störte, aus dem post office wieder ergänzt würden?

So saßen wir einige Minuten später glücklich auf einem Mäuerchen am Meer und schrieben unsere Postkarten nach Hause.

Uns fiel auf (vielleicht ist das neu), dass irische Manager sehr viel zu tun haben mussten. Bei fast allen heimischen Produkten stand auf den Packungen, dass man, sollte man wirklich einmal ausnahmsweise eine Ware in nicht ordnungsgemäßem Zustand erhalten haben, sie an den Manager des ‚Hauses der Herstellung' zurücksenden sollte, um dann eine neues, gutes Erzeugnis als Ersatz zu erhalten. Ja dann, sagten wir, schicken wir sie mal zurück: die nicht knusprigen Kartoffelchips, die weichen Erdnüsse, die saure Kondensmilch (das war unfair: die wird unterwegs immer sauer), die zu süße Schokolade, das weiche Brot, dazu die leeren Weinflaschen, die taugten doch auch nichts mehr, und die leicht angefaulten Kartoffeln. Nun ja, bei dem Thema Kartoffeln wollen wir, wenn wir an die große Hungersnot denken, lieber vorsichtig sein. «Dear Mister Manager!» Doch dann haben wir die nicht mehr brauchbaren Sachen lieber im nächsten Abfalleimer, dem litter bag, oder auf gälisch bruscar, versenkt. Immerhin wurde uns grundsätzlich Ersatz versprochen, das gibt es bei uns nicht.

Was fiel uns noch auf? Die Schafe. Die lagen genüsslich auf der Straße und dachten längst nicht daran, uns Platz zu machen. Und die Hunde! Die Hunde Irlands mögen keine Autos. Sie stürzten sich vehement auf jedes vorbeirasende Fahrzeug, versuchten mitzulaufen und in die Reifen zu beißen. Wir hatten Angst, sie zu überfahren. Aber sie waren geübt. Unter die Räder kamen sie nie.

Und fast beleidigt antwortete der Bauer, auf dessen Wiese wir ungefragt standen, mit «welcome!», als wir nachträglich um seine Genehmigung zum Übernachten baten. Er erzählte uns innerhalb einer halben Stunde seine Familien- und Lebensgeschichte.

Vielleicht können Sie, Herr Böll, bestätigen, dass diese kleinen Erlebnisse ‚typisch irisch' waren, wie wir meinen – wenn es so etwas gibt. So ungefähr haben Sie uns in Ihrem Tagebuch die Iren nahe gebracht, und ein Zipfelchen dieser

Mentalität haben wir hoffentlich erwischen können. Das wird uns sicher zu einem weiteren Besuch dieses eigenwilligen Landes verlocken. Und vielleicht trauen wir uns beim nächsten Mal, Sie in Ihrem Häuschen auf Achill Island einmal kurz zu besuchen.

In diesem Sinne grüßt Sie herzlich
Ihr U.S.

DIE BRÜCKEN VON CAUSEWAY

Einstmals baute sich hier einer eine gewaltige Brücke aus Steinen
hinüber nach Schottland, obwohl er eigentlich ein Boot hätte nehmen können. Und worin ähnelt die Rope, eine Brücke aus Seilen,
der Brücke von San Louis Rey? Darin, dass sie reißen kann? Wir werden sehen.

Brücken sind Hilfsmittel, die sich Menschen und auch Tiere,
wenn wir an die Biber denken, bauen, um schwierige Stellen
wie Flüsse oder Taleinschnitte zu überwinden. Wie jene in
Peru, genannt die Brücke von San Luis Rey, die schönste des
Landes, von der uns Thornton Wilder die wahre Begebenheit
des Sommertages erzählt, an dem sie auseinander brach und
fünf Menschen in den Tod riss. Sicher, sie war keine moderne,
weit und frei schwingende Betonbrücke, wie es sie heute in
Peru gibt. Aber auch solche sollen schon eingestürzt oder
gefährdet gewesen sein. Das Ereignis, von dem wir reden,
fand im Jahr 1714 statt, und die Brücke bestand aus schmalen
Latten mit Geländern aus getrockneten Ranken, die von den
Inkas über einhundert Jahre zuvor geflochten worden waren.
Pferdewagen und Sänften mussten einen anderen, weiteren
Weg durch das Tal nehmen und sich mit Flößen über den
Fluss setzen lassen, doch Fußgänger hatten es leichter und
nutzten, vom Erzbischof – wenn er denn einmal zu Fuß ging –
bis zum Knecht, die Brücke von San Luis Rey. Sie hatte schon
lange gehalten, und niemand, vor allem nicht diejenigen, die
sie kurz vorher noch betreten hatten, konnte sich vorstellen,
dass sie einmal reißen würde. Doch nun war sie, dem heiligen Ludwig von Frankreich, der zwar weit entfernt lebte,
dennoch als Namensgeber und Schirmherr diente, zum Trotz
mit fünf Menschen, die sich ihr anvertraut hatten und bis

zuletzt an die Seile krallten, in den Abgrund gestürzt. War es Fügung, wie die Gläubigen in Peru meinten? War es vielleicht Zufall, wie Wilder sein erstes Kapitel überschrieb? Die Frage nach dem Zufall begegnet uns übrigens in diesem Buch auch im Kapitel über Martin Hannigan und die Schlaglöcher, deshalb wollen wir uns hier, wo es um Brücken gehen soll, weitere Erörterungen darüber vorerst ersparen.

Was hätten sie gegeben, um ihre Füße auf eine Brücke zu setzen, mit deren Hilfe sie Land hätten erreichen können! Die 1.300 armen Seelen. Gekommen waren sie im Juli 1588 auf

Befehl Philipps des Zweiten von Spanien unter dem Kommando ihres erfahrenen Kapitäns, leider unter dem Oberbefehl des völlig unerfahrenen Herzogs von Medina Sidonia, der seinen Job Protektion zu verdanken hatte. Die Armada rückte mit über 130 Schiffen und fast 30.000 Mann gegen die unterlegene englische Flotte an. Matrosen hatten auch zur damaligen Zeit ein hartes Leben, bei der Marine war es am Schlimmsten. Vor allem während der Schlacht, wenn sie, eingesperrt in niedrigen Decks hinter den rauchenden und manchmal explodierenden Kanonen oder ohne Schutz in der Takelage, darauf warteten, von den Kanonenkugeln des Feindes zerfetzt oder vom Feuer erfasst zu werden. Ertrinken schien oft der gnädigste Tod. Drei Schlachten hatten im Südwesten Englands getobt, das Wetter war den Angegriffenen wohlgesonnen gewesen, außerdem besaßen sie klügere Kommandanten, einer von ihnen war der berühmte Vizeadmiral und ehemalige Pirat Sir Francis Drake. Vor Calais ließ Drake einen nächtlichen Angriff mit brennenden, unbemannten Schiffen, so genannten Brandern, die vom Wind auf den Feind zugetrieben wurden, auf die Armada durchführen. Die Spanier verloren etliche Schiffe, die restlichen kappten die Ankertaue und flohen nach Norden.

Königin Elisabeth die Erste hatte keine Skrupel, den ehemaligen Piraten und Freibeuter Drake gegen die Feinde einzusetzen, im Gegensatz zu Napoleon dem Ersten, der später zwar seinen bekanntesten Korsaren Robert Surcouf ebenfalls zu Ehren kommen ließ, aber nicht auf dessen Ratschläge hörte, was den Sieg Nelsons über die spanisch-französische Armada bei Trafalger im Jahr 1805 möglicherweise förderte.

Zurück an die Küste Nordirlands. Der Rest der 1588 besiegten spanischen Armada floh in Richtung Schottland.

Am Firth of Forth vorbei wollten sie das Land nördlich umsegeln. Viele strandeten dort und an der Westküste Irlands, ein Schiff wurde in Richtung Skandinavien abgetrieben. Von den 130 Schiffen kehrten nur 67 nach Spanien zurück. Die dreimastige Galeasse Girona hatte sich vor einem Sturm in den Hafen von Killybegs geflüchtet, um von dort weiter nach Süden zu segeln. Doch ein Sturm aus Südwest hatte sie wieder an die nördliche Küste Irlands gedrängt; ein Ruderbruch ließ sie bei Port na Spaniagh (so wird die Stelle seitdem genannt), zwischen Portrush und Ballycastle, in der Nähe von Giant's Causeway, dem steinigsten Stück Küste weit und breit, stranden. Wie der Gedenkstein erzählt, starben 1.300 unglückliche Seelen bei diesem Desaster, fünf glückliche Seelen hingegen konnten gerettet werden, und zwar von Sorley Boy McDonell, der im nahen Dunluce Castle lebte. Im Jahr 1967 fand man das Wrack auf dem Meeresgrund und barg reichlich Ausrüstung, neben Kanonen und Kugeln auch Gold- und Silbermünzen, Juwelen, Teller, Becher und Porzellanschalen. Die Girona war das größte Schiff der Flotte gewesen und trug in ihrem Bauch zusätzlich Waffen und Ausrüstung zweier anderer Galleonen, die zuvor Schiffbruch erlitten hatten.

Friede sowohl den armen als auch den glücklichen Seelen!

Am Anfang war ein Bild. Das Bild aus einem Foto-Band von Wolfgang Fritz, das die Ansicht einer Hafenstadt hoch oben im Norden der irischen Insel zeigte. Es, das Bild, oder er, der Fotograf, trug die Verantwortung, uns hierher gelockt zu haben. Wir verziehen ihm, es hätte uns sehr in diesem Ort gefallen können, wenn nicht einige Störfaktoren aufgetaucht wären oder es nicht gerade zufällig begonnen hätte zu regnen, was es oft tat in der Zeit, während der wir uns im Norden aufhielten, obwohl die Statistik für Mai und Juni die wenigsten Regentage und die meisten Sonnentage angab. Vielleicht stimmte das sogar. Wahrscheinlich zählten sie jeden Sonnenstrahl, auch wenn er nur Sekunden dauerte, und addierten jeden Abend fleißig die Minuten. Die Einheimischen kümmerten sich wenig um Regen oder Statistik, trugen kurzärmelige Hemden und kurze Hosen, gingen einfach los, warteten nicht, wie wir es zu Haus taten, bis es aufgehört hatte. Regenschirme schienen verpönt.

Am Anfang war dieses Bild – die Ansicht einer Hafenstadt. Zwei bunte Häuserzeilen mit an viktorianische oder georgianische Zeiten erinnernden Gebäuden, lang hingezogen, ließen eine Straße erahnen. Vor den Häuserreihen duckte sich eine graugrüne Hafenmauer. Schwarze, weiße und rote Bootskörper dümpelten auf einer ruhigen graugrünen Wasserfläche, Aluminiummasten ragten auf. Der Himmel zeigte sich dunkelblaugrau, immerhin war blau dabei. Portrush am Meer, wo sich außerhalb der Stadt gelbe Sandstrände zwischen das Meer und bizarre Felsen drängten, wie ein weiteres Foto zeigte. Wir kannten die Stadt nicht. Sie könnte uns gefallen, dachten wir. Sie konnte ein Ziel sein. Das Bild weckte euphorische Gefühle, Neugier. Uns zieht es oft an die Ränder der Welt, an die Küsten, von denen es bei einer Insel genügend gibt. Als böte das Land nicht genügend Unwägbarkeiten, Widrigkeiten, Neuigkeiten, Schönheiten. Doch faszinieren uns die kleinen Häfen mit ihren Schiffen, den Kaimauern, den Piers, den Rettungsstationen, den Gerüchen des Hafenwassers oder manchmal der Fischfabriken; mit der Aufbruchstimmung, die hier herrscht, mit der Weite der Welt, die hier erahnt werden kann, mit dem Gefühl der Möglichkeiten, das durch die Offenheit von Häfen oder Hafenstädten vermittelt wird. Auch wenn der Himmel sich häufig eher grau als blau zeigt, bleibt Blau doch die Farbe des Möglichen, die über dem Grau als ständige Hoffnung schwebt. In einem Hafen spielt sich stets etwas ab, an dem man nicht beteiligt sein muss, um sich einbezogen zu fühlen, manchmal auf der Kaimauer sitzend, während die Beine über dem Wasser baumeln, eine Tüte Fish ‚n' Chips in der Hand. An den Küsten werden die Flaneure der Stadt zu Voyeuren, bohren sie ihre Blicke in den Dunst des Horizonts, über den hinaus sie dringen möchten, um das Ungewisse und Unbekannte zu fassen, wobei die Angst vor dem Ungewissen von der Sucht nach dem Unbekannten überdeckt wird.

Portrush also. Wir fuhren von Rosslare nach Norden, nachdem sich die Sache mit Arthurstown vorerst erledigt hatte. Über das enge, belebte New Ross (zwanzig Meilen von Arthurstown aus, immer noch), das bei Sonnenschein ein liebliches Städtchen sein könnte. Dann am River Nore entlang über Thomastown nach Bennettsbridge, wo wir weit außerhalb auf einer Farm mit Pferden, Kühen, Schafen, Ziegen, Kaninchen und Küken unterkamen. Auch ein Hahn krähte. Es gab Couscous mit Schinken und Gemüse im Bus. Und es wurde sehr spät, bevor wir einschliefen. Das lag nicht an den Tieren, die schon längst zur Ruhe gekommen waren, denn sie standen viel früher auf als wir. Es lag am Radioprogramm; wir hörten Musik von den Kapverdischen Inseln, aus Somalia und vom Balkan. In Somalia herrschte politisches Chaos, weil es kein irgendwie geartetes Staatsgefüge gab. Alles funktionierte auf völlig privatwirtschaftlicher Basis (vielleicht der Traum mancher Ökonomen);

was man nicht bezahlen konnte, gab es nicht, ebenso wie Dinge und Leistungen, die nichts einbrachten. Außer den Warlords existierten keine Ordnungsfaktoren und somit nicht einmal der Anschein eines rechtsstaatlichen Gemeinwesens. Auch der unserer Meinung nach verfassungswidrige Einsatz deutscher Soldaten dort hatte nicht viel verändert. Und doch hatte sich die Musik tausende von Kilometern weit ins irische Radio gestohlen, erfreute uns in der Nacht, während der Regen auf das Blechdach trommelte und undurchdringliche Dunkelheit uns umgab. Wir fühlten uns wie auf einem anderen Kontinent, wenn nicht gar auf einem anderen Planeten.

Wir erreichten Portrush im nordirischen Antrim am frühen Nachmittag. Parkten das Auto außerhalb der Stadt und liefen trotz Wind und Wetter zum Hafen, wollten das Bild, das wir im Kopf hatten, ausgelöst durch ein Foto, überprüfen. Suchten ein Ziel unserer Reise, vielleicht den Scheitelpunkt. Entdeckten pastellfarbene Hausfassaden, sich lang hinziehende Reihen von Häusern aus der Zeit König Georgs. Fanden den kleinen Hafen, in dem die Rettungsboote der Küstenwacht neben Seglern und Motorbooten friedlich nebeneinander dümpelten, unweit der kleinen Tackling- und Schiffsausrüster am Kai. Ich wollte mich gerade positiv äußern, als die Malerin trocken bemerkte:
«Die haben keinen Leuchtturm!»
Es hörte sich an wie ein Todesurteil. Nein, hier brauchte man wohl nur kleine Leuchtzeichen an der Hafeneinfahrt, die nächsten Leuchttürme standen westlich bei Dunagree Point an der Einfahrt zum Lough Foyle und im Nordosten auf Rathlin Island, drei Stück sogar, wegen der schmalen Durchfahrt des Rathlin Sounds; einer hieß bezeichnender

Weise Bull Point. Nun, ich hätte damit leben können, meinetwegen muss nicht überall ein Leuchtturm aufragen, obwohl ich mich bisher nie geweigert hatte, die abenteuerlichsten Ausflüge zu unternehmen, um diesen Bauwerken, die gemalt werden sollten, nahe genug zu kommen. Am fehlenden Lighthouse lag es nicht. Eher an Zeichen der modernen Zeiten. Denn in Hafennähe hatte sich eine Reihe von Amusements etabliert, Spielsalons, eine Achterbahn und Karusselle, die in einer riesigen Halle untergebracht waren. Lautsprecher dröhnten Popsongs und Heavy Metal-Töne über die Stadt. Und als sich herausstellte, dass diese den einzigen Campingplatz nur Vereinsmitgliedern vorzubehalten gedachte, wuchsen unsere Zweifel an Portrush.

Doch so leicht pflegten wir nicht aufzugeben. Zunächst ließen wir uns bereitwillig vom Regen in die Springhill Bar treiben, wo ein Kaminfeuer brannte, wir uns unter einem Ölbild mit Springreitern niederließen, zwei stouts orderten und versuchten, unsere Blicke vom Flimmern der Fernsehgroßleinwand zu lösen, auf der sich Gaelic Football abspielte. Das pint mit seinem guten halben Liter kostete im Jahr des Euro 2003 im englischen Irland übrigens zwei Pfund zwanzig, das waren etwas über drei Euro oder sechs ehemalige Deutsche Mark. Zu Hause im Irish Pub zahlten wir bei unseren seltener werdenden Besuchen für den Spaß inzwischen vier Euro.

Wir überlegten, ob wir bleiben oder weiterfahren sollten. Bevor wir uns entschieden hatten, erbot sich eine Frau am Nachbartisch, ein Foto von uns zu machen. Wir kamen ins Gespräch. Ja, es sei zur Zeit ziemlich ruhig in Nordirland, auch in Belfast und Derry, das sei sehr angenehm. Sie hoffe, es bliebe so und die Friedensverhandlungen zwischen IRA, Sinn Fein, den Unionisten und der Regierung in London hätten Erfolg. Wichtig sei, dass die IRA ihre Waffen abliefern würde und dass man die Machenschaften des Herrn Paisley von der Gegenseite unterbinden könne. Die Mehrheit der Bevölkerung lebe friedlich nebeneinander, Gewalt würde stets durch einige wenige provoziert. Und wahrscheinlich könne sich das gesamte Problem in den nächsten zwei Generationen durch den Geburtenüberschuss beim katholischen Teil der Bevölkerung regeln, was zu einem automatischen Anschluss der Provinz an die Republik führen müsse.

Das sei eine sehr interessante Lösung, an die die meisten Politiker wohl noch gar nicht gedacht hätten, erwiderten wir. Eine Art irischer Hammelsprung, ging es mir durch den Kopf, ich wagte es aber nicht laut zu sagen, denn eine der möglichen Assoziationen würde vielleicht beleidigend wirken im Land der Schafe. In diesem Jahr würde es sogar bei den üblichen Aufmärschen der Oranier keine Ausschreitungen geben, die IRA dachte an Auflösung und wollte sich von ihren Waffen trennen, verkündete dann im Jahr 2005 das Ende des bewaffneten Kampfes. Im Gegenzug sagte die Regierung in London den Abzug ihrer Soldaten zu. Vorher schon hatte zum ersten Mal ein Sinn Fein-Mann, der Republikaner Alex Maskey, den Oberbürgermeisterposten im Belfaster Rathaus übernommen, und auch kulturell versuchen die beiden Staaten, sich näher zu kommen.

Doch noch steht der Bloody Sunday von 1972 im Raum, als britische Fallschirmjäger in Derry vierzehn unbewaffnete katholische Demonstranten erschossen. Und der Tod Pat Finucanes, eines Fachmannes für civil rights. Vermummte drangen eines Sonntags in sein Haus und knallten ihn vor den Augen seiner Frau und seiner Kinder ab. Der Mord wurde nie aufgeklärt, einfach der IRA in die Schuhe geschoben. Allerdings verdichteten sich später die Vermutungen, die

Vermummten seien im Dienste der englischen Queen tätig gewesen. Nicht, dass die Leute von der IRA Unschuldslämmer sind. Nur ein Beispiel: Im Februar 1996 ging in einem Londoner Doppeldeckerbus eine Bombe hoch, die dritte bereits. Ein Toter und neun Schwerverletzte waren zu beklagen. Mitglieder der IRA bekannten sich zu der Tat. Immer wieder gab es Anschläge, in Bomben-Derry oder Belfast. Nicht nur Palästinenser oder Al Quaeda-Leute gehen über Leichen, nein, mitten am Rand des zivilisierten Europas bekämpfen sich innerhalb eines Landes zwei ,christliche' Parteien mit allen Mitteln der Todeskunst. Insgesamt hat es seit Beginn der ,Unruhen' in Nordirland über zweitausend Tote gegeben, Tote auf beiden Seiten. Die Religion muss mal wieder herhalten für die Machtfrage, denn das arme (Groß-) Britannien lässt ungern die letzten Pfründe, siehe die Bomben auf Ägypten, als seinerzeit der dortige Präsident Abdel Nasser den Suezkanal, eine europäische Erfindung, endlich verstaatlichte. Siehe den Krieg um die Falkland-Inseln, die Malwinen, was hat Britannien dort vor der Küste Argentiniens verloren? Wahrscheinlich suchen sie eher etwas, nämlich den Zugriff auf die Bodenschätze des sechsten Kontinents. Wer sich den Atlas beschaut, erkennt die Nähe der Malwinen zur Antarktis. Außerdem fördert ein Krieg nach außen stets die Macht innenpolitisch. Das wusste Margaret Thatcher genau.

Auch der Hungertod von Bobby Sands ist nicht vergessen. 1980 begannen sieben IRA-Häftlinge in den berühmt-berüchtigten H-Blocks mit ihrem ersten Hungerstreik, weil man ihnen den politischen Status aberkannt hatte, was bedeutete, dass sie Gefängniskleidung tragen und Zwangsarbeit leisten mussten. Die H-Blocks sind Teil des Gefängnisses von Long Kesh, das wenige Kilometer südlich von Lisburn liegt. Hier wurden Leute festgehalten, ohne jemals ein Anklageschrift gesehen zu haben. Die Wellblechbaracken stammen aus dem zweiten Weltkrieg, als hier Flugzeuge montiert wurden. Es entstand einer der größten und ‚modernsten' Knäste Irlands, das Maze Prison. Der H-Block ist der Isolationstrakt der Anlage. Im Jahr 1980 waren dort ungefähr dreihundertachtzig Gefangene interniert, die zum großen Teil Mitglieder der IRA Provisonal und der Irischen Republikanisch-Sozialistischen Partei waren. Ende des Jahres schlossen sich drei weibliche Gefange im Armagh-Gefängnis dem Hungerstreik an. Frauen waren es auch, die außerhalb der Gefängnisse immer wieder versuchten, Friedensprozesse zu organisieren, um dem Wahnsinn ein Ende zu setzen.

Der Streik endete nach dreiundfünfzig Tagen, als die britische Regierung Konzessionen zusagte. Als die Zusagen nicht eingehalten wurden, folgte ein zweiter Hungerstreik unter Führung des IRA-Aktivisten Bobby Sands, der als Abgeordneter für Fermanagh-South Tyrone ins Westminster-Parlament gewählt worden war. Sands starb als erster der Hungerstreikenden am fünften Mai 1981. Weitere Todesopfer folgten. Trotz weltweiten Medieninteresses, trotz Verhandlungen der katholischen Kirche, des Roten Kreuzes und anderer Organisationen lenkte die Regierung Thatcher nicht ein. Wer das Leben seiner eigenen Leute (Soldaten) kaltblütig auf's Spiel setzt, opfert ‚Fremde' um so leichter.

Ian Paisley mit seiner Partei der Demokratischen Unionisten ist ein hartnäckiger Mann. ‚Reverend' Paisley, evangelischer Pfarrer, Politiker und Parlamentsabgeordneter, beeinflusst schon lange die Geschicke Nordirlands. In seinem Vokabular wimmelt es von Begriffen wie ‚Teufel', ‚Antichrist' und Nordirland als ‚letztem protestantischen Bollwerk Europas gegen Katholizismus und Kommunismus'. Immer wenn es zu Friedensverhandlungen und zum Anschein von Lösungen kam und kommt, funkt Paisley mit seinen Leuten dazwischen. Er will keine Einigung. Er und seine Leute leben gut und mächtig im Schatten der Londoner Regierung.

Als Anfang September 2005 die IRA mit der Zerstörung der Waffen begann, gab es kurz darauf die schwersten Ausschreitungen seit langem in Belfast, angezettelt von Orangisten, die bei ihren Umzügen mit Vorliebe durch katholische Viertel der Stadt marschieren. Es scheint leicht zu sein, den noch nicht erstickten Schwelbrand jederzeit aufflammen zu lassen. Ende September 2005 verkündeten die Medien, dass die Entwaffnung der IRA unter neutraler Aufsicht eines internationalen Abrüstungsbeauftragten, des Kanadiers John de Chastelain, des katholischen Priesters Alex Reid und des Methodistenpfarrers Harold Good abgeschlossen sei. Doch der gottesfürchtige, ach so christliche Ian Paisley ist ein hartnäckiger Mann. Er bezweifelte das alles und erklärte, für die Entwaffnung seiner Leute gäbe es zur Zeit keine Chance.

Das könnte sogar stimmen, denn Organisationen und paramilitärische Gruppen wie die Loyalist Volunteer Force (LVF) morden weiter und töten mit Vorliebe Journalisten, die über ihr Tun und andere kriminelle Aktivitäten wie Drogenhandel und Geldwäsche berichten. Dabei geht es mitnichten um Religion, sondern brutal um Geld und Macht.

Die Befreiung Irlands vom englisch-britischen Joch ist noch immer nicht abgeschlossen, die Teilung in den zwanziger Jahren des vorigen Jahrhunderts beeinflusst weiterhin die politische Situation. Vielleicht wird die demografische Entwicklung wirklich die einzig menschliche Lösung in der Zukunft anbieten, denn die Politik scheint es nicht zu schaffen. Was wir damals noch nicht ahnen konnten, vollzog sich im Jahr 2007: Der englische Premierminister Tony Blair, der sich wohl einen positiven Abgang von der politischen Bühne versprach und einen entsprechenden Eintrag ins Geschichtsbuch (durch die Beteiligung Englands am Krieg gegen Irak hatte er sich nicht mit Ruhm bekleckert), sorgte für neue Verhandlungen, die in den Medien ‚The Tony Show' genannt wurden. Er schaffte es, dass zwei erbitterte Feinde, der Katholikenfresser Ian Paisly und das katholische Ex-Mitglied der IRA, Martin McGuinness, sich bei einem Festakt die Hände reichten und schworen, eine gemeinsame Regierung für Nordirland zu bilden. Damit sollte der Schlussstein unter eine Zeit gesetzt werden, die über dreitausendfünfhundert Menschen das Leben gekostet hatte. Oberster politischer Chef des Landes wurde zunächst Ian Paisly, der zugab, das Ganze nie für möglich gehalten zu haben. Und die neuesten Informationen besagen, er wolle im Mai 2008 sein Amt niederlegen. Kaum zu glauben!

‚Dr. No' machte nach 50 Jahren den Weg frei.

Als die Frau uns zu einem Bier einlud (man hätte in dieser gemütlichen Kneipe glattweg versacken können), mussten wir leider ablehnen, weil wir uns im Hellen noch einen Standplatz an der Küste suchen wollten. Sie gab uns den Tipp, weiter nach Osten in Richtung Giant's Causeway zu fahren, da fänden wir bestimmt etwas. So verließen wir Portrush, ein durchaus anheimelndes Städtchen, das besonders auf Fotos gut aussieht.

Am anderen Morgen, dem 19. Mai 2003, vierhundertfünfzehn Jahre nachdem die unglückliche Girona hier an der Küste zerschellte und bis auf fünf glückliche Seelen, die ein hilfsbereiter Ire aus den tosenden Wellen zog, mit Mann und Maus untergegangen war, und zweihundertneunundachtzig

Jahre nach jenem denkwürdigen Unglück von San Louis Rey, frühstückten wir neben dem Bus auf einem kleinen Parkplatz am Strand. Die Sonne brannte und diese Unglücke sowie Unglücke überhaupt schienen kaum vorstellbar. Auch die oft blutigen troubles of Northern Ireland konnten wir in Gedanken nicht hierher verlegen, trotz aller Bilder und Berichte, die wir aus Zeitungen und Büchern kannten. Unterwegs, in Omagh, noch vor Portrush, hatten wir auf die Bürgersteige gemalte irische Flaggen und Union Jacks gesehen, an manchem Hausgiebel prangten ebenfalls die jeweiligen Farben, wenn nicht gar an der nächsten Straßenlaterne echte Flaggen im Wind wehten. Die Menschen zeigten Mut, bekannten Farbe, wie das Sprichwort so schön sagt, was hier allerdings zu bestimmten Zeitpunkten gefährlich werden konnte.

Die Sonne leuchtete und überdeckte die Herbheit der Landschaft und die wirtschaftlichen und politischen Schwierigkeiten der Gegend, in der die Menschen sich mühsam behaupten mussten. In der Nähe bei Ballintoy gibt es eine kleine Insel, Sheep Island genannt, über die es heißt: This island is able to fatten ten, to feed eleven and to starve twelve sheep. Heute gibt es auf der Insel keine Schafe mehr, wahrscheinlich hatte man irgendwann aus Versehen dreizehn Tiere weiden lassen. Stattdessen hat sich dort eine große Kormorankolonie angesiedelt. Der alte Spruch gibt einen Einblick in die wohl seit langem schwierigen Lebensbedingungen des Landstrichs an der Nordküste.

Vor dem Frühstück nutzten wir einen sich am Rande des Platzes befindlichen Waschraum, um uns aufzuklaren. Es handelte sich um die eleganteste Anlage Nordirlands, wenn nicht gar Europas. Alles war äußerst sauber und wurde wohl täglich gereinigt. Die Becken bestanden aus Edelstahl und blitzten, aus den Hähnen floss kaltes und warmes Wasser nach Wahl, es gab sogar Seife und Toilettenpapier. Wenn sie noch einen Spiegel angebracht hätten, wären fünf Sterne fällig gewesen! Wir füllten unseren Kaffeekessel mit heißem Wasser und brauchten nur noch wenig Gas, um es zum Kochen zu bringen, genossen dann zwei Sorten Brot, das normale bröselige, urirische, das aber sehr schmackhaft ist, und ein Weißbrot mit Rosinen. Unser Blick ging über ein graugrünes Meer; am Horizont, nach Norden hin, waren schwach Schemen von Land zu erkennen, das musste der erste Zipfel Schottlands sein. Leider ließ diese Erkenntnis Ilse murren.

«Müssen wir denn so weit nach Norden fahren, fast schon wieder bis Schottland?»

Eine Anspielung auf unsere etliche Jahre zurückliegende Reise, bei der wir im schottischen Hochsommer zwei kräftige Nordoststürme abwettern mussten und froh waren, wenn das Thermometer ab und zu von acht auf achtzehn Grad stieg. Ilse wünschte sich Sonne zum Malen, keinen mist und keine cats and dogs. Ein wenig Wärme könnte ich auch gebrauchen, dachte ich, wenn die Füße in den Gummistiefeln ein klammes Gefühl entwickelten, während die Regenjacke innen vom Körper nass wurde. Ich brummelte als Antwort Unverständliches und zeigte auf die Sonne.

«Ja, heute mal!» hieß es.

«Wir fahren nur noch ein wenig nach Osten», beruhigte ich sie.

Während wir friedlich in unseren Leinenstühlen hockten und am Campingtisch frühstückten, ließen etliche Iren ihre Hunde am Strand auslaufen, kamen zwei Reiter vorbei und einige Autos vorgefahren. Die Insassen stiegen aus, klappten die Kofferraumdeckel hoch und begannen, vor dem Heck der Autos stehend, zu essen und zu trinken. Mit der Bemerkung, da schraubten sie wieder an ihren Thermoskannen, erzielte ich bei meiner Begleiterin einen Heiterkeitserfolg, der mir zwar unverständlich blieb, immerhin ihre Laune besserte. Vielleicht hatte ich den englisch-irischen Humor getroffen, der ihr liegt.

Weiter ging es zu einer ganz besonderen Brücke. Zu einer uralten Brücke, einem Damm sozusagen, der Irland und das Land verbindet, das wir wie einen dunklen Strich am Horizont ahnen konnten, das wir damals einige Wochen lang bereisten und dann darüber, weil es uns stark beeindruckt hatte, ein Buch mit dem Titel Schottland schaurig schön machten. Nach Schottland also, genauer gesagt zur Insel Kintyre, führt unter Wasser dieser Damm, der berühmte Giant's Causeway, und es lohnt sich ein Besuch, obwohl er für Touristen ein Muss darstellt und deshalb manchmal ein wenig überlaufen ist. Wir durften uns mit schmerzenden fünf Pfund pro Person einkaufen in das vom National Trust verwaltete Naturschutzgebiet, zu dem die beeindruckenden Basaltsäulen gehören. Als Gegenleistung stellte der Trust, trösteten wir uns, die Warnschilder auf und betreute die Rettungsringe. Außerdem durften wir vor dem Hotel mit dem Namen des Gesteins parken und – wir müssen uns entschuldigen – es gab einen Infostand mit einem freundlichen Mann, der bereit war, uns alles über Flora und Fauna der Gegend zu erzählen, natürlich in waschechtem nordirischen Englisch, was uns besonders bei den Fachausdrücken nicht wenige Verständnisschwierigkeiten bereitete.

Die Clochan nabh Fomhar oder Treppenstufen des Fomar beginnen in Irland, denn wie die Sage erzählt, trieb es den Riesen, Krieger und Piraten Fomar oder Finn MacCool, auch Fingal genannt, zu seiner Geliebten, die auf der Insel Staffa, einer der Inneren Hebriden, in Schottland lebte. Da er anscheinend kein Boot zur Verfügung hatte (als Pirat!) oder Männer häufig nicht den klügsten Weg wählen, baute er einen Damm über das Meer. Auf Staffa findet man ähnliche Basaltsäulen und – das ist der Beweis! – Fingals Höhle, die für Lebewesen, die keine Riesen sind, nur mit dem Boot zu errei-chen ist. Auch hier handelt es sich um eine Touristen-attraktion, denn das Meeresrauschen, das sich an den Höhlenwänden bricht, ist imponierend und soll seinerzeit auch den Komponisten Mendelssohn-Bartholdy zu seiner Hebriden-Ouvertüre animiert haben, wie man nicht nur in unserem Schottland-Buch nachlesen kann.

Der Anblick der scheinbar unzähligen, überwiegend sechseckigen Basaltsäulen (es gibt auch vier-, fünf-, sieben- und achteckige, in unterschiedlichen Höhen und unter-schiedlichen Ansammlungen), die sich mit drei breiten

CHIMNEY GIANT'S CAUSEWAY

Halbinselfingern, genannt Grand, Middle und Little Causeway, langsam ins Meer schieben wie überflutete Autobahnen, war überwältigend. Der letzte Regen hatte in den leichten Vertiefungen an der Oberfläche der Steine kleine Pfützen zurückgelassen, die blau schillerten, weil sich der Himmel in ihnen spiegelte. Kinder, die in ihren farbenfrohen Jacken über die Steine sprangen und auf Vorsprünge kletterten, erinnerten mich an ein ähnliches Bild bei den Menhiren im bretonischen Carnac. Am höchsten kletterte eine Frau, die stolz weit über das Meer blickte – Fingal, wo bleibst du? In ihrem knallroten Anzug wurde sie Mittelpunkt vieler Erinnerungsfotos.

Vor ungefähr sechzig Millionen Jahren drang nach mehreren Eruptionen Lava an die Oberfläche des Landes und begrub die Täler mit der bestehenden Vegetation unter sich. Die Lava kühlte ab, schrumpfte und zerbrach in polygonal geformte Blöcke, die wie Säulen aus der Erde aufragten. Vor fünfzehntausend Jahren, gegen Ende der Eiszeit, gab das Meer die Basaltfelsen frei, zerklüftete dabei die Vorküste und bildete langsam den Giant's Causeway, auf dem man mit Taucherausrüstung sicherlich unter Wasser bis nach Schottland laufen könnte. Vielleicht haben dies in der Vergangenheit schon einige Männer versucht, in Gedenken an den großen, starken und mutigen Fingal, getrieben von einer fernen Geliebten. Aber sie scheinen nicht angekommen zu sein, und wenn man auf den Hebrideninseln junge Frauen weinen sieht, weiß man jetzt warum. Leider wird nicht berichtet, ob Fingal die Geliebte erreichte, es ist ein gewaltiges Stück bis Kintyre oder Staffa, auch für einen Riesen, der zunächst – beim ersten Mal – unterwegs seine Straße, seine Brücke, erst noch bauen musste. Wenn, dürfte er am Ziel ziemlich erschöpft gewesen sein. Aber damals hatten die Menschen mehr Zeit als wir heute, und seine Dame wird ihn wohl gepflegt und geherzt haben, wie später Flora McDonald ihren Bonnie Prince Charly auf den Hebriden. So wird erzählt. Es sei denn, der riesige Gewaltmensch hatte (mindestens) auf Kintyre *und* Staffa eine Heißgeliebte, die ohne Handy nichts voneinander gewusst haben können, sonst hätte es sicher Schwierigkeiten gegeben, denn Riesen dürften Riesinnen zu Gefährtinnen genommen haben. Doch darüber berichtet die Legende, wie wir es oft bei solchen Geschichten erleben, nichts. Ähnlich vielen Artikeln unserer heimischen Presse heutzutage, enden Sagen und Legenden immer dann, wenn es richtig losgehen müsste. Vielleicht ist das aber nur ein literarischer Trick, um unsere Fantasie anzuspornen!

Vor unserer Zeit
Giants Causeway

Schreie brütender Möwen
vertraut wie die Austernfischer
stürzen vom Fels die Alken

Kaimauer und Liegeplätze
Basalte wandern ins Wasser
am verträumten Ort

Gigantische Kraft formte
die Straße nach Staffa
Fingals Liebe?

Die Menschen im Örtchen Ballintoy lebten lange Zeit von der Basaltgewinnung für den Straßenbau, was logisch erscheint bei einem derart berühmten Vorreiter aus den Anfängen der Erdgeschichte und des Straßen- oder Brückenbaus. Aus der Zeit der Basaltwirtschaft stammt der noch gut erhaltene, einsame, kleine Hafen, der uns ebenso wie das Dorf gefiel, sodass wir beschlossen, uns hier nieder zu lassen. Das gelang bestens, als wir ein schmuckes, weiß gestrichenes Farmhäuschen fanden, das sich Barn Camping nannte, wo wir in unserem Bus, der im Garten stand, schliefen, und das Haus mit Küche und Aufenthaltsräumen nutzen konnten. Dies sollte sich an einem besonders ungemütlichen Tag als sehr nützlich erweisen, denn bereits am Nachmittag wurde die Heizung im Haus angeworfen, weil am Abend in einem der Räume ein Seminar stattfand. Sonst wurde grundsätzlich in Irland nicht geheizt, es war ja Sommer. Und wir lernten, dass man, wenn ein halber Sonnenstrahl zu sehen war, nicht auf den ganzen warten durfte, weil sonst die erste Hälfte wieder verschwand.

Der Wendehammer am kleinen Hafen wurde unser Lieblingsplatz. Nur wenige Boote dümpelten an ihren Leinen, die Kaimauer lag verwaist da, ebenso der Schuppen für das Rettungsboot, den ein tiefblaues Tor zierte. Rettungsringe, Poller und Leinen in rostroten Farben gaben den Ton an, selbst wenn der Rathlin Sound im Grau versank oder der Himmel sich verdunkelte. Nach den Regenschauern zeigte sich manchmal ein Regenbogen mit kräftigen Farben (no rainbow without rain) und das Grün der Wiesen leuchtete so intensiv, wie es bei dem schwachen Tageslicht eigentlich nicht hätte sein können. Die Malerin war dann äußerst zufrieden und ich hatte Zeit, ein kleines Bruchsteinhaus mit Schieferdach zu beobachten, das sich Roarks Kitchen nannte, wo man Süßigkeiten, alkoholfreie Getränke, Zigaretten und Zeitungen kaufen und an den winzigen drei Tischen Tee trinken konnte. Immer mal wieder tauchte ein Auto auf, dessen Insassen eine Zeitlang in Roarks Kitchen verschwanden. Einmal waren es vier Wagen gleichzeitig und ich rätselte, wo die zwölf Leute geblieben waren, die sich alle in das Häuschen hineingequetscht hatten. Das Phänomen ließ mir keine Ruhe, ich sah nach. Der Inhaber hatte Stühle aus einem Lagerraum geholt, die Bude war so voll, dass keine Streichholzschachtel hätte zu Boden fallen können. Man winkte mir und machte Anstalten, Platz zu machen. Doch handelte es sich eher um eine Geste, es ging wirklich nicht mehr, und ich verabschiedete mich dankend.

Ein deutsches Sprichwort besagt, wenn es dem Esel zu wohl ginge, strebe er auf das Eis. In Nordirland gibt es dafür eine spezielle Einrichtung, die zwar ohne Eis auskommt, es aber in sich hat. Und gleich am Anfang mit einem wichtigen Hinweis auf sich aufmerksam macht: You must have courage to cross over the rope bridge: Remember you have to come back! Das wäre doch gelacht, denkt man, vorher, und erst später entdeckt man den Mann auf der anderen Seite, der die Leute beruhigt, die am liebsten drüben bleiben möchten, oder diejenigen vorsichtig zum Ufer begleitet, die beim Rückweg plötzlich in der Mitte der Brücke wie angenagelt stehen bleiben, allein nicht mehr vorwärts oder rückwärts kommen. Es muss wirklich ein Esel sein, der die erwähnte Weisheit über den Rückweg nicht beachtet, denn selbst Schafe wissen anscheinend darüber Bescheid. Im Schafskrimi Glennkill von

Leonie Swann heißt es an einer Stelle: Othello (ein Schafswidder, der sich auf Spurensuche nach einem Mörder befindet) setzte einen Vorderhuf ins Innere, auf kalten, blanken Stein, dann einen zweiten. Er wollte gerade einen Hinterhuf nachziehen, als sich die Stimme wieder meldete. «Jeder Weg ist in Wahrheit zwei Wege», sagte die Stimme. «Hin und zurück», dachte Othello. Er erstarrte. «Der Weg zurück ist immer der wichtigere», fügte die Stimme etwas spöttisch hinzu.

Doch wir sind ja Menschen. Mit Bewusstsein. Mit Verstand. Das wäre doch gelacht. Und da wir uns hier im so genannten Brückenkapitel befinden, trieb es den Autor unwiderstehlich über die Rope, die aus Seilen geflochtene und mit groben hölzernen Trittbrettern versehene Brücke, die über den vierzig Meter tiefen Sound zwischen dem Festland und einer kleinen Insel führte. Er kannte doch schon eine Rope, die von Aberaeron in Wales, die über einer Hafeneinfahrt schaukelte. Wo er sich, in einer kleinen, offenen Gondel sitzend, die an einem Seil entlang rollte, von einem Mann, der an einem großen Rad drehte, in vier Meter Höhe über das Hafenbecken hatte ziehen lassen. Doch ein Nichts waren diese vier Meter gewesen gegen die vierzig von Carrick-a-Rede. Remember you have to come back!

Nachdem wir im kleinen Museum die Geschichte dieser Brücke auf Fotos verfolgt hatten, spürte ich ein seltsames Gefühl im Magen. Eine der alten Brücken, die um neunzehnhundert herum, war sehr grob zusammengewirkt und besaß nur auf einer Seite ein Seil zum Festhalten! Die neue Brücke war nobler, schien fester gefügt, doch die Bauart erinnerte sehr stark an die der Inkas und ihre Brücke von San Luis Rey, die Jahrhunderte lang genutzt wurde und eines Tages riss. Die alten Brücken hatten seit 1624 den Fischern dazu gedient, auf die kleine vorgelagerte Insel zu kommen, um dort das eine Ende ihrer großen Netze zu befestigen. Das andere Ende zog ein Boot quer über den Sound. In diese Falle lockten sie die Lachse, die den kurzen Weg an der Küste entlang bevorzugten. «Previously the method of fishing at Carrick-a-Rede (Rock in the Road oder Carraig-a-Road) was less sophisticated, men sat on the cliff top and hurled stones at the fish (salmon), to drive them into a simple draft net.»

Das wäre doch gelacht! Diese lächerliche achtzig Meter lange Brücke war doch zu überqueren. Less sophisticated! Ähnlich dachten noch dreißig andere, Männer, Frauen und Jugendliche. Doch je näher wir dem Objekt unserer Begierde und unseres Mutes kamen, um so mehr lichtete sich die Gruppe der Interessenten. «Ich mache die Fotos!», entschied Ilse und ließ mir den Vortritt. Denn Fotos mussten her als Beweis für den Mut, was die ganze Sache zeitlich in die Länge zog, weil fast jeder einzeln mitten auf der Rope auf Film gebannt werden wollte. Alle anderen warteten dann fairerweise. «Bitte das Foto erst auf dem Rückweg!» rief ich Ilse zu, kletterte die Stufen zum Anfang der Brücke hinunter und begab mich auf die schwankenden Planken, als ich dran war. Zum Lachen war mir nicht mehr zu Mute, etwas verkrampft hielt ich mich an beiden Seiten an den Seilen fest, was meinen forschen Gang erheblich behinderte. Einen Blick nach unten wagte ich nicht, dazu hätte ich das Handseil auf der einen Seite loslassen und mich ein wenig über das andere Seil beugen müssen. Aber dann hätte sich die ganze Brücke mit mir zur Seite geneigt. Meinen Blick fest auf das gegenüberliegende Felsufer der Insel gerichtet, setzte ich langsam Fuß vor Fuß mit ein wenig Pudding in den Knien. Die Gedanken an die Brücke von San Louis Rey versuchte ich zu verdrängen, was mir nicht vollends gelang. «Ach was», dachte ich, «Blödsinn.

Die Rope hat schon so lange gehalten, und die Sicherheit wird bestimmt ständig vom National Trust überprüft. Aber», so meldeten sich die Zweifel, und schon Meister Goethe hat formuliert, diese kämen mit dem Wissen, «menschliches Tun und Wollen hat noch nie eine Brücke am Einsturz oder ein Flugzeug am Absturz gehindert. Irgendwann ist es so weit. Aber doch nicht jetzt?» Ich besah mir die Knoten und die Trittbretter und beruhigte mich. Einen Blick nach unten warf ich nicht.

Dann hatte ich es geschafft. Und entdeckte besagten Helfer auf dem Eiland, auf einer Bank sitzend, bereits im beruhigenden Gespräch mit einem jungen Mann. Ich wandte mich ab.

«Hab' ich doch nicht nötig, oder?» Besah mir ausgiebig die Inselflora, die hauptsächlich aus kurzem Gras und Sedumgewächsen bestand, die sich an die steilen Felswände klammerten. Blickte zu Ilse hinüber, die den Fotoapparat in der Hand hielt und mir unmissverständlich zuwinkte, ich solle zurückkommen.

Ach so! Remember you have to come back! Jetzt sofort? Ilse winkte mit dem Fotoapparat. Einige der anderen schoben den Rückweg hinaus, begaben sich auf einen kurzen Gang über die Insel.

Ich seufzte. Also los, zum Erinnerungsfoto! Die Brücke schaukelte, alle anderen auf beiden Seiten blieben stehen und schauten zu. In der Mitte der Rope stoppte ich, hielt mich, wie das Foto später zeigte, wiederum mit beiden Händen fest und blickte hoch zum Festland. Erfreulicherweise kann man meinen Gesichtsausdruck nicht genau erkennen. Leider drückte Ilse nicht auf den Auslöser, als ich mich zusammenriss und endlich für einen Moment die Sicherheit zweier Halteleinen aufgab, mich über die eine Seite beugte und nach unten blickte, wo das Meer blaugrüngrau durch den schmalen Schlund gurgelte und weiß über die Felsen schäumte. Die Brücke hielt an diesem Tag und ich gelangte glücklich wieder ans Ufer des Festlandes, das vor Millionen von Jahren schon einmal alles andere als fest gewesen war. Ilse beglückwünschte mich, ich war stolz, und erst am nächsten Tag fiel mir auf, dass sie ihren Gang über die Rope unauffällig hatte ausfallen lassen. Ich hätte sie sicherlich gern dabei fotografiert. Aber vielleicht hätte sie gesagt, dass drüben kein Leuchtturm sei und sie keinen Grund sähe, über das schwankende Seilwerk zu klettern. Vielleicht hätte sie aber auch nur den Hinweis ernst genommen: Remember you have to come back! Das gilt auch für Reisen und andere Lebenssituationen.

Am Nachmittag lasen wir in der Times den Bericht über einen Engländer, der allein zu Fuß und zum Schluss schwimmend den Nordpol erreicht hatte. Schwimmend! Denn das Eis des Nordpols ist zur Zeit wegen der Klimaerwärmung geschmolzen und alle Fähnchen der Entdecker sind im Meer verschwunden. Pen Hadow, der auf Ward Hunt Island vor Grönland gestartet war und in vierundsechzig Tagen fast fünfhundert Meilen hinter sich brachte, hatte nach Rückkehr aufs Festland über sein Handy einen kurzen Bericht und sogar ein Foto nach Hause geschickt. Die Nation sei stolz, hieß es im Zeitungsbericht, und ich dachte an die Aussage des Schriftstellers Peter Sager, die Engländer hätten diesen Stolz wohl bitter nötig, da sie ansonsten lernen müssten, keine Geschichte mehr zu machen. Vielleicht lag dort begründet, warum Britannien unbedingt an der Seite der USA am Krieg gegen Irak teilnehmen musste. Bereits fünfzig Jahre war es her, dass der später deshalb von Elisabeth II geadelte Edmund Hillary (Neuseeland) und der Sherpa Norgay

Tensing (Nepal, nicht geadelt) zusammen zum ersten Mal den höchsten Berg der Welt bestiegen hatten. Wobei die großen Briten beide Helden für sich reklamierten, obwohl die weder Engländer noch Schotten noch Waliser noch aus Cornwall waren oder von der Isle of Man. Auch nicht aus Nordirland. Heute können wir nachlesen, dass auch am Mont Everest die Gletscher mit erhöhter Geschwindigkeit abnehmen und sich bereits große Seen gebildet haben.

Ob der Engländer, diesmal war es einer, auf seinem nasskalten Trip zum Nordpol die Warnung im Kopf gehabt hatte: Remember you have to come back? Am Nordpol gibt es keine Brücken. Und bald möglicherweise auch kein Eis mehr.

DIE NORDWEST-PASSAGE

Ein Jahr vor Arved Fuchs bewältigten wir unsere Nordwest-Passage. Und durchquerten The Middle of Nowhere. Es war sehr einsam dort! Gut, dass wir genügend Guinness Stout gebunkert hatten. Nach grauem Himmel und dunklem Moor erreichten wir die Freiheitsstatue. Waren wir zu weit gefahren?

Jahrhunderte lang wurde sie gesucht: die Nordwest-Passage, im Nordwesten Grönlands beginnend, von der Baffin Bay und dem Baffin Island aus durch das Gewirr der Königin Elisabeth-Inseln, am Gebiet des magnetischen Nordpols vorbei (den man bei einer der vergeblichen Expeditionen entdeckte), im Norden Kanadas durch das Packeis führend, bis zur Arktischen See. Etliche Expeditionen scheiterten, die Schiffe wurden vom Eis eingeschlossen und erdrückt, verzweifelt versuchten die Mannschaften, über das Eis zum Festland zu fliehen, um auch dort von menschenleeren Eiswüsten empfangen zu werden. Einer der Expeditionsleiter war John Franklin, der Protagonist in Sten Nadolnys Roman Die Entdeckung der Langsamkeit.

Der Roman beginnt mit dem Satz: «John Franklin war schon zehn Jahre alt und noch immer so langsam, dass er keinen Ball fangen konnte.» Der Junge kämpft mit einer Behinderung, er ist, allen anderen gegenüber, zu langsam. Doch dieser Vergleich trifft die Sachlage nicht, John Franklin reagiert nicht schlechter oder besser als andere, sondern nur anders. Im Laufe seines Lebens wird diese Langsamkeit, das langsame Sehen, das langsame Verstehen, das langsame Denken und Entscheiden, zu einem Vorteil. Voreilige Entschlüsse wird es nicht geben, deshalb sind Franklins Entscheidungen später meist logisch und richtig. Ein kluger

Lehrer erkennt die Schwäche, die möglicherweise in Wirklichkeit eine Begabung darstellt, und so gelingt es dem Jungen, zur See zu gehen. Zur Marine. Er nimmt an der Schlacht bei Trafalgar teil, bekommt später sein erstes eigenes Kommando: die Erforschung der Nordwest-Passage. Nach drei erfolglosen, äußerst strapaziösen Expeditionen wird Franklin als Gouverneur nach van Diemen's Land in Australien versetzt, was praktisch ein Abschieben bedeutet. Wie sich zeigt, ist er für diesen Posten mit seinen Intrigen und diplomatischen Verwicklungen nicht geeignet. Er scheint gescheitert, doch ähnlich wie beim Wettlauf zwischen Achilles und der Schnecke, den Achilles nicht gewinnen kann, bekommt Franklin eine letzte Chance. Er befehligt wiederum eine Expedition zum Polarkreis, um endlich die Passage zu finden. Im Jahr 1845 werden seine beiden Schiffe Erebus und Terror in der Baffin Bay zum letzten Mal gesichtet.

Auch John Franklin und seine Leute kamen ums Leben, zwei Mannschaftsmitglieder wurden in den achtziger Jahren des 20. Jahrhunderts in einem Eisgrab auf dem Festland entdeckt. Sie hatten sich durch das Blei der Konservendosen, in denen ihre Nahrungsmittel verpackt waren, vergiftet. Die anderen gingen wohl bei ihrem letzten verzweifelten Marsch über das Eis zugrunde, nachdem die Schiffe vom Packeis zerquetscht und zermahlen worden waren. Im Jahr 1850 gelang es Kapitän Robert McClure, die Nordwest-Passage zu entdecken, nachdem das Schiff, die Investigator, auf der Suche nach Franklin drei Jahre lang einfror und dann verlassen werden musste. McClure gewann die 10.000 Pfund Belohnung und wurde geadelt. Erst Roald Amundsen schaffte es im Jahr 1906, die Passage mit einem nur siebenundvierzig Tonnen großen Robbenfänger zu durchfahren. Er nutzte klugerweise viele Methoden der Eskimos. Die Passage gibt es, doch ist sie mit normalen Schiffen wegen des Eises selbst in den Sommermonaten kaum passierbar. Die aufkommenden Dampfschiffe, die schneller und ungefährdeter als Segelschiffe Kap Hoorn oder das Kap der Guten Hoffnung umrunden konnten und der Bau des Panama-Kanals ließen das Interesse an der Nordwest-Passage endgültig erlahmen. Und letztlich übernahmen Flugzeuge die Aufgabe, über die Polroute von Europa aus die andere Erdhälfte schnell zu erreichen.

Bekannter als der Roman ist heute noch sein Titel, die Langsamkeit wurde für viele Menschen in den letzten dreißig Jahren zur Lebensmaxime. In einer Zeit, in der durch die Inhaber großer Kapitalmassen das Gegenteil global als Ziel und Verhaltensweise der individualisierten Menschen propagiert wird. Das SchnellerHöherWeiter soll, wenn es nach dem Willen einiger weniger geht, anscheinend ins Unendliche gesteigert und durch Kommerzialisierung in alle Lebensbereiche übertragen werden. Wer sich dem entzieht, muss kein Aussteiger sein. Inzwischen gibt es Gruppen, die sich zu besonderen Wohn- oder Dorfgemeinschaften zusammenschließen, in einigen Fällen sogar eine eigene Währung geschaffen haben, was dazu geführt hat, dass Dörfer nicht aussterben, die nach dem gültigen Wirtschafts- und Währungssystem nicht hätten überleben können. Auch einige Dörfer und Kleinstädte in Deutschland versuchen sich energiepolitisch unabhängig zu machen mit dem Ausbau von Wind- und Sonnenenergie und der Nutzung von Biogas; sie kündigen die Verträge bei den großen Energiekonzernen, die, vier an der Zahl, die Angebotsvielfalt darstellen, sich das Land aber monopolistisch aufgeteilt haben. Fabriken und Gewerbe entstehen, die Arbeitsplätze bieten. Und bei steigenden

Preisen für konventionell erzeugten Strom und Gas werden die alternativen Energien, abgesehen von ihrer Dezentralisierung, attraktiv. Da ständiges Wirtschaftswachstum im Endeffekt auf der begrenzten Erde nicht möglich ist, sondern im Gegenteil irgendwann die konkreten Grundlagen der Lebewesen zerstört, sind die Menschen gezwungen, als Gemeinschaften zusammen zu arbeiten und sich sozial- und umweltverträgliche Lebenssysteme zu schaffen. Der Kapitalismus bietet diese Möglichkeiten nicht, deshalb ist ein anderes System erforderlich, das Märkte und fairen Handel aller mit allen nicht ausschließt. Der Kapitalismus schafft die Probleme, die wir weltweit haben, er kann sie daher nicht lösen. Soziale Gerechtigkeit, Bekämpfung der Arbeitslosigkeit und Umweltschutz sind in seiner Logik nicht enthalten.

Im September des Jahres 2004 erreichte uns die Nachricht, der Abenteurer Arved Fuchs habe mit seinem Holz-Segelkutter Dagmar Aaen die Nordwest-Passage erfolgreich durchfahren, kurz bevor er mit seinem Schiff vom Packeis eingeschlossen wurde. So ganz brauchbar für den seemännischen Alltag scheint diese Passage immer noch nicht zu sein, es sei denn, die Klimaerwärmung machte in Zukunft das Meer dort monatelang eisfrei und normale Schifffahrt möglich... Und vielleicht wird demnächst der Begriff Polroute aus der Luftfahrt auch für Containerschiffe interessant.

Wir warteten allerdings nicht auf die Klimaerwärmung und bewältigten ein Jahr vor Arved Fuchs unsere Nordwest-Passage. Und vor Sten Nadolny entdeckten wir, dank der Iren, auch die Langsamkeit. Im Süden des Landes beobachteten wir im Jahr 1977 Urlauber, die mit Pferd und Planwagen langsam über die Landstraßen zogen, es scheinbar für ein, zwei Wochen den Tinkers nachmachten. Eine Idee wurde geboren: langsam und lange wollten wir durch Europa reisen, das dadurch größer würde! Aus dem Pferdewagen entwickelte sich, über den gedanklichen Umweg eines Bauwagens mit Traktor, ein gebrauchter VW-Bus. Widerspenstig wie die Iren versuchten wir, nicht nur die Langsamkeit zu entdecken, sondern sie, nach ihrer Entdeckung, zu praktizieren. Gaben unsere Berufe und Arbeitplätze auf und suchten uns andere Tätigkeitsfelder, halbierten die Zeit des Arbeitens und gewannen dafür Muße, die wir mit Kunst und Literatur füllen wollten. Wir begaben uns auf längere Reisen, von denen wir eine reichhaltige Ausbeute an Material und Ideen mit nach Hause brachten. So sollte es, wie wir hofften, auch in diesem Jahr 2003 sein.

Wir fuhren langsam und bedächtig. Letzteres ein Begriff, der mir kürzlich klar wurde, als ich zwei Bauarbeiter bei der Sanierung eines Fachwerkhauses beobachtete. Ihre langsame und vorsichtige Arbeitsweise passte zwar sehr gut zu Alter und Wert des Hauses, wohl aber nicht in die heutige Zeit. Was dem Haus sicherlich zugute kommen würde.

Wir fuhren langsam und bedächtig. Hatten einen Renault-Transporter gemietet, dessen Ladefläche uns als Lebensraum diente. Hatten die Sicherheit des Kontinents verlassen, über Frankreich einen Fährhafen am Ärmelkanal erreicht und uns mit dem Schiff auf eine unserem Ziel vorgelagerte Insel begeben, die in ihrem Namen die Silbe ‚groß' führte, bisher aber nicht zur Eurozone gezählt werden konnte. Dieses ehemalige Großreich durchquerten wir an seiner breitesten Stelle, um mit einem kleineren Boot zu unserem Eiland überzusetzen, das sich das ‚grüne' nannte und selbst (zum Beispiel durch die Skelligs, die Aran Islands oder

Rathlin im Norden) etliche ausgelagerte Inselchen als sein Territorium beanspruchte. Uns drängte es in den Norden (ach, Frankreich, liebliches Frankreich, warum haben wir dich verlassen?), in den allerhöchsten Norden dieses herben, keltischen Landes, wo endlich nach langen Jahren eines ‚Bürgerkrieges' (und hoffentlich für immer) keine Bomben mehr explodierten und keine Schüsse mehr aus dem Hinterhalt fielen, wo unsere Nordwest-Passage begann.

Wir waren für die Expedition bestens ausgerüstet. Als Transportmittel diente uns das vorgenannte starke Motorfahrzeug in Busform. Vollgetankt und mit einem metallenen Zehn-Liter-Reservekanister versehen. Die Reifen wiesen grobe Rillen und Stollen auf, das Reserverad war mit einigen Zehntel mehr atü aufgepumpt als vorgeschrieben. Das Klappmesser (für alle Fälle) lag im Handschuhfach, der Klappspaten steckte in einer Plastiktüte, die Werkzeugkiste, nicht die kleinste, störte wo immer wir sie auch zu verstauen suchten. Lebensmittel hatten wir im letzten Laden vor der Passage reichlich gebunkert, dabei auch einige Flaschen sündhaft teuren französischen Rotweins (ach, liebliches Frankreich, warum haben wir dich verlassen?). Für zwischendurch und überhaupt dienten einige sixpacks Guinness Stout als Lebensaufheller und Medizin. Ein Fünf-Liter-Plastikbehälter, der ursprünglich einmal mit Rotwein gefüllt gewesen war und aus dem bereits genannten lieblichen festen Land stammte, diente als Trinkwasser-reservoir. Unsere Rettungsfahrzeuge, zwei Fahrräder, waren backbord im Innenraum festgezurrt. Ein Klapptisch und zwei Faltstühle konnten drinnen und draußen benutzt werden, zwei dünne, selbstaufblasbare Luftmatratzen baumelten tags-über aufgerollt vor den hinteren Seitenfenstern. Leider ver-säumten wir, uns mit Datum und Uhrzeit beim Personal der

Marinestation am Leuchtturm vom Inishowen Head mitsamt der Angabe unserer voraussichtlichen Route und des möglichen Zieles abzumelden. Mit dem Hinweis, uns spätestens nach einem Vierteljahr, falls wir uns nicht mehr melden würden, suchen zu lassen. Nach einem Kontrollgang rund ums Auto und einem wehmütigen Blick in die Landschaft, eines noch bekannten Teils der Erde, starteten wir. Wir besaßen eine Karte für die Strecke, die wir durchfahren wollten, auf der nach bestem Wissen und Gewissen der Hersteller wohl alles bisher Erkundete aufgezeichnet war. Doch was bedeutete das schon. Wir kannten weder die Kartenmaler noch die Leute, die uns das Material über eine Institution, die sich Irische Fremdenverkehrszentrale nannte, hatten zukommen lassen. Schließlich hütete auch Christoph Kolumbus, der seinerzeit Irland einmal einen Besuch abstattete (davon in einem anderen Kapitel), eine Karte des Ptolemäus wie seinen Augapfel, die den Erdumfang mit ungefähr 23.000 Kilometern angab. Die Folgen dieses Irrtums sind weidlich bekannt.

Wenn wir uns die Landschaft ansahen, die wir in den nächsten Tagen durchmaßen, drängte sich uns der Eindruck auf, sie sei weder bisher wissenschaftlich erforscht noch vollständig kartiert. Wer kann schon sicher sein, dass unser Globus, den wir noch längst nicht genau kennen, überall kartiert ist und nicht einige Gebiete ‚out of districts' enthält? Wem gehören diese Gebiete, und gehört uns überhaupt etwas auf diesem Planeten? Aber das ist ein anderes Thema.

Eine schmale Straße führte auf der Halbinsel Inishowen zum nördlichsten Punkt Irlands, über Malin zum Malin Head, wo es keinen Leuchtturm gab, dafür reichlich Wind und Wasser. Bei Portrona, einem Ort, war es ein Ort?, den es auf der Karte nicht gab, niemand würde uns aufspüren können, man vermisste uns denn, fanden wir weit außerhalb einen Standplatz auf einem niedrigen Felsplateau direkt am Meer. Von einem Augenblick auf den anderen verfinsterte sich die Welt, dunkle Wolkenberge in verschiedenen Schwarztönen wälzten sich heran, es begann nicht zu regnen, nein, Regen konnte man es nicht nennen, dieses Herabfallen von Wassermassen, die uns sofort ins Auto trieben. Das Nass stürzte wie aus Löchern in gewaltigen Mengen aus einem dunklen Dach über uns, gut, dass es sofort ins Meer ablaufen konnte. Trotzdem beschaute ich mir die Fahrspur misstrauisch, die uns zurück auf das Festland tragen musste, und war erst beruhigt, als ich überwiegend felsigen Untergrund entdeckte. Dann frönte ich einer meiner Lieblingsbeschäftigungen, dem Schätzen von Windstärken, dessen Ergebnisse Ilse stets anzuzweifeln pflegte. An diesem Abend schätzte ich die Stärke auf sieben bis acht, zwischen steifen und stürmischen Winden (near gale and gale), die ganze Bäume in Bewegung bringen und Zweige abbrechen konnten, dem Menschen die Bewegung im Freien erschwerten. Für die Iren war es demnach bereits ein Sturm, der bei uns erst ab Windstärke neun (strong gale) beginnt. Das Auto schaukelte wie eine Fähre, die sich trotzig zu den Aran Islands vorwagte oder im Winter in der Bretagne zur weit vorgelagerten Insel Ouessant; lange weiße Surferwellen brachen in die Bucht hinein, die ihnen abgebröckelte Felsspitzen entgegen schickte. Hoch spritzte das Wasser auf. Man sah zwar kaum etwas, doch ich genoss das Drama, fühlte mich in der Blechkiste ziemlich sicher, während Ilse fragte:

«Kommt die Flut bis hierher? Sollen wir nicht einen anderen Platz suchen?»

Nein, kommt sie nicht, tun wir nicht.

Ich erklärte ihr unseren doch von ihr sicher akzeptierten jetzigen Zustand, der wesentlich angenehmer sei als der auf einem Fischerbötchen draußen auf dem Meer. Das sah sie ein und ergab sich, allerdings nicht völlig überzeugt, in ihr Schicksal. Was sie beruhigte war die Gewissheit, dass ich nicht beabsichtigte, es Leuten wie Reinhold Messner oder Arved Fuchs nachzutun. Die Flut würde uns in der Nacht nicht holen, der durchschnittliche Höchststand zeigte sich mit dunklen Linien an den Felsen, ein herbstlicher Orkan würde sich jetzt im Mai nicht entwickeln und eine Springtide war nicht angesagt. Andere Wellen erreichten und beruhigten uns, Mittelwellen nämlich, die Nachrichten und Wetterberichte von Mizen Head. Statt Sturmwarnungen hörten wir danach Musik von einem Klavierwettbewerb aus Dublin mit internationalen jungen Künstlern und Künstlerinnen. Ein Klavierkonzert von Mozart und dann das große b-moll Nummer Eins von Tschaikowsky ließen uns die regnerische, stürmische Welt fast vergessen, obwohl die gewaltigen Klangkaskaden durchaus zum Gebraus am Malin Head passten.

Darauf einen Whiskey und ein Bier!

Wir ließen uns nicht hindern, als der Regen ein wenig nachzulassen schien, die Umgebung zu erkunden. So stießen wir auf Emmet und Teresa Farren, die an diesem verlorenen Ende der Welt die Farren's Bar betrieben, Ireland's Most Northerly Pub. Einen dieser Orte, die es zunächst nicht zu geben schien, die aber mit zunehmender Anzahl der pints zu einer fühlbaren Realität zurückfanden. Zu irischer Realität. So nahmen wir in dieser Nacht ordentlich keltische Geschichte in uns auf, getreu dem Werbespruch der Brauerei ‚take up some irish history tonight!'. Die bestens gezapften pints gab es mit einem geprägten shamrock im Schaum, und Emmet wollte auf keinen Fall verraten, wie er das machte. Stattdessen erzählte er uns in einem sehr harten, knochigen Dialekt, den wir nur schwer verstanden, von seinem Schwesternpub in Meißen. Eine Kneipe, die von Leuten, nachdem sie Irland und auch the most northerly pub in Weißnichtmehrwo besucht hatten, eröffnet worden war. So erhielt die berühmte Stadt neben Porzellan ein weiteres wichtiges Erzeugnis. Stolz zeigte Teresa Briefe und Fotos aus Meißen und die Getränkekarte. Auf einem Foto war die dortige Theke abgebildet, wo sich eine Unzahl Flaschen spiegelte. Wir staunten. Gab es wirklich so viele Whiskeys in Meißen? Ja, nickten die beiden bekümmert, in Meißen hatten sie mehr Schnaps als am Malin Head. Draußen tobte weiterhin das Unwetter, das für uns im Inneren des pubs wie verschwunden schien, bis mit einem kräftigen Windstoß ein weiterer Gast hinein geweht wurde, der, obwohl offensichtlich nicht betrunken, nur unartikulierte Laute ausstieß. Ein weißhaariger alter Mann mit schlechten Zähnen, nachlässig gekleidet. Emmet unterhielt sich zwanglos mit ihm, der zu lallen schien, was dazu führte, dass wir überhaupt nichts mehr verstanden. Vielleicht waren wir die Behinderten, dachten wir, oder, das könnte man zu unserer Ehrenrettung sagen, die beiden unterhielten sich auf Gälisch. Nachdem uns Emmet und Teresa ihre Visitenkarte mitgegeben und das hochheilige Versprechen abgetrotzt hatten, im nächsten Jahr wieder zu kommen, wurden wir gnädig in den Sturm entlassen.

Dann hockten wir wieder im Bus am tobenden Head, die Pellkartoffeln garten auf dem kleinen Gaskocher, zwischendurch zeigten sich ein blauviolettes Wolkenloch und ein Regenbogen – no rainbow without rain –, worauf das nächste Wetterdrama heranzog und uns in Dunkelheit hüllte. Das Blinkfeuer von Fanad Head gegenüber verschwand. Böen

packten den Bus, doch nachdem ich die Handbremse angezogen, den ersten Gang eingelegt und zusätzlich das Lenkrad
völlig eingeschlagen hatte, schliefen wir trotzdem einigermaßen, wurden nur mehrmals in der Nacht von einem
Wolkenbruch geweckt, der auf das Dach trommelte, als wollte
er Löcher hineinschlagen. Erst am Morgen ließ der Regen
nach, und als wir die Türen öffneten, hörten wir eine Lerche
singen. Wenn der Wind nicht gewesen wäre, hätten wir
draußen frühstücken können.

Die schmale, holprige Piste, auf der sich Reste von Teer fest-
krallten, schwang sich von Hügel zu Hügel durch ein gewell-
tes Land. Es gab keine hard shoulders rechts und links, wirklich nicht, abwärts ging es vom schmalen Damm in braunes
Moor und tückisch glitzernde bogs, in denen ab und zu ein
Kühlschrank versenkt worden war, der noch zu einem Drittel
herauslugte, um gleichsam zu verkünden, wie vergeblich
und kurzlebig menschliches Werk sei. Ausweichstellen waren
nicht angelegt worden, sie waren auch nicht nötig, denn es
begegnete uns niemand. Anfangs hatten uns noch einige
mutige oder besser mutwillige irische Angler begleitet. Doch
sie gaben vorzeitig auf und einem beuteträchtigen Flüsschen
den Vorzug. Der gleichbleibend einförmige graue Himmel
trug zum Gefühl der Weltverlassenheit bei. Es ging durch
Moor, an kahlen braunen, abgeholzten Hängen vorbei, durch
völlig unbesiedeltes Land, nicht einmal Schafe hellten die
Stimmung auf, was in diesem Land etwas heißen will, kein
Trost durch Bäume wurde uns zu Teil. Nur glitzernde, schnell
fließende Bäche durchbrachen das Einerlei der Landschaft und
ließen ans Überleben denken. In langgezogenen Wellen durchschnitt das schmale Band des Weges die Landschaft, verschwand in der Ferne scheinbar im Nichts. Ein Landhorizont,

dessen Linie im grauglitzernden Dunst kaum zu erkennen war, hinter dem wir jedes Mal etwas anderes, eine Überraschung vielleicht, erhofften. Was nützte es uns, wenn Flann O'Brien, dessen kleines Handbuch Trost und Rat wir mitführten, geschrieben hatte: Und weit dahinter duckte sich eine andere Region in den Dunst, purpurn und geheimnisvoll. Für geraume Zeit zeigte sich hinter dem Horizont eine ähnliche Landschaft wie die gerade durchfahrene, purpurn nur mit viel Fantasie und wenig geheimnisvoll, wenn wir nicht an Feen, Zwerge und Kobolde glaubten, die in irischen Märchen und Sagen häufig vorkommen. Doch weiß ich nicht, was wir manchmal erwarten und warum, denn nirgendwo ist alles anders, und doch suchen wir das Andere, würden wir sonst reisen? Das Land wirkte bedrückend, wenn wir an einen Motorschaden dachten. Zugleich aber auch beruhigend und

tröstlich, trotz oder wegen seiner Gleichförmigkeit und Einsamkeit. Vielleicht braucht der Mensch manchmal diesen Gegensatz zu Stress und Gewimmel des Lebens in einer Großstadt.

Mussten wir erst nach Nordirland aufbrechen, um zu lernen, wie schaurig es ist, übers Moor zu gehen? Wo unter jedem Tritt ein Quellchen springt und sich wie Phantome die Dünste drehn? Wenn es aus Spalten zischt und singt, wenn das Röhricht knistert im Hauche! Oh, schaurig ist's übers Moor zu gehen! Vor den Füßen brodelt es auf und pfeift uns unter den Sohlen. Und manchmal birst das Moor und ein Seufzer geht hervor aus der klaffenden Höhle. Doch allmählich gründet der Boden sich, ein Lämplein leuchtet in der Ferne. Und erleichtert rufen wir: O schaurig war's in der Heide!

Doch, nötig war's, nach Irland zu ziehen, kaum noch gibt es Moore bei uns, und wer die Farbe irischen Torfes ergründen will, kann ein im schummrigen Licht des pubs dunkelbraun leuchtendes stout studieren. Und hoffen, dass uns Annette von Droste-Hülshoff den leichtfertigen Umgang mit ihrem Gedicht Der Knabe im Moor nicht Übel nimmt...

Unerklärlicherweise beinhaltet mein Reisetagebuch für diese Strecke keine genauen Zeitangaben, sodass nicht festzustellen ist, wie lange wir für die Passage brauchten. War es nach Stunden, nach Tagen, als wir the middle of nowhere, den Ort Creeslough, erreichten, den vorangegangene Expeditionen wohl als Basislager gegründet haben mochten? Er halbierte unsere Strecke bei ungefähr 55 Grad nördlicher Höhe und knapp 8 Grad westlicher Länge. Einige Iren hatten sich dort angesiedelt, wovon sie lebten, konnten wir in der Kürze der Zeit nicht feststellen. Sie machten zwar Werbung für die Nordwest-Passage und boten etliche Überlebensmittel an, doch viele Expeditionen kamen hier nicht durch. Jedenfalls gab es eine Kneipe, dazu einen Laden, der Propangas verkaufte, und eine örtliche Zeitung.

Der erste Hinweis auf die Stadt, den Ort, die Ansammlung von Häusern, in denen Menschen wohnten, zeigte sich durch ein halbabgebrochenes Straßenschild, auf dem man soeben noch den Namen Creeslough, und, kleiner, dafür aber darüber, als erstes, Craosloch erkennen konnte. Es zeigte nach rechts, was bedeutete, dass wir von dem schmalen, allerdings geteerten Pfad, der sich Straße nannte, abbiegen mussten und auf einen eher einem Feldweg ähnelnden Zubringer gelangten. Rechts begleiteten uns hohe Hecken, nach links blickten wir in ein nebeliges Tal, in dem wir die Reste einer Eisenbahnbrücke erkennen konnten. Dunkle Pfeiler ragten aus dem Sumpf, die an Geschichten aus dem Westen der USA erinnerten, an aufgegebene Goldgräberstädte. Aber eigentlich war es umgekehrt, denn Amerika war von Europäern, unter ihnen gezwungenermaßen viele Iren, überrannt und geprägt worden. Im Dunst des Hintergrundes verschwanden die grauen, langgezogenen Bergrücken der Derryveagh Mountains in den Wolken. Eine einsame Reihe von Telefonmasten kam von irgendwoher und verschwand hinter einer Anhöhe. Das einzige belebende Element in der traurigen Einöde der graubraunen, manchmal leicht rötlichen Moorlandschaft war das Gelb der blühenden Ginsterbüsche.

Plötzlich erreichten wir den Ort, es ging die Hauptstraße hinunter zwischen zwei Reihen doppelstöckiger Häuser hindurch, von denen einige, wie in Irland üblich, in kräftigen Farben, auch rot, angestrichen waren. Wenn die Sonne scheint und das Thermometer es wagt, über die Zwanzig-Grad-Grenze zu klettern, wirken diese kleinen irischen

Städte fast mediterran und einladend. Doch dem war im Moment nicht so. Es gab einen Stau, und als ob es noch eines weiteren Beweises bedurft hätte, dass dieser Platz sich auf keinen Fall von seiner heiteren Seite zeigen wollte, stellten wir als Grund die langsam vor uns her wandernde Prozession einer Beerdigung fest. Wir seufzten, parkten und wandten uns zunächst dem Laden mit seinen draußen vor dem Schaufenster aufgebauten Propangasflaschen zu, um uns mit Proviant und sonstigen wichtigen Dingen wie Draht, Bindfaden und Tesaband für unseren weiteren Weg einzudecken.

Dann erblickte ich The Corncutters Rest. Die Kneipe aus Lawrence Donegans abenteuerlichem Bericht aus der irischen Provinz, den er In the Middle of Nowhere genannt und dessen Titel der deutsche Verlag nicht zu übersetzen gewagt hatte. Mit diesem Buch in der Hand und dem Hinweis, von Süden kommend den nicht ganz unbekannten Ort Letterkenny streifen zu müssen, könnte Creeslough, ursprünglich Craos Loch oder An Craos Loch genannt, was so viel wie Schlund heißen soll, gefunden werden. Wir kamen allerdings auf unserer Expedition von Nordosten. The Corncutters Rest. Wo Donegan, der sich bei der örtlichen Monatszeitung Tirconnaill Tribune verdingt hatte (die es immer noch gibt), an den Wochenenden versuchte, mit den Mitgliedern der örtlichen Footballmannschaft beim Saufen in Kontakt zu kommen. Oder umgekehrt: er versuchte in die Mannschaft zu gelangen, um mit ihnen saufen zu dürfen. Ohne beim gälischen Football, was bedeutet, dass man während des Spiels auf jeden Fall zunächst versucht, den gegnerischen Mann anzugreifen und sich nur im Notfall ersatzweise um den Ball bemüht, also ohne in diesen Gegenden bei diesem irischen Kampf mitzumischen, hat man dem Hörensagen nach als Mann keinerlei Chance, anerkannt zu werden, falls man hier leben will oder muss. Donegan hatte sich sein Leben im Norden Irlands so hübsch ausgedacht, nachdem ihm London zu sehr auf die Nerven ging. Er kam zunächst in die Reservemannschaft (die er nie verließ), und bereits nach sechs Monaten gelang es ihm einmal, den Ball zu erwischen und weiterzugeben. Erfreulicherweise wurden seine Bemühungen anerkannt, sodass er gnädigerweise vorzeitig in den Kreis der Guinnesstrinker in The Corncutters Rest aufgenommen wurde.

Ich erkannte ein gelbes, langgestrecktes Gebäude, das weniger durch Bierreklame, eher durch seinen Namen, der quer über dem Eingang prangte, und durch große Fenster auf seine Bedeutung hinwies. Über dem Namen flatterte die Trikolore der Republik. Ein älterer Mann begrüßte mich im Vorbeigehen, zwei stämmige junge Mütter mit Kinderwagen quetschten sich an mir vorbei in den Laden. Zwei andere Frauen verschwanden in der Kneipe, jetzt schon, dachte ich, um elfeinhalb a.m.? Vielleicht mussten sie dort aufräumen, die Spuren von gestern beseitigen. Ein hagerer, bärtiger Mann mit einem Paket Zeitungen unter dem Arm kam mir entgegen, der Chefredakteur der Tirconnaill Tribune? Ein Stück weiter stieg ein junger Mann mit seiner Freundin, die so aussah, als stammte sie ebenfalls nicht von hier, in ein kleines Auto. Donegan?

Wir hielten es in diesem Ort nicht so lange aus wie der Autor der Outdoorgeschichte und verließen McGinleys Foodmarket. Nachdem man uns mit ‚An Craoslach lets anyone have a pleasant life‘ verabschiedet hatte, schwangen wir uns in unser Vehikel und begaben uns erneut auf die Piste der

Nordwest-Passage, der Siar Ó Thuaidh, die, wenn es allein dem gälischen Namen nach ginge, überhaupt nie zu bezwingen gewesen wäre. Die offizielle Strecke führt von Armagh über Malin und Letterkenny nach Gweedore. Wir hängten aber noch ein Stück an und würden langsam, aber sicher über Glenties und Ardara (Lichtblicke in der Finsternis) schließlich zum belebten Hafenstädtchen Killybegs gelangen, wo aber auch nicht alles so sein würde, wie erhofft. Immerhin wurde Killybegs unser Pond Inlet, nachdem wir unsere Strecke geschafft hatten, ähnlich Arveds Fuchs' Ziel- und Fluchtpunkt auf Baffin Island, als er dem Packeis glücklich entronnen war.

Ein anderer Abenteurer, Entdecker und Forscher, Ernest Henry Shackelton, der nach dem Lexikon als britischer Forscher gilt, wurde im Jahr 1874 in Kilkee, Kildare, Irland, geboren. 1915 versuchte er mit sechsundzwanzig Mitstreitern zu Fuß die Antarktis zu durchqueren. Die Expedition scheiterte an den damals unüberwindlichen Wetterbedingungen. Trotzdem wurden die Männer berühmt. Nachdem das Schiff, die Endurance, vom Packeis zerdrückt worden war, trieb die Mannschaft monatelang auf Eisschollen nach Norden, bis sie eine Insel erreichten. Eine Funkverbindung gab es nicht, Rettung schien aussichtslos. Da machte sich Shackelton mit einigen seiner Leute im Ruderboot auf, um Hilfe in Argentinien zu holen. Was nach mehreren Monaten gelang. Die Zurückgelassenen hatten sich in der Zwischenzeit ausschließlich von Seehund- und Pinguinfleisch ernähren müssen. Am Schlimmsten war, wie sie später behaupteten, dass der Tabak zur Neige ging. Bekannt wurde der australische Expeditionsteilnehmer James Francis Hurley, der mit seiner Plattenkamera Fotoaufnahmen machte, die er trotz aller

Widrigkeiten retten konnte. Er schrieb auch den spannenden Expeditionsbericht, der 1948 veröffentlicht wurde. In Deutschland erschienen diese Fotos erstmals im Jahr 2000.

Nach einer ruhigen Übernachtung, einer sehr ruhigen, hier gab es niemanden, der uns hätte stören können, das rote Gefährt stand mitten in einer graugrünen Graslandschaft, wohl auf einem der wenigen festen Gründe dieser Gegend, nach dieser Übernachtung in der Einöde, verlor sich am nächsten Tag der mühsam geteerte Pfad in einer noch düstereren Landschaft als vorher. Ein riesiger grauweißer Himmel senkte sich auf die Erde, Dylan Thomas' Milchwald schien den Eindruck zu erwecken, als schneide er diese Ecke vom Rest der Welt ab. Selbst unsere einzige Begleitung, die hölzernen Telefonmasten mit ihren Drähten, verließen uns. Nichts konnte in diesem bleiernen Meer unsere Blicke auffangen, die verzweifelt versuchten, sich wenigstens am teerigen Straßenband festzuhalten. Der wellige Asphalt hatte sich dem unsicheren Boden angepasst, was höhere Geschwindigkeiten verhinderte. Uns gingen Gedanken an Eiszeiten und Moränen durch den Kopf, wenn wir weißliche Felsdurchbrüche erblickten und große herumliegende Findlinge. Einmal entdeckten wir in der Ferne ein schmales Gewässer, wahrscheinlich ebenfalls ein Überrest der letzten Eiszeit, ähnlich dem Loch Ness in Schottland, wir erreichten es allerdings nie.

Auf unserem Weg sollte, ziemlich sicheren Informationen nach, der Glenveigh National Park mit dem Gartan Lough, den wir uns nicht entgehen lassen wollten, liegen. Wie es sich für eine zünftige Exkursion durch unbekannte Gefilde gehörte, fuhren wir in die Irre, weil wir nicht wussten, dass der Park eingezäunt war und nur an einer Stelle einen Eingang besaß. Es ging weiter und weiter, es konnte nicht sein, wir fuhren und fuhren, es konnte nicht sein, die Straße wurde schlechter und schlechter, das konnte sein, wir gelangten ans Ende der Welt und aller zerschlissenen Straßen. Angeblich sollten hier, wie große am Straßenrand deponierte Schilder verkündeten, major road works stattfinden. Wie so oft sahen wir allerdings weder einen mayor (Bürgermeister, der natürlich nicht gemeint war) noch irgendwelche Leute arbeiten, lediglich die Zahl der Schlaglöcher, der pot holes, hatte sich durch die Baumaschinen vervielfältigt. Es wurde finster, Nebel kam auf, ein See zeigte sich, doch er lag auf der falschen Seite der Straße, es war der falsche See, es war die falsche Straße. Den See lösten braungrüne Hänge ohne Bewuchs ab, am anderen Ufer zeigten sich in den Niederungen Torfmoore. Wir fuhren und fuhren, nein, wir fuhren nicht, wir holperten und sprangen im zweiten Gang über straßenähnlichen Restasphalt und Schotter. Schließlich landeten wir in einem Örtchen namens Dunlewy zu Füßen des siebenhundertzweiundfünfzig Meter hohen Errigal Mountain. Jetzt wurde endgültig klar: nichts gegen den Berg, aber hier waren wir falsch. Außerdem war der berühmte Quarzitkegel nicht zu sehen, er beliebte sich in weiße Watte zu hüllen.

«Aber da ist er doch!» rief Ilse.

«Wo?»

«Da, direkt neben uns, zum Anfassen.»

Ich sprang hinaus, um einige Meter am Fuß des Berges, also höchstens bis zum Ende des Nagels der kleinen Zehe, empor zu klimmen. Verlangte von Ilse, sie solle davon ein Foto machen, wir würden es das Besteigen des Errigal bei Nebel nennen. Doch sie tippte sich mit dem Finger an die Stirn. Ich ließ die Sache. Wir waren nicht zum Bergbesteigen nach Irland gekommen. Waren wir überhaupt noch in diesem Land? Als es ein wenig aufklarte, konnten wir gegenüber einen Teil des Lough Nacung erkennen, am Hang auf der anderen Seeseite lag einsam, eingebettet in ein Waldstück, eine Hütte, aus deren Schornstein eine dünne Qualmsäule aufstieg.

Wir quälten uns die Schotterpiste wieder zurück bis zum National-Park, diesmal waren wir wachsam und entdeckten dank einiger Autos den Eingang. Wir hielten auf dem Parkplatz vor dem Besucherzentrum, ließen uns dann aber nicht wie die meisten Ausflügler mit einem Kleinbus zum See und zum castle shutteln, sondern warfen die Regenkleidung über und machten uns auf die Füße. Statt der angekündigten drei Kilometer entpuppte sich der Weg als fast fünf Kilometer lang. Dunkel dräute noch immer der Himmel, wie lieblich erschiene uns das Gewässer wohl bei Sonnenschein. Doch bot der langgezogene See mit einer kleinen Insel, eingerahmt von Bergrücken, die sich in der Ferne voreinander schoben, und dem wildbewegten Himmel mit seinen grauweißen Wolkenformationen eine spannende Szenerie. Außerdem befanden wir uns, wie wir uns gegenseitig versicherten, auf einer abenteuerlichen Exkursion und nicht auf einer Wellness-Tour. Wer Sandstrand und Langeweile will, soll sich zu den bekannten Revieren der Adria begeben. Obwohl es auch bei Dunfanaghy oder bei Glencolumbkille herrliche, riesige Sandstrände gibt. Man müsste sie nur an einem warmen Sommertag erleben dürfen. Seeuferweg und der Garten um das castle boten einiges an Bäumen und Pflanzen, vor allem Ginster und Rhododendron. Letzterer sollte, wie ein Schild verkündete, zurück gedrängt werden, weil er nicht hierher gehörte. Azaleen dufteten, winzige Mauerblümchen reckten weiße Blüten in den Wind. Plötzlich kamen unerwartet einige Sonnenstrahlen durch, mehrere Minuten lang sogar, was die Statistiker für das Meteorologische Zentrum in Dublin sicher festhalten würden. Das Zentrum würde die Zahlen an die Irische Fremdenverkehrszentrale weitergeben, die daraus die Begründung für die Behauptung ableiten würde, der Juni sei der sonnigste Monat auf dieser Insel. So war auch das geregelt und wir konnten uns beruhigt auf den Rückweg machen. Leider mussten wir den umzäunten Park verlassen, da man dort über Nacht nicht bleiben durfte. So schlugen wir uns in die Büsche, um einen Übernachtungsplatz zu finden. Das bedeutete in dieser Gegend, nahe der Nordwest-Passage, einen schier endlosen schmalen Weg, der durch ebenso endlose Hügel und Schluchten von Bauernhof zu Bauernhof führte, an endlosen Stacheldrahtzäunen und Hecken entlang, die kein Schlupfloch für uns frei ließen. Außer Hühnern und Ziegen begegnete uns leider auch ein Auto. Ausweichstellen gab es nicht. Also über einen Kilometer rückwärts bis zur letzten Farm? Der Ire hatte ein Einsehen und quetschte seinen Wagen in die matschigen Treckerspuren vor einem Gatter. Es kostete Millimeterarbeit, bis wir aneinander vorbei waren. Freundliche Handzeichen beiderseits beendeten die Aktion. Schließlich entdeckten wir einen Waldpfad, der an einer Stelle durch einen umgestürzten Baum versperrt war. Davor campierten wir, in der Hoffnung, uns würde kein Farmer stören. Weil das Auto schräg stand, rutschten wir in der Nacht mehrmals mitsamt Luftmatratzen und Schlafsäcken in Richtung Hintertür. Doch es war still. Nur Kühe hörten wir einige Male laut muhen, es klang empört. Aber was hatten Kühe an der Nordwest-Passage verloren.

Im Gegensatz zu unseren Aufenthalten im wesentlich südlicher gelegenen Frankreich, und dort besonders in Gegenden, die den Süden dieses Südens ausmachen und Namen wie Provence, Midi oder Gascogne tragen (ach, Frankreich!), wo wir häufig (zu häufig manchmal für unseren

Geldbeutel) in Lukulls Tempeln ausgiebig schmackhafte Menüs zu uns nahmen, geriet dieses Thema in Irland ein wenig zu kurz. So soll aber vermeldet sein, was wir an diesem Abend im Regenwald bei Glendowan in der Nähe des Gartan Lough zu uns nahmen, nämlich Reis mit Broccoli und Champignons nebst Frühlingszwiebeln und Cashew-Kernen, gut gewürzt mit Curry, Paprika, Piri-Piri, Pfeffer, Ketchup und dem Inhalt eines Tütchens HP-Sauce nicht mehr bekannter Provenienz, das wir in einem Lokal hatten mitgehen lassen. Dazu tranken wir, so weit ich mich erinnern kann, wegen der scharfen Gewürze Guinness aus Dosen, Umweltminister Trittin verzeihe uns.

Der nächste Tag brachte, bevor es Lichtblicke gab, wie gehabt schmale, geradeaus führende Straßen durch Moore und dunkelgrüne Wiesen. Eine dreißig Kilometer lange Strecke durch völlig unbewohnte Gegenden zwischen Glendowan und Glenties, die uns dreimal so weit vorkam. Unwillkürlich blickte ich öfter als nötig auf die Tankanzeige und prüfte die Kühlertemperatur. Als schließlich nach stundenlanger (tagelanger?), eintöniger Fahrerei (in einer solchen Situation verliert man leicht das Gefühl für Zeit) sich wenigstens einige Schafe am Wegesrand zeigten, werteten wir diese als die ersten Vorboten der Zivilisation. Der Eindruck festigte sich, als bewohnte Orte auftauchten, die bereits erwähnten Glenties und Ardara, mit ihren bunten Häusern, kleinen Flussbrücken und dahineilenden Menschen. In Glenties betreiben die Deutschen Thomas und Lucia Brecht einen organischen Bauernhof, haben mit den Einheimischen zusammen einen Wald gepflanzt, an dem sich jeder der möchte als Sponsor beteiligen kann. In Ardara, das zu seiner Zeit auch unserem walisischen Draufgänger Dylan Thomas als Lichtblick erschien, einem lebhaften Städtchen mit gepflegten Straßen und Sonntagsverkehr, begannen bestimmt die Anfänge der Zivilisation. Jetzt konnte es nicht mehr weit sein. Wir meinten sogar ein Kino entdeckt zu haben, was sich aber als schnöde Bar entpuppte, und in ein nahebei gelegenes B & B schlenderten derart viele Männer, dass wir die Buchstaben als Bar & Bordell interpretierten. Eine Annahme, die sicherlich völlig verfehlt war. Obwohl es selbst dem Bischof von Galway vor wenigen Jahren passierte, dass ihm seine Geliebte Anne Murphy eines Tages den gemeinsamen unehelichen Sohn öffentlich präsentierte. Das führte zu der gern in Kneipen gestellten Frage: «Will you an(ne) Murphy?» Murphy's ist neben Beamish eine der Konkurrenzmarken des Guinness.

Bei Lettermacaward überquerten wir den Einschnitt der Gweebarra Bay, und als wir an einer giftgrünen übermenschengroßen Freiheitsstatue vorbeikamen, die in einem Vorgarten ihre Fackel hochhielt und nachts angestrahlt werden konnte, wussten wir endgültig, dass wir die Nordwest-Passage geschafft hatten. Die restliche Strecke bis Killybegs war ein Kinderspiel.

Niemand ist besser in der Lage als The President of Ireland, Mrs. Mary McAleese, das Fazit unserer binationalen Unternehmung zu ziehen:
«Ich freue mich, der Initiative ,North West Passage' meine besten Wünsche auszudrücken. Ich begrüße es aufs herzlichste, dass sie sich zum Ziel gesetzt hat(te), ...diesen geografischen Raum wieder zu entdecken... Ich hoffe, dass (dadurch) Möglichkeiten eröffnet werden für diese Regionen Irlands, die bisher nicht von den jüngstens Entwicklungen profitiert

haben, die aber einige der schönsten und unverdorbensten Schätze (hört! hört!, siehe Vorwort!) des irischen Nordens und Nordwestens umfassen. Ganz besonders begrüße ich die Kontakte zum Kontinent (…) und die Chancen, die freundschaftlichen Beziehungen zu Deutschland und den Deutschen zu vertiefen. Guím rath agus séan ar bhur gcuid oibre san am atá le teacht.»

Dem möchten wir vorerst nichts hinzufügen.

PATSY UND ANDERE IREN

Iren sind ein besonderer Menschenschlag. Vielleicht hängt das mit ihrer Abstammung von den Kelten zusammen. Auf den früheren Großseglern sollen sie die schlimmsten Schläger gewesen sein. Doch die meisten sind heute recht nett. Manche versuchen sich als Alleinunternehmer, wie es in Europa üblich wird. Aber nur ein Dixi-Klo auf dem Campingplatz ist wirklich etwas wenig, und vielleicht sollte der Klempner in der Kneipe nicht gerade dann alles durcheinander bringen, wenn Mailand gegen Turin im Fernsehen läuft ...

Ich erinnere mich, dass ich vor der Fahrt nach Irland beim Eintausch englischer Pfundnoten die Kassiererin meiner Bank verwirrte. Nicht etwa durch mein smartes Äußeres oder durch eine Einladung ins Irish Pub Fritzpatrick's (warum eigentlich nicht?), sondern durch meinen Wunsch nach zusätzlichen irischen Pfunden. Sie merkte es eher als ich, denn Irland hat schon längst den Eurokurs eingeschlagen. Das erleichtert uns das Leben, denn die Zeiten, als man im Kopf blitzschnell Pfunde, Gallonen, Libs, Fuß und Meilen umrechnen musste, sind so gut wie vorbei. Übrig geblieben sind in einigen Gebieten noch Meilenangaben, die man bei Geschwindigkeitsbegrenzungen allzu gern akzeptiert, weil man dann meint, schneller fahren zu dürfen.

Wir aßen im Ship's Inn in Killybegs zu Abend. Das Lokal wirkte durch seine niedrige Decke und die dezente Beleuchtung sehr gemütlich; das freundliche Inhaberpaar bediente persönlich, nicht ohne sich kurz nach unserem Woher und Wohin zu erkundigen; Schiffsmodelle und ein Sägefisch waren in Glasvitrinen ausgestellt, ein Steuerrad und ein Maschinentelegraf signalisierten in einer Ecke weiteres maritimes Flair. Wir bekamen deshalb auch seafood, Ilse

Goldbrasse und ich Red Snapper. Nach Aussagen der Speisekarte sollten die Garnierungen beider Gerichte Spuren vom Lobster enthalten haben. Wir fanden sie nicht, aber vielleicht hatten wir zu wenig Ahnung. Vielleicht ist unser Wissen von maritimen Dingen, insbesondere vom Fischfang, wirklich zu dürftig. Viele essen ahnungslos Victoria-Barsch und ahnen nicht, dass er wirklich vom Victoriasee, dem größten Süßwassersee Afrikas im Dreieck zwischen Sambia, Namibia und Simbabwe, per Flugzeug nach Europa geschafft wird. Er stammt aus dem blauen Nil, hat inzwischen das ökologische Gleichgewicht im Victoriasee und die heimische Fischindustrie zerstört, weil er hauptsächlich durch ausländische Firmen im großen Stil vermarktet wird. Oder wissen wir, was mit dem Kabeljau, auch Dorsch genannt, zur Zeit geschieht? Früher ein Allerweltsfisch, ist er inzwischen auf der roten Liste gelandet, weil Nordatlantik, Nord- und Ostsee leer gefischt sind. Trotzdem sind die europäischen Fischer allen EU-Normen und Quoten zum Trotz dabei, auch die Jungtiere wegzufangen, bevor sie laichen können. Dazu kommt, dass wegen des Kabeljaumangels norwegische und russische Fangflotten begonnen haben, die Barentssee, einen Teil des Nordpolarmeeres zwischen Spitzbergen, Franz-Joseph-Land und Nowaja Semlja, auszubeuten, ohne jede Kontrolle und mit äußerst schädlichen Folgen für die empfindliche Ökologie des Eismeeres und natürlich auch den Kabeljau.

Stutzig machte uns am lebendigen, übersichtlichen Hafen von Killybegs, wo die roten Fischkutter Colmcille, Ave Maria oder SO 591 hießen, ein portugiesischer Sattelschlepper, von dem Fischkisten auf ein irisches Boot mit spanisch sprechender Besatzung umgeladen wurden. Wir fanden den Weg, den der Fisch nahm, nämlich vom Auto auf das Schiff und nicht umgekehrt, seltsam. Die mit der Arbeit beschäftigen vier-schrötigen Kerle sahen nicht so aus, als seien sie an dummen Fragen irgendwelcher Touristen interessiert. Ein Jahr später las ich in der Zeitung, dass die Polizei auf einem Autobahn-parkplatz an der A 5 bei Darmstadt die Leiche eines russi-schen Fernfahrers in einem portugiesischen Lastwagen ent-deckt hatte. Wie bei solchen Kurzmitteilungen üblich, erfährt der neugierige Leser den Rest der Geschichte nie. Vielleicht hatte der Fahrer sich auf dem Weg nach Killybegs befunden!

Patsy erwischte uns am anderen Morgen, als wir an der dafür aufgestellten blauen Tonne mit kaltem Wasser aus dem Schlauch hantierten. Das erste Mal hatte er uns bereits am Vortag abgefangen. Nach etlichen Übernachtungen auf freier Wildbahn freuten wir uns, als wir die Hafenstadt Killybegs, die außer vom Fischfang von der Teppich- und Stoffher-stellung lebt, erreicht hatten, auf die Annehmlichkeiten eines Campingplatzes. Auf unserer Karte war ein solches Zeichen angegeben, aber ähnlich wie es Kolumbus mit seinen Unterlagen geschah, erging es uns, allerdings mit weit harm-loseren Auswirkungen. Den Campingplatz, außerhalb der Stadt, direkt an der Küste gelegen, gab es nicht mehr. Stattdessen erhob sich dort eine noble Ferienhaussiedlung mit einem edlen Hotel, die wohl ein wenig mehr Geld abwer-fen sollte. Zur Zeit sah es zwar nicht danach aus, die Siedlung lag leer und öde im zaghaften Sonnenschein, und auch das Hotel schien nicht gerade überlaufen zu sein, obwohl die Aussicht von dort über Fintragh und Donegal Bay uns sehr beeindruckte. Aber man soll die Hoffnung nicht aufgeben, die Vertreter unseres Wirtschaftssystems, die Börsianer und Investoren und ihre Nachbeter, die Politiker, haben für unse-re Ökonomie eine Theorie entworfen, die sie Wissenschaft nennen, obwohl es sich eher um eine Religion zu handeln scheint, was naturgemäß viel mit Glauben zu tun hat. Einer der Beweise für meine Behauptung ist der ständige Versuch, uns von der alleinigen Richtigkeit des herrschenden Systems und seinen angeblich für alle Lebensbereiche geltenden Regeln zu überzeugen und uns davon abhängig zu machen, genau so, wie es die una sancta ecclesia seit zwei Jahrtausenden versucht. Nun hat Irland seit seinem Beitritt zur Europäischen Gemeinschaft und später zur Eurounion ein wenig (ein wenig) Abstand vom katholischen Glauben errungen und (trotz meiner Kritik am System) erwiesenermaßen einen wirtschaftlichen Aufschwung genommen, dessen Erfolge nach dem drop out system gefiltert oder nach Abschöpfung des Rahms für wenige auch der Gesamtbevölkerung in abgestuftem Maße zugute gekommen sind. Zum Beispiel haben sich die Wohnverhältnisse gebessert, die meisten Häuser sind zwar einfacher Bauart, besitzen aber festes, verputztes Mauerwerk und ein regendichtes Schieferdach. Leider werden Baugenehmigungen auch an einsamen Küstenstellen erteilt, die besser frei bleiben sollten. Selbst in Donegal gibt es die berühmten niedrigen Katen mit ihren Binsendächern fast nur noch für Touristen in musealen Ansammlungen, wie wir in Glencolumbkille sehen würden. Doch sind mit der Zeit die Preise für Häuser und Wohnungen derart stark gestiegen, dass viele Menschen die Kosten oder Mieten nicht mehr bezahlen können. In Dublin gibt es inzwischen eine Menge Menschen, die Arbeit haben, aber trotzdem obdachlos sind. Eigentumswohnungen haben innerhalb von zehn Jahren ihren Preis verdoppelt. Die Zahl der Autos hat rasant zugenommen, die entsprechenden ökologischen Folgen blieben (ebenso wie bei der Industrie) nicht aus. Die Insel war längst nicht mehr das Land der sauberen Flüsse.

Und vor jeder Stadt warnten große Schilder mit den genauen Zahlen der Verkehrstoten in den letzten drei Monaten. Dass Irland seinerzeit erfolgreich Industrien mit gut ausgebildeten Arbeitskräften, niedrigen Löhnen und Steuersubventionen angelockt hatte, bot wie üblich eine Zeitlang ein erfolgreiches Rezept, rächte sich aber jetzt, da mit wachsendem Wohlstand die günstigen Bedingungen für Investoren schwanden. Und das Kapital, dieses scheue Reh, flüchtete längst in Länder wie Portugal, Marokko oder nach Fernost. Im Rahmen der neoliberalen Globalisierung degradiert das Kapital die Nationalstaaten zu machtlosen ‚wirtschaftlichen Standorten‘, die man sich nach Bedarf aussucht und nach dem Erfolg wieder fallen lässt. Übrig bleiben ratlose Politiker ohne wirkliche Rezepte (weil sie sich nicht an die Wurzel, die radix, des Übels herantrauen) und zunehmend unzufriedene und ärmer werdende große Bevölkerungsteile, die aber zur Zeit ebenfalls nicht bereit oder in der Lage sind, tiefgreifende Veränderungen zur Verbesserung ihrer Lage in die eigenen Hände zu nehmen. Stattdessen laufen sie immer noch der vor die Nase gehaltenen Mohrrübe (der falschen Wurzel) oder dem falschen Hasen nach wie beim Windhundrennen.

Auch Patsy schien an die Versprechungen der Wirtschaftswissenschaftler und ihrer politischen Assistenten zu glauben. Er hatte oberhalb der Stadt, an einer Stelle mit wunderbarer Aussicht auf den langen Zeigefinger der Halbinsel, die mit St. John's Point endet, und darüber hinaus auf die gesamte Donegal Bay, ein Gelände gepachtet, das vielleicht irgendwann einmal (er arbeite daran, sagte er) ein Campingplatz werden sollte. Wir fanden den Platz eher zufällig. Uns empfing eine leere Schotterfläche, die mit einem Holzgeländer umfriedet war. Ein Holztisch mit vier weißen Stühlen lud auf einer kleinen Anhöhe zum Outdoor-Frühstück ein. Besagte Tonne mit Schlauch für Kaltwasser diente als washroom, vervollständigt wurden die sanitären Anlagen durch eins der Dixi-Klos, wie sie auf Baustellen verwendet werden. Zum ersten Mal benutzten wir solch ein Ding und mussten zugeben, dass es einwandfrei funktionierte. Vor dem Platz stand ein ausrangierter Wohnwagen, den wir als Büro identifizierten. Ein angeklebter, handbeschriebener Zettel verkündete «Welcome!», eine Telefonnummer und den Hinweis: Please call Patsy! Niemand war zu sehen, der uns sein Handy hätte zur Verfügung stellen können. So kehrten wir um, fuhren in die Stadt zum Essen und versuchten vorher, eine Telefonzelle aufzutreiben, um der freundlichen Aufforderung zu folgen, jemanden, den wir nicht kannten, der sich uns aber mit dem Vornamen vorstellte, zu kontaktieren. Wir haben trotz eifriger Suche keine Einrichtung dieser Kommunikationsmöglichkeit in Killybegs gefunden! Waren wir nach Überwindung der Nordwest-Passage doch noch nicht so richtig in der Zivilisation angekommen? Oder hatten die Iren in Killybegs, schnell und viele andere übertrumpfend, bereits völlig auf Handys, die im englischen Sprachraum mobile phones heißen, umgestellt?

Kaum waren wir zurückgekehrt und richteten uns auf dem Schotterplatz für die Nacht ein, denn Ilse wollte am nächsten Tag von dort oben aus malen, tauchte Patsy das erste Mal wie aus dem Nichts auf. Ein gedrungener, kräftig gebauter, schwarzhaariger Mann von etwa fünfunddreißig Jahren mit sehr lebhaften Augen. Überschwänglich begrüßte er uns, hieß uns willkommen, und stellte mit weit ausholender Geste, die ganz Irland zu umfassen schien, seinen Platz zur Verfügung. Darüber, dass wir hier einfach standen, ohne angerufen zu haben (call Patsy!), verlor er kein Wort. Leider sei er mit seinem Platz noch nicht ganz so weit, im nächsten

Jahr wolle er eine Beleuchtung und richtige sanitäre Anlagen mit einer Dusche einrichten, dafür müsse er in diesem Jahr erst einmal das Geld verdienen. Und eine Übernachtung koste nur zehn Euro. Als ich das Portemonnaie zückte, winkte er ab. Tomorrow! Vielleicht blieben wir ja länger, das würde ihn sehr freuen. Dann wünschte er uns eine gute Nacht. Leider trieb uns der aufkommende Wind in den Bus, sodass wir Patsys Gartenmöbel nebst Panoramablick nicht allzu lange draußen genießen konnten.

Gerade als ich am nächsten Morgen das Dixi-Klo verließ, kam Patsy wie zufällig um die Ecke. Ich hatte vorher einen Blick in den Büro-Wohnwagen geworfen, ihn aber leer gefunden. Die Begrüßung erfolgte ebenso lebhaft wie am Tag zuvor, doch musste ich die drängende Frage beantworten, wie lange wir denn nun bleiben wollten. Es fiel uns schwer, einen solch freundlichen Unternehmer zu enttäuschen, doch wir hatten beschlossen, uns für den Aufenthalt in dieser Gegend einen komfortableren Standplatz zu suchen. So bezahlten wir und wünschten Patsy weiterhin viel Erfolg und mehr Gäste, bestätigten die hervorragende Aussicht und versprachen, im nächsten Jahr, wenn die Duschen eingerichtet seien, wieder zu kommen.

Call Patsy!

Shaun McCloskeys Farm, die er zur Camping-Site umgewandelt hatte, lag in Derrylahan zwischen Kilcar und Carrick. Es handelte sich um ein Hostel mit einem Autostandplatz und einer Campingwiese. Shaun, wie er sich uns vorstellte, betrieb die Anlage zusammen mit seinem Sohn und seinem Hund. Weitere Anwohner der Farm waren Enten und Hühner, die sich als gemischte Gruppe meist hinter dem Haus herumtrieben. Ob und wann der Hahn am Morgen krähte, war, wie sich herausstellte, völlig ungewiss. Als erstes lud Shaun uns zum Tee in sein kleines Büro ein, dessen Wände über und über mit Plakaten, Postern und Fotos beklebt waren. Ein mächtiger Kaminofen, der wohl das Haus heizen konnte, jetzt aber nicht in Betrieb war, nahm eine ganze Wand ein und erzeugte bereits durch seinen Anblick wohlige Wärme. Nachdem er unsere Personalien aufgenommen hatte, erklärte Shaun, dass er sich für Deutschland sehr interessiere, sich aber damit gar nicht gut auskenne; außer dem Namen der Stadt Gelsenkirchen, er brachte das Wort so kurios heraus, dass wir uns an die Verballhornung Gesellenkirchen erinnert fühlten, wisse er nichts, einmal sei ein Mann aus dieser Stadt mit dem seltsamen Namen bei ihm gewesen. Für uns ein guter Anknüpfungspunkt, ihm nahe zu bringen, woher wir kamen. Die Waschanlage befand sich im ehemaligen Stall, und in der kleinen Küche, die auch Shaun und sein Sohn nutzten, trafen sich alle. Da einige Rucksackwanderer eingetroffen waren, wurde es dort manchmal eng, was niemanden störte. Im Gegenteil, wenn wir abends im Bus hockten, kam Shaun manchmal herbei und lud uns mit den Worten, die anderen seien schon da, in die Küche ein.

Von unserem Standplatz blickten wir über die Bucht bei Teelin und darüber hinaus, wenn das drizzling es zuließ. In der Nähe hatte sich durch Regen eine mehrere Quadratmeter große flache Pfütze gebildet, die von den Enten des Hofes als Teich benutzt wurde. Schwimmen konnten sie dort nicht. Aber sie taten so als ob, hielten sich immer mal wieder eine

Zeitlang im Wasser auf und legten sich dann zum Trocknen zufrieden an den Rand. Eine machte ab und zu einen sehr langen Hals, um im Liegen zu trinken. Und die Weiße thronte wie eine Königin in der Mitte des Sees, was bedeutete, sie saß dort auf der Erde und ließ sich von den anderen bewundern. Dann ertönte Hahnengeschrei, und der braungelbe Gockel mit gewaltigem roten Kamm führte seine Schar in Richtung unseres Fahrzeugs, denn dort konnte man Krümel unseres Brotes aufpicken. Misstrauisch beäugte uns das männliche Tier, während die Hühner eifrig fraßen. Bei Menschen muss Hahn sehr wachsam sein. Als wir einige Tage später abreisten, tauschte Shaun uns freundlicherweise eine nordirische Pfundnote ein, die wir sonst nirgendwo mehr losgeworden wären, und verkaufte uns sechs frische Hühnereier, an denen noch der Mist klebte, fand sogar eine Packung dafür. Wir schenkten ihm eine Postkarte mit einem Schafs-Motiv, das Ilse gemalt hatte, und für einen Moment

überkam uns der Eindruck, als sei der Mann über unsere
Abreise traurig. Doch er fing sich, lächelnd absolvierte er den
Standardsatz: wir sollten unbedingt wiederkommen.

«It's a nice place here in Donegal!»

«Surely!»

Von diesem idyllischen Platz aus hatten wir eine Exkursion
nach Glencolumbkille unternommen, trotz der Straßen mit
irischer Qualität, deren Schlaglöcher seit dreißig Jahren mit
viel Mühe immer wieder restauriert werden, damit meine ich
nicht, dass sie verfüllt würden. Wir waren neugierig, ob sich
im Jahr 2003 Veränderungen zeigten, denn 1977 hieß es in
unseren Aufzeichnungen:

«Von Ardara aus führt eine im Reiseprospekt als malerisch
gekennzeichnete Bergstrecke nach Glencolumbkille. Es
stimmt, aber ob man den Namen behalten kann? Die Berge
sind bis zu halben Höhe bewachsen, der Rest ist grau, graugrün und graurot schimmernder Fels. Ein wenig Wald hat
sich erhalten. In den tief unter uns liegenden Taleinschnitten
kleben vereinzelt kleine Gehöfte. Tiere, vor allem Schafe, weiden auf kargen Wiesen. Ein gelbes Schild mit drei weißen
Schafen warnt vor ihnen. Das Einschlafschild. Aber
Einschlafen darf man hier nicht. Die Straße ist nicht die beste,
außer für Schafe, die an ihren Rändern liegen und auch auf
ihr. Man weiß nie, nach welcher Seite sie springen. Ein Esel
und ein Hund tänzeln mitten auf der Straße, nur unwillig lassen sie uns vorbei. In Glencolumbkille machen wir, hoch oben

am Felsen auf einer niedrigen Mauer sitzend, Pause. Unter uns zieht sich ein wunderbarer Strand mit goldgelbem Sand hin, der sage und schreibe von zwei Menschen bevölkert ist. Als sei schon Saison in Glencolumbkille.»

Die zynisch klingende Bemerkung war damals berechtigt, denn dieser Ort litt unter seiner Armut, unter fehlenden Verdienstmöglichkeiten und der Abwanderung der Jugend. Die Medien sprachen vom Tal der Verzweiflung. Bis ein Mann auftauchte, der alles besser machen wollte, Father McDyer, der zumindest das Schlagwort ‚Wunder von Glencolumbkille' schuf, was aber nahe lag, denn wo die Kirche mit im Spiel ist, sind Wunder nicht weit. Leider sind sie häufig nicht recht greifbar, und es sollte uns nicht wundern, wenn sie sich gerade in Irland gern im Dunst der Atlantikwolken verflüchtigen. Aber wir wollen dem Pater nicht Unrecht tun, er glaubte an die kooperative Tatkraft der Bevölkerung und setzte einiges in Gang. Studenten wurden in den Semesterferien herangeholt, auch aus dem Ausland, Geld wurde gesammelt, öffentliche Töpfe angezapft. Das Dorf bekam Wasser- und Stromanschlüsse. Mit Hilfe einer Kampagne brachte McDyer die Einwohner hinter sich, um wegen des nötigen Straßenbaus politischen Druck auszuüben. Leicht war das nicht, denn die sehr konservative Bevölkerung lehnte trotz ihrer Armut vieles, was nach Neuem und Unbekannten aussah, ab. Ein kleines Feriendorf wurde in Gemeinschaftsarbeit gebaut, was erste Touristen anzog. Ein Hotel, ein Folkmuseum sowie eine Strickcooperative folgten. Die Frauen, die bisher die berühmten Aran-Pullover allein in Heimarbeit herstellten, kamen gegen die Stundenlöhne in der Fischindustrie von Killybegs nicht an, obwohl es für diese Strickwaren, die weltweit verkauft werden, immer noch eine Marktnische gibt.

Wir entdeckten Hinweisschilder für Touristen, die auf Tobar Cholmcille, St. Columbs Well oder Sélpéal Cholmcille, St. Columbs Chapel hinwiesen. Die Kapelle erhob sich weit außerhalb in einer Ebene, machte allerdings den Eindruck, genau so viel Geld oder Arbeit gekostet zu haben, wie die gesamte Dorferneuerung. Ein Bus quälte sich über eine schmale Straße dorthin, und blieb, nachdem seine Insassen das Haus des Heiligen besichtigt hatten, auf der Rückfahrt an einer der alten Bruchsteinbogenbrücken hängen, heiliger Columban! Es dauerte, aber er musste geholfen haben, denn irgendwann war der Bus verschwunden. Magisch zog uns der Glencomcille Woollen Mill Shop an, denn ohne Pullover wollten wir nicht von dannen ziehen, um im Nachhinein Father McDyers Arbeit zu bestätigen. Wir fanden sogar den Werbezettel eines Unternehmens aus Oldenburg, die Guaran Tweed Irish, handgefertigte Ware, zu bezahlbaren Preisen in Deutschland anboten. Böse Zungen behaupteten allerdings, die Stundenlöhne für die Frauen in der Cooperative stünden denen in Afrika nicht viel nach. Die alten Cottages des Museums waren zu sehen, sauber weiß gestrichen und intakt, wie sie sonst nicht mehr anzutreffen sind. Allzu viel war im Ort nicht los, Ilse konnte unbelästigt mit ihrem Hocker auf der Straße sitzen und eine wirklich alte Shell-Tankstelle malen, die nicht mehr in Betrieb war. Eine kleine, rotweiß gestrichenen Bude mit einem Fenster und einer verschlossenen Tür. Auf dem roten Teil der Wand prangte die gelbe Muschel, vor der Bude rostete eine einsame, altmodische Zapfsäule vor sich hin. Sicherlich tankte man inzwischen in Carrick oder Killybegs. Da die Anzahl der Autos und die frischen Farben der Hausfassaden Rückschlüsse auf das wirtschaftliche Wohlergehen des Ortes zuließen, stellten wir fest, dass McDyers Aktivitäten doch bleibende Spuren hinterlassen hatten. Weil ihm aber die Beteiligung der Bevölkerung zu schleppend voranging, hatte er wohl zunehmend allein begonnen zu schalten und zu walten, vor allem auch das Hotel und die Werkstätten zu kaufen und zu verkaufen, was die Leute misstrauisch machte. McDyer sah das anders und war auf die Ortsbewohner nicht mehr gut zu sprechen. Aber noch läuft einiges, und das Rad der Geschichte wird sich auch hier nicht wieder zurückdrehen lassen. Wie ein Journalist schrieb, hätte es in Glencolumbkille die Sensation einer Revolution ohne Revolutionäre gegeben.

Wir waren trotz der internen Querelen beeindruckt, und so wollte ich mich auf keinen Fall vom Anblick eines allein stehenden Hauses niederdrücken lassen, vor allem, weil es solche Anblicke, zwar nicht mehr so häufig wie früher, dennoch überall im Land zu erleben gibt. Es erhob sich aus einem grauen Aschenplatz mit seinen drei mal drei Fenstern, im zweiten Stock als Dachgauben, seinen zwei Türen, seinem schmutzig weißen Verputz und den schwachblauen Ecksteinen. Es gab keinerlei Verzierungen, lediglich über einer Tür in der rechten Hälfte des Gebäudes zog sich ein Schriftzug hin, der Roarty's Wine and Spirits verkündete. Menschen waren weder draußen noch drinnen wahrzunehmen, lediglich zwei kleine Mischlingshunde hatten es sich vor den Treppenstufen auf der Asche bequem gemacht. Vor der linken Hälfte des Hauses wartete einsam und unbenutzt eine dunkelbraune Bank. Alles in allem eine nicht sehr einladende Situation. Vielleicht brauchte man erst eine gewisse Menge an spirits, um sich hier wohl zu fühlen. Sicher wird es der spirit des Heiligen gewesen sein, der in diesem einsamen Tal den Ort des Glen of St. Colmcille entstehen ließ und auch eine Zeitlang Father McDyer zu seinen Taten anspornte.

Als wir seine Wirkungsstätte verließen und eine Anhöhe oberhalb der Küste erreichten, konnten wir – genauso wie fast dreißig Jahre zuvor – die gewaltigen, beeindruckenden Buchten mit ihren einladenden Sandstränden erkennen. Mit langgezogenen Wellen drängte der türkisfarbene Atlantik in die Buchten hinein, die in der Ferne, nach Süden zu, von Bergrücken begrenzt wurden.

Dieses Mal, anders als damals, waren nicht einmal zwei Menschen am Strand, sondern lediglich einige Schafe am Hang. Aber, und wir wollten es weder dem Father noch den eigenwilligen Anwohnern zur Last legen, das lag damals wie heute eher am herben Wetter. Das hätte schon der Chef persönlich ändern müssen.

Auf der Großen Blasket Insel, die sich südwestlich der Halbinsel Dingle weit in den Atlantik vorwagt, wo Windböen auch gestandene Männer, die sich dort auskannten, zum Straucheln bringen konnten, von Tagen auf dem Meer, wenn das Curragh, vollbeladen mit Fischen, kaum noch aus dem Wasser ragte, gar nicht zu reden, auf diesem einsamen Eiland lebte einmal ein Mann, der Tomás O'Crohan hieß und im Jahr 1856 geboren worden war. Eigentlich hieß er Donel, aber lassen wir es bei O'Crohan. Er lebte dort nicht allein, aber dicht besiedelt konnte man die Insel nicht nennen, und heute ist sie so gut wie unbewohnt. Die Familie lebte in einer kleinen Hütte, die mit Binsen gedeckt war, und oft nisteten Hühner im Dachstroh, legten ihre Eier dort hinein. Manchmal schickte ihn die Mutter nach oben zum Eierholen. Auch konnte es passieren, dass schon einmal ein Huhn durchsauste, fast in den Topf hinein. Leider schickten die Hühner nicht nur ihre Eier ins Haus hinunter. Erst später baute sich O'Crohan ein eigenes Steinhaus, dessen Dach er mit Brettern deckte, über die geteerte Filzstreifen gespannt wurden. Diese Dächer waren glatt und wasserdicht, keine Henne konnte sich auf ihnen halten. Die Küchentische sahen aus wie Knettröge, sie bestanden aus Brettern mit einem erhöhten Rand, damit nichts herunterfallen konnte. Die Menschen lebten von Kartoffeln, Fisch und Milch. Manchmal fingen sie Robben, denn die Weibchen brachten in Höhlen, die am Wasser lagen, ihre Jungen zur Welt. Einmal im Jahr, meist zu Weihnachten, gab es Tee. Sie aßen nur einmal am Tag eine ordentliche Mahlzeit.

O'Crohan schrieb darüber im Jahr 1926: «Wenn es einmal nötig war, so reichte uns eine Mahlzeit für zwei Tage. Heutzutage kann ein Mann keinen Steinwurf weit gehen, ohne auf den Rücken zu fallen, denn man isst überhaupt keine richtige Mahlzeit mehr, sondern nur ein paar elende Bissen.» Das war schon zu einer Zeit, als es den Leuten auf der Insel sehr schlecht ging, denn der Fischfang war stark zurückgegangen, und der irische Staat hatte kein Interesse, die Leute dort zu unterstützen. Zu O'Crohans Zeiten zahlten die Bewohner der Great Blasket Insel selten ihre Pacht, eher gar nicht, bis ihnen die Steuereinnehmer, als sie ihre Fische in den Hafen von Dingle brachten, die großen Boote wegpfändeten. Danach hatten sie nur noch ihre kleinen Curraghs, der Fischfang wurde noch mühsamer, die Leute verarmten. Die großen Boote verfaulten übrigens an Land, weil sich aus Solidarität kein Käufer dafür fand – das hätte sich die irische Steuerverwaltung denken können. Etliche Kaufleute aus Dingle boten den Fischern Geld an, um die Boote auszulösen, doch das lehnten diese stolz ab. Sie hätten es nie zurückzahlen können.

Ein Geschenk des Himmels waren gestrandete Schiffe, deren Fracht die Inselbewohner zum Teil bergen konnten, obwohl sie die armen Seelen, die dort im Sturm sterben mussten, bedauerten. Über ein Schiff, das eine Ladung langer Kupfer- und Messingbolzen verlor, wurde noch in der nächsten Generation berichtet. Aber, so erzählt O'Crohan, wahrscheinlich wurden sie beim Verkauf über den Tisch gezogen. Dennoch hatte es sich gelohnt, und die Männer durften an Bord des Kutters, dessen Kapitän den gesamten Fund kaufte, essen und trinken. Es gab von allem reichlich, was die Inselleute in ihrer Meinung bestätigte, dort, wo die feinen Leute seien, gebe es immer alles in Hülle und Fülle.

Zehn Kinder brachte O'Crohans Frau zur Welt, acht verloren sie wieder: «Manche gingen so schnell von uns wie sie kamen.» Die Eltern starben, und auch seine Frau, sodass selbst ein zäher Mann wie O'Crohan über das harte Leben stöhnte, alle Schicksalsschläge aber tapfer hinnahm. Die Arbeit wurde nicht weniger, und als eines Tages im Jahr 1909 der norwegische Sprachwissenschaftler Carl Marstrander auf die Insel kam, um sich mit der gälischen Sprache zu beschäftigen, die auf den Blaskets zu der Zeit in reiner Form gesprochen wurde, bekam O'Crohan noch mehr zu tun, denn er stellte sich mehrere Stunden am Tag dem Wissenschaftler zur Verfügung. Diese Arbeit fand er übrigens viel anstrengender als die auf dem Feld oder auf dem Meer. Dann kam für einen Monat ein Lehrer auf die Insel, um jeden Abend zwei Stunden Unterricht zu erteilen. O'Crohan ließ sich keine Stunde entgehen, lernte so auch langsam Gälisch zu schreiben und zu lesen. So wurde er zu dem Mann, dem es nicht nur zu verdanken ist, dass gälische Sprachinformationen erhalten werden konnten, sondern dass später auch seine Erzählungen und Briefe über das Leben auf der Great Blasket Insel aufgeschrieben wurden. Tomás O'Crohan lebte bis 1937, doch zuletzt verließ ihn fast sein Lebensmut, den er oft in schwierigsten Situationen, auch im offenen Boot bei Sturm auf dem Meer, bewiesen hatte:

«Ein jüngerer Sohn lebt noch bei mir. Er muss sich um alles kümmern, denn ich tauge zu nichts mehr als zum Schreiben und Sprechen. Wir besitzen weder Kuh noch Pferd, weder Schaf noch Lamm, weder ein leichtes noch ein schweres Boot. Wir haben nur ein paar Kartoffeln und unser Torffeuer. Siebenundzwanzig Jahre lang arbeite ich jetzt schon an unserer Sprache, und es ist siebzehn Jahre her, seit der Norweger Marstrander mir begegnete. Von Zeit zu Zeit bekomme ich kleine Zuwendungen, gerade genug, dass ich nicht zu hungern brauche. Ich höre so manchen Nichtstuer sagen, dass unsere Muttersprache zu nichts nütze sei. Was mich betrifft, so kann ich das nicht sagen. Wenn sie nicht gewesen wäre, so müsst ich mir jetzt mein Brot erbetteln.»

Gern erinnerte er sich an Nächte in der Hafenstadt Dingle, wo getrunken und gesungen wurde, nachdem sie ihre Waren verkauft hatten. Es war nicht Trunksucht, die sie oft länger als nötig bleiben ließ, sondern eher das Bedürfnis nach Kontakt, nach fröhlichen Nächten mit viel Gesang als Ausgleich zu all den harten Nächten, die sie auf See erleben mussten. O'Crohan entwickelte sich zu einem verantwortungsvollen Mann, der trotz vieler Whiskeys darauf achtete, dass sie alle leidlich wieder in die Boote und davonkamen. So wurde er schließlich zum ‚König' der Insel, wo es üblich war, einen der fähigsten Männer stillschweigend, ohne Befehl und ohne Wahl, zum Führer zu erklären. Es ergab sich einfach so. Vielleicht existiert er heute noch, der König von Irland, doch wer ihn sucht, muss hinüber fahren auf die einsame Insel, um ihn aufzuspüren.

O'Crohan beendete sein Buch über das Leben auf den Blasket Inseln, über Menschen, «die es so nicht mehr geben wird», im Jahr 1926. Es erschien 1929 erstmalig in gälischer Sprache und wurde ein Erfolg. Brian O'Kelly aus Killarney machte es möglich, indem er O'Crohan ermutigt hatte, seine Lebensgeschichte aufzuschreiben. Robin Flower übersetzte den Text ins Englische, was einigermaßen schwierig war, denn die starken Unterschiede in der Ausdrucksweise zwischen dem Gälischen und dem Englischen machten eine wörtliche Übersetzung unmöglich. Ein großer Teil des Zaubers der gälischen Sprache ging notgedrungen verloren. Trotz einer weiteren Übertragung aus dem Englischen ins Deutsche durch Annemarie und Heinrich Böll scheint es gelungen zu sein, das Fluidum eines früheren Lebens ohne Einfluss moderner Technik, die angeborenen Begabung zur

Kritik, das Gefühl für Anstand und Maß und das erzählerische Talent des Tomás O'Crohan zu übermitteln.

Das Buch wirkt beschämend; unwillkürlich fühlen wir uns in Europa aufgefordert, über unsere Lebensgewohnheiten nachzudenken, vielleicht mehr Bescheidenheit zu praktizieren, obwohl diese von denen, die zunehmend auf den untersten Stufen der Einkommensleiter stehen, nicht unbedingt verlangt werden kann. Wir können gewisse Entwicklungen nicht rückgängig machen, auch die Iren können und wollen das nicht, und nicht ohne Grund war ein einigermaßen menschenwürdiges Leben auf den Blasket Inseln nicht mehr möglich. Die Nachkommen der ehemaligen Inselbewohner leben in Dingle und anderen Städten, besser als ihre Vorfahren. Es ist ihnen zu gönnen. Doch ist schwer vorstellbar, ob die Steigerung des Lebensstandards generell in Westeuropa so weitergehen kann. Die Länder Osteuropas und die Länder in Asien, Afrika oder Südamerika melden ihre Ansprüche an und wollen sich nicht mehr ausbeuten lassen. Sie wissen, wie verschwenderisch man in den reichen Staaten lebt. Wahrscheinlich müssen wir, was durchaus möglich ist ohne zu verarmen, unseren Lebensstandard in Zukunft vereinfachen, vieles Überflüssige sein lassen, mehr unaufwändige Techniken und Mechanismen für die Infrastrukturen entwickeln.

Das Buch von Tomás O'Crohan trägt den Titel ‚Die Boote fahren nicht mehr aus'. Das stimmt traurig, irgendetwas geschieht nicht mehr, was lange Zeit möglich war. Doch macht der Text auch Mut, denn Menschen können sich, trotz mancher Schwierigkeiten, ihr Leben erkämpfen. Vielleicht müssen viele von uns das wieder lernen.

Zwischen Muckross Head und dem Sleave Leage, den mit 1.972 Fuß, excuse me, über 600 Metern, höchsten Klippen Europas (400 Meter höher noch als die Cliffs of Moher), die wir nach einem langen Fußweg im Nebel erreichten und zum Teil nur erahnen konnten, weshalb wir auf jeden Fall auf die Begehung des One Man's Path verzichteten, der wohl erfahrenen Bergwanderern vorbehalten bleiben sollte, in der Nähe dieser gefährlichen Klippen und eines Hafens, in dem nur ein Kutter und einige Segeljachten dümpelten, neben dessen Kai eine kleine Fischfabrik fauchte, mit einem Leuchtturm draußen auf einer schmalen Felsnase, die wir beinahe und nur in Begleitung einiger Schafe erreichten, die wesentlich besser klettern konnten als wir, beinahe, weil sich plötzlich unvorhergesehen ein Wassereinschnitt auftat, der uns vom Leuchtzeichen trennte, das sich als eine kaum einen Meter hohe rote Blechkiste mit einer Beleuchtung entpuppte, die einer Baustellenlaterne ähnelte, während eine an dürren Holzmasten schaukelnde dünne Stromleitung das Wasser überquerte und die mich begleitende Malerin rigoros erklärte, diesen Leuchtturm würde sie nicht malen, und wo uns auf dem Rückweg ein Mann lautstark von der Wiese verscheuchte mit dem Hinweis, sie sei ,private', ein Mann, der wohl noch nie von den Werbemaßnahmen des hiesigen Touristenbüros gehört hatte, das diese rote Blechkiste, ein beacon höchstens, ein Leuchtzeichen, das ab und zu zaghaft rot blinkte, als Leuchtturm und damit als Sehenswürdigkeit anpries, wenn wir das geahnt hätten, hätten wir ihm einen Prospekt mitgebracht, in dieser Ecke also, von wo es nicht mehr weit war nach Glencolumbkille, doch davon an anderer Stelle, in diesem Teil Irlands, wo unsere Karte einen roten Hinweis mit ,Donegal Tweed' zeigte, liegt das Örtchen Kilcar.

Dies, liebe Leser und Leserinnen, war der Versuch, mit sprachlichen Mitteln, in diesem Fall mit einem ziemlich langen, verschachtelten Satz, die geografische Lage und verkehrstechnische Erreichbarkeit eines Ortes mit seinen Sehenswürdigkeiten oder seine Verstecktheit darzustellen. Eines Ortes, der hier für viele stehen soll. Erstaunlich, dass sein Name lediglich zwei Silben hat.

Kilcar besitzt eine Telefonzelle, eine Post, eine Tankstelle, die überschrieben war mit ‚Tabairne Mic Siolla Cearra', ergänzt durch zwei beleuchtete Schilder, die auf die Flüssigkeiten Shell und Guinness verwiesen, ein Mace Kaufhaus, wo es auch Brot und Zeitungen gab, das Haus des Dichters Michael Og McFadden, der 1958 gestorben war und noch auf Gälisch geschrieben und gelehrt hatte, eine Menge anderer Häuser in kräftigen Farben, von Hell- und Dunkelblau über Mattgelb, Grellgelb, Braun, bis Rost- und Hellrot, von denen die Malerin auf jeden Fall einige malen wollte, am liebsten alle. Kilcar besitzt, last not least, O'Garas ‚The Piper's Rest', an dessen Hauswand ein großes, farbiges Emailleschild mit dem Guinnessvogel darauf aufmerksam machte, es handele sich heute, gerade heute, um einen very lovely day für eben dieses Getränk. Auch O'Gara betrieb, wie sein Konkurrent einige Häuser weiter, nebenbei eine Tankstelle. Mellys Cafe, ohne sächsischen Genitiv und ohne Akzent, das kann man machen, das Fish and Chips and Teas and Ices anbot und damit unseren Hunger anstachelte, hatte leider geschlossen. Aber – Patsy aus Killybegs ließ grüßen – ein findiger Unternehmer aus dem Nachbarort Carrick war mit seinem Verkaufswagen da und verpestete mit dem Dieselgenerator für die Braterei fast die gesamte Hauptstraße. Dessen ungeachtet trieb uns der Hunger dorthin; nachdem Ilse ein

Aquarell zu Wege gebracht hatte und ich etliche Fotos und Notizen, durfte uns die großbusige junge Verkäuferin zwei ordentliche Tüten Fish and Chips, für Ilse mit Vinegar, verkaufen, die wir am Straßenrand verzehrten. Den wirklich bewundernswerten Busen der kaum Vierzehnjährigen erwähne ich deshalb, weil er bereits drei Jungen aus dem Ort angelockt hatte, die den Stand derart eng belagerten, dass der Verkauf der angepriesenen Waren beinahe unmöglich wurde. Man konnte wirklich bei jeder Bewegung der jungen Dame befürchten (oder erfreut erwarten), dass die wirklich hevorragenden Rehzwillinge aus dem engen Pulli hüpften. Zwei weitere Jungen kamen mit einem schwarzen Golf angeprescht, hielten mit laufendem Motor und begannen mit dem Mädchen ein längeres Gespräch durch die geöffnete Seitenscheibe. Am liebsten hätte sie wohl ihren Arbeitsplatz verlassen und wäre mitgefahren. Obwohl wir durch unsere soziologischen Studien des irischen Alltags in einer durchschnittlichen Kleinstadt unter besonderer Berücksichtigung der jungen Bevölkerungsschichten derart gebannt waren, dass die Chips kalt wurden, lösten wir uns schweren Herzens von der Szenerie, nicht zuletzt wegen der beiden laufenden Motoren, und betraten kurz entschlossen und durstig vom Fisch ‚The Piper's Rest', diesmal mit Apostroph.

Ein junger Mann mit krausen Locken und verschmitztem Gesichtsausdruck begrüßte uns, der Wirt. Zwei andere Männer hockten an der Theke. Wir nahmen einen Ecktisch, der junge Mann brachte die beiden pints dorthin. Zufrieden lehnten wir uns zurück und genossen den ersten Schluck. Es war wie eine Zeremonie. Ein stout stürzt man nicht, das schlürft man langsam und andächtig, nicht nur wegen der irischen Geschichte, die man damit gleichsam wie mit einem Nürnberger Trichter unmerklich in sich aufnehmen können soll. Guinness gives you strength, nach den Mühen des Tages macht diese Medizin den erschöpften Touristen, Urlauber und Reisenden wieder munter (die Einheimischen sowieso). Erst danach nahmen wir die Welt wieder wahr wie sie war. Der Fernseher lief, er hing oberhalb der Theke an der Wand, über den Reihen von Schnapsflaschen, die ihre Schlünde nach unten hielten, mit ihren funkelnden Inhalten zum Zapfen verlockten.

Wir hätten nach draußen schauen können. Auf die Mainstreet von Kilcar abends um halb neun. Die Schafe waren schon durch (heute Nachmittag waren einträchtig nebeneinander zwei Schafe allein die Straße heruntergehoppelt gekommen, als sei das, trotz Autoverkehr, hier selbstverständlich und immer so; das muss ich Heinrich Böll mitteilen, weil er doch damals in seinem Irischen Tagebuch aus den fünfziger Jahren die Behauptung aufgestellt hatte, die Entscheidung, ob den Schafen oder den Autos die Straße gehöre, sei noch nicht gefallen), die Schafe waren also fort, längst bei ihrem Ziel angelangt; wir sahen zwei schwarz gekleidete Radtouristen in T-Shirts die Straße hinunterrasen, bei Mace holte eine junge Frau Milch. Ab und zu wollte jemand tanken, und jetzt bekamen wir heraus, warum der Wirt immer blitzschnell aus dem Haus geschossen kam, wenn draußen ein Wagen vorfuhr, was mich bereits auf der Straße verblüfft hatte. Dass er dann ungefragt das Richtige zapfte, konnte ich mir erklären, weil ein Wirt, ob es sich nun um Shell, Guinness oder Stauder Pils handelt, immer weiß, was seine Stammkunden wünschen. Aber woher wusste er hinter seiner Theke, ob draußen ein Kunde stand? An anderen Tankstellen musste man schellen oder rufen oder lange warten, bis sich jemand rührte. Wir entdeckten in der Ecke hinter der Theke am Fenster einen Spiegel! So wie neugierige

Frauen ihn am Schlafzimmerfenster anbringen, um unauffällig die Nachbarschaft zu überwachen, oder wie bei gewissen Etablissements des Rotlichtmilieus.

Das stout hatte mich belebt, und ich erzählte Ilse vom Haus des Dichters von Kilcar, der in einer Seitenstraße direkt neben der Post gelebt hatte. Das war praktisch, so konnte er seine fertigen Manuskripte schnell und bequem an die Verlage schicken (zurück sind sie dann, vielleicht nicht alle, mit dem kleinen, grünen Auto des Briefzustellers gekommen). Auch das war bequem, es gibt ja Dichter, die sich gern in ihr Stübchen zurückziehen, um ungestört von der hindernden Restmenschheit über dieselbe zu schreiben. Andere dagegen zieht es hinaus in die nahe oder weite Welt. Wie Djuna Barnes zum Beispiel, die sich in den dreißiger Jahren des 20. Jahrhunderts in einem Einbaum den Amazonas hinaufpaddeln ließ, oder Bruce Chatwin, der sich durch die halbe Welt schlug bis nach Australien, oder Heinz Helfgen, der von 1951 bis 1952 mit dem Fahrrad 52.000 Kilometer um die Erde trampelte, oder Paul Theroux, der sich vom alten Patagonienexpress bis nach Feuerland dampfen, oder korrekter: dieseln ließ. Oder es gibt jemanden, der sich per Fahrrad oder Campingbus wiederholt nach Irland begab, bis ins stürmische Donegal sogar, und der sich wie der große Kollege Chatwin manchmal fragte: Was mache ich hier? Nicht zu schweigen von der Malerin, die ihn begleitete, und oft mit Mühe die gute Laune zu retten versuchte, wenn das Tageslicht nicht zu den malerischen Wünschen passte, in Donegal, da oben links außen in Europa. Wenn sie Hausfassaden malte oder einmal mehr eine Shell-Tankstelle, diesmal eine intakte, bei Wind und Wetter auf ihrem Klappstühlchen am Straßenrand hockend. Sie kauerte unter einem weißen Schild mit roter Schrift: Notice! Switch off engine, no smoking or naked lights! Doch, naked light von ganz oben hätte sie gern gehabt, gerade zeigte es sich ein wenig, einige Sonnenstrahlen ließen die Farben der Hausfassaden aufleuchten, das Hellblau, das Giftgelb, das Tiefviolett mit weißen Ecksteinen, das Sattgrün oder das dunkle Orangerot oder die rotgelben Signalfarben der Tankstelle, schnell, schnell musste es gehen, bevor alles wieder grau wurde.

Immerhin hatte man am Haus des Dichters Michael Og McFadden eine Gedenktafel mit seinem Konterfei angebracht, um ihn zu würdigen.

«Du wolltest doch noch vom heimischen Dichter erzählen», sagte Ilse.

Viel mehr als schon berichtet oder erfunden, fiel mir nicht ein. Ich lenkte ab.

«Wusstest du, dass Lola Montez, die berühmte Tänzerin, die zu dem bayrischen König Ludwig II ins Bett kroch, Irin war?»

«Nein, das gibt es nicht!»

«Doch. Ihre Mutter Eliza war eine uneheliche Tochter von Charles Oliver, der aus einer reichen Familie in der Grafschaft Limerick stammte. Sie heiratete den Soldaten Edward Gilbert, dessen Regiment nach Sligo verlegt wurde. Hier wurde die Tochter Elisabeth Rosanna geboren, die aber ebenfalls Eliza genannt wurde. Tochter Eliza heiratete in Rathbeggan bei Dublin. Als das normale Leben in Irland ihr zu langweilig wurde, nahm sie Tanzunterricht. Alles Spanische war zu der Zeit groß in Mode. So lernte sie vorwiegend spanische Tänze und ging dann nach Sevilla und Cadiz. Und wurde die berühmte Tänzerin Lola Montez. Diese Iren!»

«Diese Irinnen!» bemerkte Ilse, blickte zweifelnd und wollte das lieber alles zu Hause mal nachlesen.

Wir hätten auch in den hinteren, dunklen Teil der Kneipe blicken können, wo ein Teil der Tapete die Scheidung von der Wand durchgesetzt hatte, wo einige niedrige, braune Hocker standen mit Tischchen davor, auf denen Bierdeckel in Reih und Glied lagen. Wir hätten über den tieferen Sinn des Lebens bei Kierkegaard, Wittgenstein (an anderer Stelle, an anderer Stelle) oder Heidegger (nein nicht Heidegger, lieber Sartre oder Hannah Arendt) diskutieren können, doch das plötzlich aufflimmernde Fernsehbild lenkte uns ab. Fußball.

«Wahrscheinlich das Regionalspiel Donegal gegen Leitrim», sagte ich.

«Die sehen aber aus wie Italiener», meinte Ilse.

Gerade lief ein Afrikaner durch das Bild.

«Die von der anderen Mannschaft, natürlich,» schob sie nach.

Es lief ein Russe durch das Bild.

«Einige der anderen», korrigierte sie.

Die Einblendung klärte uns darüber auf, dass es sich um ein Spiel der Landesmeisterschaft zwischen Turin und Mailand handelte, das Null zu Null stand. Der russische Spieler hieß übrigens Kamtschatka, wie die russische Halbinsel zwischen Beringmeer und Ochotskischem Meer nordöstlich von Japan, von wo die Krabben in Dosen oder tiefgekühlt zu uns kommen. Die Weißgekleideten zeigten einige elegante, klug angelegte Spielzüge, scheiterten aber regelmäßig an den Schwarzweißgestreiften. Wer war eigentlich wer? Der Kommentator schrie Unverständliches. Wir beschlossen, das Spiel zu genießen, zumal wir vor zwei Jahren auf der Fahrt nach Sardinien in Cinque Terre in einer Dorfkneipe ebenfalls ein Spiel zwischen diesen beiden norditalienischen Giganten erlebten, allerdings nur die erste Halbzeit, weil wir nach einem besonders üblen Foul an einem

Afrikaner unsere heiß begehrten Plätze der Dorfjugend überlassen hatten. Wenn mich die Fußballfans nicht der völligen
Ahnungslosigkeit überführen oder gar lynchen würden
(Lynchen! Auch davon an anderer Stelle), würde ich behaupten, Turin gegen Mailand sei wie Borussia Dortmund gegen
Schalke 04. Auch dieses Mal wurde sehr hart gespielt, mit vielen Fouls. Null zu Null zur Halbzeitpause, Null zu Null bei
Spielende, Null zu Null nach Verlängerung. Die Coaches –
immer mal wieder im Zoom der Fernsehleute – rauften sich
die wenigen verbliebenen Haare. Zuschauer sangen und
schwenkten Fahnen, viele – auch Erwachsene – hatten sich die
Gesichter mit den Farben ihrer Mannschaft bemalt. Eine
junge Zuschauerin betete und bekreuzigte sich. Heilige
Maria, die Spannung war kaum auszuhalten.

Plötzlich krachte es. Nicht im Fernsehen. What's that?
Eine Bombe? Wir waren doch nicht in Derry oder Belfast,
und selbst dort herrschte zur Zeit Ruhe. Die beiden an der
Theke blickten sich verdutzt an, stiegen auf die Stützringe
der Barhocker und versuchten über die Theke zu schauen.
Der Wirt zuckte zusammen, lächelte gequält, entschuldigend,
nickte mit dem Kopf in Richtung Thekenuntergrund, von wo
ein wirrer Haarschopf mit einem Mann daran auftauchte wie
der Teufel aus der Grube, ein Stück Wasserrohr in der Hand.
Der Handwerker! Das ist es, sagte er. Die Zapfanlage müsse
nachgesehen werden, er habe am Wochenende keine Zeit
gehabt und heute tagsüber auch nicht, so müsse er also,
erklärte er, schon wieder halb wegtauchend, eben jetzt dort
unten arbeiten. Der Wirt hob die Schultern, der Mann verschwand in der Theke. Wie lange er wohl dort schon werkel-
te? Wir hatten nichts davon gemerkt. Doch das sollte sich
ändern.

Langsam füllte sich die Kneipe, in kurzer Zeit waren alle Barhocker vor dem Tresen besetzt. Wir konnten uns kaum entscheiden, welchen Event wir stärker beobachten sollten, das Spiel auf dem Bildschirm oder die Live-Darbietung unter dem Schanktisch. Denn dort wurde jetzt kräftig gesägt und geschraubt und gebohrt und geruckelt, dass die pints oben zu tanzen begannen. Dann wuchteten Wirt und Handwerker ein Kühlaggregat aus der Küche heran, das anscheinend eingebaut werden sollte. Oben wurde immer lauter durcheinander geredet, denn jemand hatte den Fernseher lauter gestellt, das Fußballspiel lief immer noch, unten kreischte eine Säge. Währenddessen fand wie selbstverständlich der normale Kneipenbetrieb statt, wir hatten längst das nächste pint geordert und anstandslos bekommen. Ab und zu tauchte der Wuschelkopf auf, jedes Mal mit einem anderen Werkteil in der Hand, blickte wild um sich, wechselte einige Worte mit dem Wirt oder den anderen Männern und verschwand wieder. Kurz darauf rumpelte es gewaltig. Wir hatten Sorge, er würde im Lauf des Abends die ganze Theke abmontieren.

«Das ist der Handwerk!» stellte Ilse fest. «Erinnerst du dich an die Sendung mit Jochen Malmsheimer, dem Kabarettisten von den Tresenlesern?»

«Tresen ist gut», murmelte ich.

Der Handwerk ist eine Art Bazillus oder Virus. Wenn man ihn einmal im Haus hat, wird man ihn so leicht nicht wieder los und erlebt vielerlei Überraschungen. Die meisten, oder richtiger alle Erlebnisse mit dem Handwerk kosten viel Geld. Man hat schon Glück, wenn der Handwerk das passende Werkzeug mitbringt, sonst sind längere Fahrten zur Werkstatt oder in den Baumarkt nötig, die natürlich zusätzlich kosten. Die Fehler, die der Handwerk macht, gehen selbstverständlich zu Lasten des Auftraggebers. Das Reparieren einer

Anschlussdose für ein stationäres Telefon mit Klebeband (!) kostet 20 Euro, die Anfahrt 40. Einem Volltreffer im Lotto entspricht es, wenn der Handwerk seines versteht!

Wie zur Bestätigung quietschte es unter der Theke, dass es uns durch Mark und Bein ging. Ob er die Hauskatze erwischt hatte? Wir hoben unseren Blick hoch zum Fernseher, wo das Elfmeterschießen begann. Eins zu Eins, dann Zwei zu Zwei. Weitere Zuschauer bekreuzigten sich. Der Bastler tauchte mit der Bohrmaschine in der Hand auf, schaute ebenfalls gebannt zu. Immerhin erzeugte er keine störenden Geräusche mehr. Dann segelte ein Ball über die Latte. Und dann, Anlauf, Schuss, Tor! Einer der Coaches lief jubelnd auf das Spielfeld. Bianca Maria! Das Spiel war zu Ende, wir hatten gewonnen und der Handwerker ging nach Hause, die Anschlüsse waren geklemmt, geschraubt und geklebt. Der Wirt hatte Glück gehabt.

Slàinte! Darauf tranken wir alle noch ein Glas.

ERINNERUNGEN II

Wenn vier Leute mit zwei VW-Bussen durch das Land fahren, sieht manches anders aus als zu zweit. Und damals schien hier wirklich die Sonne, behaupteten wir. Wenn man außerdem keine Ahnung vom Angeln hat und doch Fische fängt, wird es noch schwieriger. Erinnerungen an die Steinzeit, als die Menschen solche Dinge noch können mussten, nützen wenig. Vielleicht hilft Singen …

Der Junge mit der Mundharmonika

Drei Tage nach unserem Start in Deutschland schien die Sonne und wir hatten das Frühstück nach draußen verlegt, standen am Rand eines Kornfeldes. Mit einem blauen und einem orangefarbenen VW-Bus waren Barabara und Rainer, Ilse und ich im Jahr 1980 nach Irland gefahren. An den Banketten der schmalen Straße zogen sich Baumreihen entlang, die ein Tunneldach bildeten. Die Bäume warfen schmale Querschatten auf den Asphalt.

«Oh, hier könnte man gut Rad fahren», begeisterte sich Rainer und schaute sein inzwischen zur Hälfte weiß gestrichenes Fahrrad verlangend an. Bei jeder längeren Pause holte er Farbtöpfchen und Pinsel heraus und arbeitete an dem ursprünglich roten Vehikel, das er zu Hause irgendwo am Straßenrand gefunden hatte. Ich wurde wankend. Mein Fahrrad war grün angestrichen, wie sich das in Irland gehörte. Aber auch das half nicht.

«Nix da!», bestimmte Ilse. «Weiter!»

Um die Mittagszeit herum kamen wir endlich los, erreichten nach kurzer Zeit New Ross, im Südwesten des Landes. Wir bummelten durch die Stadt und kauften ein. Weiter ging es am Ufer des River Barrow entlang nach

Graiguenamanagh oder auch Graig na managh, was wie Greygännamannak oder so ähnlich klang. Wir fanden einen Standplatz direkt am Fluss. In unserem Rücken, weiter entfernt, lagen verwilderte Gärten, dahinter eine Häuserzeile mit grauem Verputz, nur manchmal blätterte Farbe von den Regenrohren ab.

Unglückseligerweise hatte ich zwei Angeln im Gepäck, obwohl ich mich drei Jahre vorher vergeblich in dieser seltsamen Sportart versucht hatte. Irgendwann erzählte ich davon, und von da an war Rainer nicht mehr zu halten. Er vergaß völlig, sein Fahrrad zu Ende anzustreichen. Nun musste geangelt werden. Leider blieben auch seine Bemühungen ohne Erfolg. Wahrscheinlich war der Schnellkurs, den ich Dilettant ihm verpasst hatte, nicht ausreichend.

Zum Abendessen gab es daher Würstchen und Folienkartoffeln auf dem Holzkohlengrill. Wir saßen draußen zwischen den Bussen am Ufer, blickten über die Felder jenseits des Flusses, die in der Ferne von einem Wald begrenzt wurden. In der Nacht regnete es einen gleichmäßigen, unablässigen Regen, was uns in unseren wasserdichten Blechkisten, eingemummelt in die Schlafsäcke, wohlig erschauern ließ. Wir schliefen lange, eine Angewohnheit, die wir auf dieser Fahrt beibehalten sollten. Der Regen ließ erst im Laufe des nächsten Tages langsam nach. Das Frühstück fand in unserem Bus statt, dauerte bis in die späte Mittagszeit hinein, die Weiterfahrt konnten wir vergessen. Rainer hatte die Angeln ausgeworfen, sie in das schlammige Flussufer gesteckt und sich selbst überlassen. Die Würmer hatte ich suchen und aufspießen müssen. Ohne dass ich es zunächst bemerkt hatte, war Rainer zum Angelchampion aufgestiegen und überließ mir die untergeordneten, unangenehmen Tätigkeiten.

Am Nachmittag spazierten wir ein Stück am Fluss entlang, kauften danach im kleinen Ort mit dem schwer auszusprechenden Namen Lebensmittel und Getränke ein, vorrangig Bier und Rotwein. Milch auch.

Nach dem Abendessen trat am Flussufer die Graiguenamanagh Bus Band auf, und zwar mit Rainer – guitar, Barbara – vocal, Ilse – flute and vocal und mir – mouth organ. Anstatt zu flüchten, wie es jeder vernünftige Mensch getan hätte, rotteten sich die Hunde des Ortes zusammen und kamen drohend näher. Irische Hunde versuchten nicht nur, den Autos im Vorbeifahren in die Reifen zu beißen, sondern waren auch sonst allerhand gewöhnt. Dies war wohl neu für sie. Wir spielten Greensleeves, das schien sie zu versöhnen, und nach Michael, row the boat ashore, zogen sie freiwillig wieder ab. Was Rainer zu der unqualifizierten Bemerkung verlockte, wir sollten noch zweimal üben und könnten dann vielleicht am Samstagabend in Murphy's Pub auftreten. Nachdem wir aber mit Kilgary Mountain und Whiskey in the jar elendig gescheitert waren, nahmen wir von dieser Idee Abstand. Die Frauen sangen dann noch das Lied über die Little boxes on the hillside, little boxes made of ticky-tacky, little boxes, little boxes, little boxes all the same… Rainer und ich murmelten ticky-tacky, ticky-tacky und gingen nachsehen, ob die Schnüre inzwischen zuckten. Taten sie nicht.

Wir saßen unterm Zeltvordach des orangefarbenen Busses. Das Regenwasser – ach, ich vergaß: es regnete – leiteten wir ab in Kanister und Schüsseln. Trotzdem genossen wir die Muße, erzählten, beobachteten die ziehenden Wolken und diskutierten über die Preise. Die kamen Ilse und mir höher vor als vor drei Jahren. Benzin, regular, kostete 1,44 Pfund die

Gallone (4,5 Liter), der Liter 1,38 DM. Der Umrechungskurs betrug 4,25 DM für ein Pfund. Ein durchschnittlicher Whiskey verlangte uns 8 Pfund gleich 34,-- DM die Flasche ab. Eine Dose Kondensmilch kostete fast eine Mark. Sechs Flaschen Guinness Stout zwischen zwei und drei Pfund. Die Inflationsrate betrug 20 Prozent.

Wir blieben einige Tage am Flussufer, wo wir in die glitzernden kleinen Wellen des Wassers blickten und überlegten, ob dort Fische unter der Oberfläche seien, wo uns niemand behelligte, nachdem die Hunde sich an uns gewöhnt hatten. Rainer und ich angelten. Die Fische schien das nicht zu stören. Schließlich rammten wir immer öfter die Stöcke einfach in die Erde und überließen den Fang dem Schicksal, irgendwelchen höheren Mächten oder den Fischen selbst. Ja, wir überließen es einfach unseren potentiellen Opfern, ob sie nun wollten oder nicht. Das war die Klugheit des kleinen Königs auf seinem fernen kleinen Planeten, den der kleine Prinz trifft.

«Ich habe keine Probleme mit meinen Untertanen», sagte der kleine König zum kleinen Prinzen. «Ich ordne nur an, was sie wollen.»

Eines Abends kamen zwei einheimische Angler auf dem Weg zu ihrer Stelle am Fluss bei uns vorbei, grinsten und grüßten freundlich. Die Bemerkungen über uns konnten wir leider oder erfreulicherweise nicht verstehen. Die Frauen munkelten von Steinzeit und Bärenjagd, mindestens aber vom Fischefangen. Männerarbeit. Und von Folienkartoffeln hielten sie heute gar nichts. Rainer und ich versuchten nicht hinzuhören. Das Schicksal, dem wir den Fang überlassen hatten, war uns aber wohl gesonnen. Die beiden Angler kamen nach einiger Zeit zurück und schenkten uns zwei Barsche. Sie hätten sich gedacht, dass wir nicht erfolgreich sein würden, sagten sie. Woher sie das wohl wussten? Wir bedankten uns herzlich, was mit einem kurzen «Welcome!» abgetan wurde. Sie verabschiedeten sich ausnehmend höflich, allerdings mit einem verdächtigen Flackern in ihren Augen.

Unangenehm war, dass ich als Besitzer der Angelgeräte von den anderen dreien zum Fachmann erklärt worden war, der die Regenwürmer nicht nur suchen und finden, sondern auch auf die Haken spießen durfte. Rainer wollte nur mit großem Schwung die Angeln auswerfen. Die Frauen bezeichneten das Aufspießen der Köder als Tierquälerei, das Angeln seltsamerweise nicht. Gegen Fisch zum Abendessen hatten sie nichts einzuwenden. Nun gut, zwei Barsche, die noch Leben zeigten.

Später, als wir aufgaben und die Leinen einholten, zappelte an meiner Angel ein Aal. Auch das noch. Drei lebende Fische. Und ich. Denn plötzlich war ich allein, ich konnte mir nicht erklären, wo meine Begleiter geblieben waren oder welch wichtige Dinge sie unbedingt jetzt an anderer Stelle erledigen mussten. Wahrscheinlich ein half pint trinken bei Murphy's. Das war die eine Schweinerei. Die andere begann jetzt hier am Fluss. Es ging ans Töten. Ich kramte in meiner Erinnerung; vor langer Zeit hatte mir mal ein Teichbesitzer gezeigt, wie man eine Forelle ausnimmt. Ich holte einen Schraubenschlüssel aus dem Werkzeugkasten und hieb ihn den Fischen, die ich auf die kleine Mauer hinter unseren Bussen gelegt hatte, auf die Köpfe. Ich musste einen starken inneren Widerstand dabei überwinden. Dass die Barsche mehrmals aufseufzten, machte die Arbeit nicht leichter. Dann lagen sie still, schienen mich aber aus ihren großen runden

Augen vorwurfsvoll anzublicken. Der Aal wand sich. Ich musste mehrmals zuschlagen. Dann schnitt ich die Unterseiten der Barsche von den Kiemen in Richtung Schwanz auf und pulte die Innereien heraus. Irgendwelche Teile hinter den Kiemen bei den Bäckchen durfte nicht ans Fischfleisch kommen, sonst würde es bitter schmecken. Dann löste ich mit dem Fingernagel die Blutlinie an der Rückeninnenseite und spülte die Fische mit Wasser ab. Bei dem Aal ging die Sache leichter, dem schnitt ich Kopf und Schwanzstück ab und zog ihm die Pelle vom Leib. Ich zündete das Feuer auf einem der Gaskocher an, schüttete Öl in eine Pfanne und erhitzte es.

Noch bevor ich die Fische in das zischende Öl warf, nahten drei Schatten aus der Dunkelheit.

«Na, wie sieht's aus?»

Ich ergriff mein Instrument, überließ ihnen den Rest der Arbeit und machte abseits Musik. Der Junge mit der Mundharmonika. In Irland ist vieles möglich.

Hinter dem Horizont

Die letzte Woche war angebrochen. Die Zeit vergeht so schnell, sagte einer der anderen. Wir kamen von Nordirland und fuhren nach Südwesten, durch Donegal in Richtung Bloody Foreland. Dort hatte ich eine Stelle im Gedächtnis, an der Ilse und ich 1977 einige Tage gelebt hatten. Direkt auf einer Felsnase über dem Atlantik, weit weg von jeder Zivilisation, nur dann und wann besuchten uns Schafe, noch seltener ein Schäfer mit seinem Hund. Ich konnte nicht beschreiben, wo diese Stelle war, dennoch hatte ich die anderen wild gemacht, die mir nicht glauben wollten, ich könnte den Abzweig wieder finden. Ich verließ mich auf mein Gefühl, fuhr stellenweise Schritttempo, und entdeckte irgendwann die schwache Spur, hinterlassen von Treckerreifen, die über karge Wiesen scheinbar nach Nirgendwohin führte.

Diesmal standen zwei Busse auf dem einsamen Felsvorsprung und reckten ihre Nasen dem Atlantik entgegen. Leider gab es die blutroten Sonnenuntergänge, nach denen das Bloody Foreland vielleicht benannt ist, in diesem Jahr nicht. Das Wetter verschlechterte sich zusehends, in der Nacht stürmte es wie beim Malin Head. Am nächsten Tag machten wir zwei Gänge durch die zerklüftete Landschaft. Weil es regnete, nahm Rainer seinen schwarzen Stockschirm mit. Ein Schwabe mit Stockschirm auf den Felsen Donegals. Es mutete an wie das Titelbild zum Film Ryans Daughter, obwohl die junge Frau ihren Schirm dort eher zum Schutz vor der Sonne nutzt, oder um auf sich aufmerksam zu machen, denn der Schirm segelt irgendwann die Klippen hinunter und wird zufällig von einem Mann... Aber wir wollen nicht zu viel verraten. Den Film gibt es als Video und DVD. Bei einer besonders starken Böe gab Rainers Schirm den Geist auf. Er hätte eh nicht viel genützt, denn nirgendwo war eine junge Irin in Sicht. Doch an dieser Stelle Europas für kurze Zeit jemanden mit Stockschirm bei wüstem Südwestwind und peitschendem Regen zu sehen, war etwas Besonderes.

Wir verließen das stürmische Bloody Foreland, Ilse und ich konnten den anderen kaum klar machen, in welch sonniger Idylle wir drei Jahre vorher hier gelebt hatten. Wollten über Derrybeck, am Upper Lake Nacung vorbei, zum ‚wildromantischen' Altan Lough, wie einer unserer Reiseführer den See beschrieben hatte. Wahrscheinlich war ich der Anstifter zu dieser Expedition gewesen, ich kann mich nicht mehr genau erinnern. Vermutlich hatte mich einmal mehr Flann O'Briens Ausspruch vom purpurnen und geheimnisvollen Horizont hinter dem Horizont gereizt. Obwohl ich es hätte besser wissen müssen, denn ob es den Dritten Polizisten, wie O'Brien einen seiner Romane benannt hat, wirklich gibt, ist bis heute nicht geklärt. Die Iren hatten bisher keine Straße zum Altan Lough gebaut, lediglich eine überwachsene Treckerspur zu einer ehemaligen Farm bildete einen Teil des Weges. Wahrscheinlich war es auch wirklich nicht nötig, hierhin eine Straße zu bauen, auch wenn es Fördermittel geben würde. Es sei denn, oben am Altan Lough gäbe es einen Aussichtsturm mit integriertem Café und einem Kinderkarussell. Dann müsste für die Autos und Landcruiser der Touristen und Wochenendausflügler natürlich eine breite, wohlgeglättete Fahrbahn gewalzt werden, mit nicht allzu starken Steigungen. Und ein großer Parkplatz wäre nötig, oben am ,wildromantischen' See. Und in kürzester Zeit wäre die ganze Gegend verschmutzt mit Abfall aller Art. Doch das würde den Investor nicht stören, der nur an seinen Einnahmen interessiert wäre, alles andere den Leuten und einer überforderten Kommune überlassen würde. Und einmal mehr würden die Steuergelder privatisiert, die Folgekosten sozialisiert.

Wir stellten unsere Fahrzeuge am Fuß der Berge ab, stiefelten zu Fuß los. Mussten ordentlich klettern, denn der See liegt 460 Meter hoch. Die Gegend wirkte wie ein schottisches Hochmoor. Immer, wenn wir nach Erreichen eines Hügelkammes meinten, jetzt müssten wir bald oben sein, erhob sich ein weiterer Hügelkamm, so leicht zu erklimmen wie der vorherige. Unverdrossen stiegen wir weiter. Und wiederum erblickten wir von der erreichten Höhe ein neues Hindernis. Dahinter musste er doch wohl liegen, der Altan Lough.

«Ach, wie wildromantisch!» bemerkte Barbara, blickte über die dunkelgrüne zerfurchte Grasnarbe. «Wessen Reiseführer ist das eigentlich, der uns hierher gelockt hat? Und seit wann glauben wir solchen Leuten?»

«Oh, Flann O'Brien! Du Erfinder der hintereinandergeschalteten Horizonte! Oder sollen wir besser sagen: Horrorzonte?» murmelte ich statt einer Antwort. Die anderen blickten mich an, als sei ich ein irischer Hinterwäldler, der hier oben seine kleine Kate bewohnte und den größten Teil des Jahres lediglich Umgang mit Schafen und Hunden hatte.

«Ein Flan wäre jetzt sehr lecker», sagte Barbara.

«Flann!», erwiderte ich, «Flann O'Brien!»

«Und, was nützt uns dieser Mann, sicher ein Ire, wie sich das anhört, was nützt uns der Mann? Wo ist der See?»

Langgezogene Urstromtäler taten sich vor uns auf, niedrige Heidegewächse bedecken den Boden. Immer noch fegte der Wind über das Hochmoor. Und ein weiterer Hügelkamm, der den grauen Himmel zu berühren schien, tat sich vor uns auf. Einige Schafe waren in der Ferne zu erkennen. Wenn wir geschwiegen hätten, hätten wir sie hören können:

«Wo sonst», raunte die gedämpfte Stimme des großen Schriftstellers, «wo sonst könnte so was passieren außer in Irland!»

Es mag an der Gegend liegen, an der Lage dieser Insel, eines Außenpostens der Zivilisation, ist man geneigt zu sagen, obwohl es nicht stimmt, denn hier existierte dank der Megalithvölker und der Kelten schon sehr früh Kultur und Zivilisation, es muss an der Gegend liegen, am Wetter, am

Nebel, an der unter den Wolken durchscheinenden Sonne, die die Landschaft in unwirkliches Licht taucht, dass es fast nirgendwo so viele Sagen und Märchen, Erzählungen von Feen und Kobolden, und vielleicht auch den Glauben daran, gibt. So war es nicht verwunderlich, dass auch der neue Glaube aus dem fernen Orient in dieser Gegend zuerst in Europa Fuß fassen konnte. Was die Iren bis heute veranlasst, sich mit magischen Orten und magischen Wesen zu beschäftigen. Dies musste hier, wo wir unablässig vorwärts stapften und nicht vorankamen, solch ein Ort sein. Doch leider trafen Rainer und ich keine der geheimnisvollen Feen, keine der Schönen und Heiteren, der jungen und frechen Mädchen an, Etain oder Ethne, die so recht nach gallisch-gälischem Geschmack sein sollen. Und auch die Frauen fanden weder die Prinzen Condla, Congal, Culann, Mael-Fothartig oder Ronan.

«Moderne Frauen warten eh nicht mehr auf den Märchenprinzen!» sagte Barbara.

«Aber Frauen möchten doch gern geheimnisvoll sein?»

«Sind sie!»

Über Leinster herrschte einst ein berühmter König, Ronan Aeds Sohn. Und Ethne, die Tochter Cummascachs, des Sohnes Eogans, von den Desi in Muster, war seine Frau. Sie brachte ihm einen Sohn, Mael-Fothartig, zur Welt. Dieser war der herrlichste Knabe, den es je bei den Lagnern gegeben hat.

So beginnt eine der bekannten keltischen Sagen mit dem Titel: Wie Ronan seinen Sohn ermorden ließ. Nicht weniger gruselig erscheint ein Märchen, in dem eine Leiche ihren Träger in dunkler Nacht anweist, welchen Weg er zu gehen hat und in welchem Grab sie zu liegen wünscht. Ja, genauso erschien uns die Gegend, die braungrünen Grasnarben, die sumpfigen Wiesen, die wallenden Nebelschwaden, die dräuende Wolkendecke, so dass wir uns fragten: Was wollen wir hier? – Heute sollte ein Teil des Weges unser Ziel bleiben. Wir kehrten um.

Wir fuhren weiter durch die urtümlich wirkenden Derryveagh Mountains. Unterwegs bildete sich über uns ein grandioser Regenbogen im vollen Halbrund. Wir campierten in der Nähe eines Dorfes auf einer Wiese. Im Ort fanden am Nachmittag Bauernspiele statt, die uns an die früher einmal im Fernsehen übertragenen europäischen Wettspiele mit dem Namen Spiel ohne Grenzen erinnerten. Nur, hier waren wir in Irland, von dem noch längst nicht sicher war, ob es zu Europa gehörte, hier wurden solche Spiele erheblich härter ausgetragen. Manche der Frauen, die beim Wettfahren die Männer in Schubkarren vorwärts schieben mussten, kippte ihre Last voller Lust weit vor dem Ziel ab. An einer anderen Stelle bildeten junge Männer, die jeweils auf den Schultern des Untermannes standen, eine Leiter bis zu einer Plattform, zu der die Mädchen schwere Wassereimer bringen mussten, indem sie den Jungens mit Schuhen über Rücken und Schultern stiefelten, auch manchmal auf den Kopf traten, dass es eine Wucht war. Es musste schön gewesen sein, wenn der Schmerz nachließ. Wo sonst gab es das! Außerdem schwappte, das konnten wir deutlich sehen, wesentlich mehr Wasser über und auf die Männer, als unbedingt nötig gewesen wäre. Aber auch die Männer konnten bei einigen Spielen ihren Rachegelüsten freien Lauf lassen. In früheren Jahrhunderten sollen auf den alten Windjammern die irischen Matrosen die härtesten gewesen sein, vor allem bei den manchmal unausweichlichen Schlägereien. Eigentlich sind sie, die Iren, sehr freundlich, in manchen Situationen anscheinend aber unerbittlich. Vielleicht gibt es zwei Sorten von ihnen.

Knockadoon

Ein Landspieß am Ende der Welt
klingt nach Geheimnis und Gefahr

Graugrün die pfeifende See am Ende der Welt
wehe den Brüchigen

Kamen nicht zum Ende der Welt
zum Knockadoon bei Dunmore East

Entgingen den Gefahren der graugrün pfeifenden See
und verpassten die Geheimnisse am Ende der Welt

Steinzeit

Nach dem Frühstück mit Cracklin Brans, einem äußerst
schmackhaften, sehr knusprigen irischen Müesli, ging es
weiter über Ballyvaughan und Kinvara (ein lieblicher Ort mit
einem kleinen Fischerhafen) nach Clarinbridge, Oranmore
und Claregalway. Während im Autoradio, nein stimmt nicht,
wir hatten ein mobiles Transistorgerät dabei, mit dem wir
auch Tonbandaufnahmen machen konnten, während wir in
diesem Radio recht und schlecht den Basin Street Blues,
gespielt vom Trompeter Jack Teagarden, hörten, eine angenehme Abwechslung nach zuviel Irish Folk, während wir das
Radio hin und her bewegten, hierhin und dorthin stellten,
weil es nämlich eine eingebaute Antenne besaß oder gar
selbst die Antenne war, während wir selbst wohl die Wellen

ablenkten, denn in unserer Nähe wollte der Apparat nicht spielen, während wir also auf diese Weise während der Fahrt wunderbar beschäftigt waren, kamen wir über Headford, Cong und Conbur zum Lough Corrib. Wir fuhren aber weiter und gelangten nach einigem Umherirren, denn wir wollten unbedingt ans Wasser, auf schmalen Feldwegen zum Lough Mask.

Ein schmales Wiesenstück, rechts und links durch Büsche abgegrenzt, bot uns einen akzeptablen Standplatz. Am Ufer lagen einige Kunststoffruderboote, natürlich ohne Ruder. Kühe grasten neben den Autos, zogen weiter, ohne sich um uns zu kümmern. Das gegenüberliegende Seeufer war über der silberfarbenen Wasserfläche zu sehen, dahinter zog sich ein langgestreckter blaugrauer Bergrücken hin. Der Himmel war dicht und grau, wir waren froh, wenn dieses Wasser oben blieb.

Am nächsten Tag entwickelte sich ein reges Seeleben. Eigentlich bezieht sich diese Behauptung nur auf Rainer und mich, was die beiden Frauen gemacht haben, ist mir nicht mehr so recht in Erinnerung. Die beiden Angeln wurden nach bewährter Manier in den feuchten Boden am Seerand gestemmt, nachdem ich mit dem kleinen Einmachglas in der einen und mit dem Klappspaten in der anderen Hand flache Steine am Seeufer angehoben hatte, um nach Regenwürmern Ausschau zu halten. Das Aufspießen der lebenden Würmer auf die mit scharfen Widerhaken versehenen Angelhaken ist wirklich keine angenehme Sache. Wenn die Würmer zu lang sind, müssen sie vor dem Aufspießen geteilt werden. Man kann sie einfach durchreißen oder – etwas eleganter – mit dem Taschenmesser durchschneiden.

Sobald wir das Fischefangen wie gehabt dem Schicksal überlassen hatten, stachen wir mit dem Schlauchboot in See.

Mit der Harmonie haperte es, und bevor wir in Fahrt kamen, krachten die Paddel mehrmals aneinander. Auf einem Foto sieht es so aus, als hätten wir versucht, mit den Paddeln eine Art Propellerdrehung zu erzeugen, um auf Flugzeugart vorwärts zu kommen. Dass Barbara den Auslöser mit Genuss betätigt hatte, wurde uns später klar. Nach einiger Zeit besserte sich unser Rhythmus, wir gelangten ans andere Ufer, besuchten eine Ferienhaussiedlung und kehrten nach zwei Stunden erschöpft zurück.

Rainer inspizierte sofort die Angeln. Nichts.

Nach einem sonnigen Frühstück am anderen Morgen vor den Bussen – unser Tisch ließ sich auch draußen aufstellen, an allen offenen Bustüren hingen Kleidungsstücke zum Trocknen, Gummistiefel standen herum – gondelten wir auf schmalen Straßen, auf denen es egal war, ob man links oder rechts fuhr, weil es nur eine Fahrspur gab, langsam durch die Bergwelt von Connemara. Hinter Leenaen machten Schilder auf das besondere Ereignis der berühmten Ashleigh Falls aufmerksam. Nur zweieinhalb Meilen. Das klang nah, wir irrten bei der Entfernung von über fünf Kilometern genau so, wie man sich heute manchmal mit dem Euro verrechnet, weil man noch alte Wertigkeiten im Kopf hat. Außer uns waren auch andere Touristen auf dem Weg zu den Wasserfällen, ein kleiner Parkplatz empfing uns, auf dem schon mehrere Autos standen. Erwartungsvoll stiegen wir aus und folgten den Hinweisschildern. Die Niagarafälle waren nichts dagegen. Mutig stürzte sich ein Bach über eine fast drei Meter hohe Felskante in die schäumende Tiefe. Andächtig bestaunten wir das Naturereignis, auch die anderen Besucher waren still. Wahrscheinlich vor Enttäuschung. Oder weil sie Ehrfurcht auch vor kleineren Phänomenen besaßen. An diese Art irischen Humors musste man sich gewöhnen.

Weiter über Delphi (lag das nicht in einem anderen Land?) nach Louisburg. Bei Killadoon bogen wir ab zum Meer. Nachdem wir mehrere Loughs besucht hatten, an deren Wasser oft schwerlich heranzukommen war, wollten wir nun endlich den Atlantik sehen. Während des Frühstücks war das besprochen und einhellig beschlossen worden. Bei Killadoon also an die Küste. Es wurde einsam, die Wege verloren sich, unsere Fahrspur führte an einen mit Kieselsteinen übersäten Strand. Die Steine knirschten und ächzten unter den acht Reifen, die tiefe Spuren hinterließen. Etwaige Verfolger hätten uns gut gefunden. Wir bauten unsere Wagenburg in den flachen Dünen auf, ein Bus stand quer zum Wasser, der andere im rechten Winkel dazu, mit seiner Breitseite gegen den Westwind. Unsere Blicke fielen zur Landseite auf einen für irische Verhältnisse hohen Berg, auf den berühmtesten, den achthundert Meter hohen Croagh Patrick, auf dem der Namensgeber fast vierzig Tag lang einsam gefastet haben soll, was bis heute die Iren einmal im Jahr scharenweise barfuß auf seinen Gipfel treibt. Vor dem Berg dehnten sich Wiesen und Weiden aus, umfriedet von den üblichen niedrigen Mauern, deren Steine ohne Mörtel raffiniert aufeinander geschichtet sind. Oft hatte Gestrüpp die Steine überwachsen und gab ihnen zusätzlichen Halt. Niemand außer den Singvögeln, die morgens reichlich Krach machten, störte uns. Zum Einkaufen mussten wir mit den Rädern nach Louisburg, das waren zehn Meilen hin und zurück, ungefähr achtzehn Kilometer. Es gelang uns, ausgezeichnete Rindersteaks zu erstehen, die wir auf dem Rost eines selbst gebauten Steinofens brieten. Holz sammelten wir am Strand, angereichert wurde das Feuer durch einige Stücke Torf, die wir unterwegs aufgesammelt hatten. Dort, wo Torf gestochen wurde, waren die ziegelsteingroßen Stücke zu größeren, länglichen Haufen am Straßenrand aufgeschichtet, wo sie von Lastwagen abgeholt werden konnten. Wenn der Torf frisch ist, glänzt er dunkelbraunschwarz, hat glatte Oberflächen. Später wird er heller, die Flächen fransen aus, kleine Stücke bröseln ab. Brennen wollte der Torf zunächst nicht, doch dann wurden die Stücke schneller zu Asche, als wir gedacht hatten.

Wir fühlten uns souverän, unabhängig, dem Ursprünglichen nahe. Die Rotweinflasche dachten wir uns einmal weg, aber es ist ja nicht nur der Rotwein, der uns abhängig macht von anderen Menschen. Es ist die Spezialisierung, die die Menschheitsgeschichte seit den Zeiten der Jäger und Sammler und seit den Zeiten, als die Menschen sesshaft wurden, bewegt und beherrscht. Nomadenvölker der Steinzeit wanderten von einer Gegend in die andere, wenn die Pflanzen abgeerntet und eine bestimmte Menge an Tieren gejagt worden waren. So konnte sich die Natur erholen. Nach fünf bis sieben Jahren kamen die Gruppen oder Stämme jeweils wieder in dieselbe Gegend. Gesammelt wurde übrigens vorwiegend am Vormittag, gemeinsam von Männern und Frauen, man ernährte sich von Pflanzen, so lange sie vorhanden waren. Nur wenn diese Ressource nicht ausreichte, gingen die Männer auf die Jagd. Wobei sie sich raffinierte Fallen ausdachten, aus Angst vor dem tierischen Gegner, dem sie oft nur zu mehreren gewachsen waren. Am Nachmittag pflegten sie die Geselligkeit gemeinsam mit den Kindern. Der Abend war häufig der Kunst und der Kultur vorbehalten. Und Feste mit Tanz und Musik gab es ebenso wie sportliche Wettkämpfe, was im empfehlenswerten Neandertalmuseum bei Düsseldorf bestens dargestellt ist, und auch das nächtelange dumpfe Trommeln, um einen Gegner in Angst und Schrecken zu versetzen. Alles musste lange Zeit geübt, alle Weisheiten und Fertigkeiten wurden mündlich an die Jugend weitergegeben, um überleben zu können. Eine Sitte, die noch bei den Kelten durch die Druiden wach gehalten wurde, bis die römische Kultur, die bereits eine von den Griechen übernommene schriftliche war, diese Kultur aufsog.

Es waren unseren Vorfahren, ohne die unser Fortschritt, der leider häufig nur als technischer verstanden wird, nicht denkbar ist; bis zur Steinzeit hat die Entwicklung des menschlichen Gehirns 98 Prozent der Zeit seit Entstehung des Menschen gebraucht, von da an bis heute bleibt ein Rest von zwei Prozent für die Weiterentwicklung. Haben wir es wirklich weit gebracht, wenn Militärs damit drohen, uns in die Steinzeit zurückbomben zu wollen? Oder wenn die Über-lebenden nach einem möglichen weltweiten Atomkrieg sich vielleicht wünschen, lieber in der Steinzeit, der echten, gelebt zu haben?

Nachdem ich 1987 in Dänemark im Völkerkundemuseum von Silkeborg eine Sicherheitsnadel aus Fischbein entdeckt hatte, die von einem Steinzeitvolk stammte, das auf der damals trockenen Fläche der Nordsee wohnte (Fischer ziehen Artefakte dieser Völker auch heute noch aus dem Wasser), waren meine Zweifel an der Steinzeit ziemlich beseitigt. Diese Sicherheitsnadel, die in der Neuzeit wieder entdeckt werden musste, entsprach der unsrigen völlig, lediglich das Material war ein anderes. Auch die Menschen des elften oder zwölften Jahrhunderts, zum Beispiel die Wikinger, wie das Museum in Haithabu bei Schleswig zeigt, hatten in ihren Stadtsiedlungen alles, was man braucht, von eleganter Kleidung und schnellen Booten, auch großen Last- und Handelsschiffen, bis hin zur Kunstwerken und medizinischem Wissen. Allerdings hatten sie auch Waffen und Kriegsschiffe und gingen damit auf Beutezüge. Insoweit unterschieden sie sich ebenfalls nicht vom heutigen Menschen.

«So wie die Menschen des 19. Jahrhunderts dieselbe biologische Ausstattung hatten wie wir, aber eine Welt ohne Elektronik bewohnten, so waren die Dorfbewohner vor siebentausend Jahren wie wir, nur dass ihnen die Infrastruktur der Zivilisation gefehlt hat», schreibt der Paläanthropologe Richard Leaky, Direktor des Nationalmuseums von Kenia. Vor rund 35.000 Jahren begannen Menschen in Europa, Werkzeuge in vollendeten Formen herzustellen, die aus fein behauenen Steinabschlägen gearbeitet waren. Über einhundert Gerätschaften gab es, mit denen Kleidung hergestellt wurde, Stein oder Knochen geritzt und Plastiken bearbeitet werden konnten. Auch wurden Waffen und Werkzeuge künstlerisch bearbeitet. Perlen und Anhänger entstanden als Schmuck – und die Höhlenmalereien, als Nachrichten aus einer geistigen Welt, sagt Leaky, in der wir die unsrige wiedererkennen. Innovation begann das Wesen der Kultur zu bestimmen, und dieser Wandel entwickelte sich innerhalb von Tausenden und nicht von Hunderttausenden von Jahren. Man nennt dies die jungpaläolithische Revolution. Dieses archäologische Signal zeigt an, dass hier der moderne menschliche Geist tätig war. Über die Megalithkulturen der Altsteinzeit gelangte die Menschheit zur innovativen Jungsteinzeit, der Übergang von der Steinbearbeitung zur Eisen- und Bronzezeit begann. Spuren von Schädeltrepanationen hat man weltweit gefunden. Nicht nur in Ägypten und in Südamerika, auch im Europa der neolithischen Zeit wurden solche Operationen durchgeführt, und manchmal hatten sie größere Erfolgschancen als bei der Chirurgie des frühen 19. Jahrhunderts. Die Erfolge in der Steinzeit erklären sich durch die Anwendung effektiver Antiseptika und Betäubungsmittel. Als ersteres verwendete man bestimmte Kräuter und Blätter, als zweites dienten Kokain, Mohnopium und Cannabis. Ähnlich verblüffend wie der Fund der steinzeitlichen Sicherheitsnadel ist die Entdeckung von konischen Löchern in Backenzähnen, insbesondere im Kiefer eines männlichen neolithischen Schädels, der von der Forscherin Pia Bennike an der Fundstätte von Galeriegräbern in Hulbjerg auf Langeland in Dänemark untersucht wurde. Die Erkenntnisse über die Entdecker, Ärzte und Künstler aus neolithischen Zeiten veranlassten den Arzt Dr. Thomas Wilson Parry (1866–1945), der sich mit diesen Phänomenen beschäftigte, zu folgendem Ausspruch:

«Ich denke, wir schulden allen waghalsigen Pionieren, in welchem Bereich auch immer sie sich hervorgetan haben, sehr viel... Also: Im Gedenken an jene kühnen Empiriker, die in der Morgendämmerung der Welt zu tun wagten und die die Ersten waren, welche die Grundlagen für unsere heutige Gehirnchirurgie legten, erhebe ich mein Glas in Bewunderung für ihren Mut und ihre Ausdauer zu einem schweigenden, aber ehrfurchtsvollen Toast.»

Die Steine am Strand von Killadoon hatten sicherlich nichts mit den Steinzeitmenschen zu tun, oder doch? Vielleicht waren sie älter. Ich sammelte einige besonders schöne Exemplare auf, um sie mit nach Hause zu nehmen und mich bei ihrem Anblick an Irland und die Steinzeitmenschen zu erinnern.

Über eintausend Jahre lang lebten in Europa die keltischen Völker, die unsere Neuzeit bis heute geprägt haben. Noch immer finden wir zwischen Irland, der Bretagne und der Donaumündung am Schwarzen Meer die Spuren der Menschen, die in der Musik und in unseren Sprachen fortleben, was am Namen der irischen Stadt Kinsale, die einmal Cionn Tsail hieß, erkennbar wird. Ob das so genannte Mittelalter, trotz Renaissance, Aufklärung und technischer Entwicklung, wirklich vorbei ist, möchte ich zu Zeiten des internationalen Terrorismus, zunehmender Kriege und in vielen Staaten angewandter Folter, wodurch hauptsächlich Unschuldige und Unbeteiligte getroffen werden, manchmal bezweifeln.

Bei unserem ersten Irlandaufenthalt im Jahr 1977 bewunderten wir Leute, die mit Planwagen und Pferd im Süden Irlands unterwegs waren. Obwohl sie manchmal vor Langeweile neben dem Wagen herliefen. Auch musste man, wie mir ein Bekannter, der die Sache ausprobiert hatte, die Pferde nicht leiten. Die kannten ihren Weg und vor allem die Rastplätze, wo das Futter bereit lag. Sie daran vorbeizuleiten hat noch kein Tourist geschafft. Es ist ungewohnt für heutige Urlauber, wenn nach drei oder vier Stunden der Berg zur rechten Seite immer noch zu sehen ist und fast genau so aussieht wie am Morgen. Oder wenn man am Abend lediglich jenseits der schmalen Bucht kampiert, die man mühsam umrundet hat, den Standplatz von gestern im Blick. Ich denke an Courthmasherry's Harberview, wo wir selbst mit dem Campingbus ein solches Erlebnis hatten, nach zwölf Stunden Fahrt scheinbar zum Greifen nah Courthmasherry gegenüber sehen konnten.

Weniger arbeiten, weniger verdienen, aber mehr Zeit haben. Langsamer reisen, weiter kommen. Auf diese

Kurzformel kann man die Gedanken bringen, die mich seit damals umtrieben. An diesem Abend im Jahr 1980, im irischen Regen Killadoons vor den zwei Campingbussen sitzend, war ich noch nicht sehr weit fortgeschritten mit meinen Überlegungen. Vage Ideen beschäftigten mich, an deren Umsetzung in die Praxis ich nicht zu denken wagte, denn das schien unmöglich. Aber waren nicht solche Wünsche, die zu praktizieren man sich nicht vorstellen konnte, in Wirklichkeit ein Zeichen für Fortschritt und Modernität?

Vorerst waren wir mit anderen Dingen beschäftigt. Wir befestigten an einem der Busse das offene Zeltvordach, um uns vor dem Regen zu schützen. Versuchten dann, uns zusammen mit dem Grill unter das Dach zu quetschen. Die Dunkelheit senkte sich auf Wasser und Strand, die Berge verschwammen im Grau, verschwanden dann ganz, leise plätscherte das Meer an der Wasserlinie, viel lauter machte sich der Schnürlregen, der auf das Zeltdach trommelte, bemerkbar. Wir hatten Glück, es war nicht kalt und der Wind blieb erträglich. Lediglich die Pullover mussten wir uns im Laufe des Abends überziehen. Und dickere Socken. Und endlich hatte der Grill es geschafft, die Steaks nach Wunsch zu braten, die wir mit verschiedenen frischen Gemüsen zusammen verzehrten. Das krümelige, weiche irische Brot konnte dabei ein krosses Baguette nicht ersetzen.

Ab und zu hoben wir das Zeltdach an, um große Pfützen Wassers abzuschütten. Leider wurden wir dabei nasser als uns lieb war. Trotzdem hielten wir lange aus, es war, wie ich zugeben muss, doch mehr als nur eine Flasche Rotwein im Spiel. Am steinigen Strand bei Killadoon, wo wir uns über die Zeit stritten, die physikalisch gesehen für alle gleich schnell abläuft, sich aber doch häufig sehr unterschiedlich auszudehnen scheint, abgesehen von Einsteins Relativitätstheorie mit der Raumzeitkrümmung, die wir lieber ausklammerten. Die Zeit unterwegs verging schnell. Urlaub zu machen ist das legitime Anliegen aller Arbeitnehmer, und nur durch ständigen Kampf wurde es, wenigstens in Europa, geschafft, von drei Tagen Urlaub am Anfang des 20. Jahrhunderts auf vier bis sechs Wochen Urlaub im Jahr, je nach Altersstufe, zu kommen. Weltweit ist das allerdings noch längst nicht so. Als aktives Gewerkschaftsmitglied hatte ich mich für mehr Jahresurlaub anstelle einer Gehaltserhöhung eingesetzt. Damit aber für mich überraschend den Zorn etlicher Kollegen herausgefordert. Sie wollten lieber mehr Geld als Zeit. Wenn sie mehr Urlaub hätten, sagten sie, bräuchten sie ja noch mehr Geld. Sie verstanden mich nicht. Jetzt machten wir hier zu viert Urlaub – es war keine Reise in meinem Sinn, bei der viel mehr Zeit zur Verfügung hätte stehen sollen, und es nicht so wichtig gewesen wäre, wo und wann man ankam. Immerhin ließen wir es darauf ankommen, wohin wir gelangten und wann wir von dort wieder fortkamen. Zu viert waren wir unterwegs, ein Zöllner, ein Architekt, eine Werbegrafikerin und eine Grundschullehrerin, alle mit verschiedenen, aber begrenzten Urlaubskontingenten versehen. Wobei wir anderen uns nach den Ferien der Lehrerin richten mussten. Aber nicht so viel Zeit zur Verfügung hatten wie sie.

Eines Morgens besuchten uns spielende und kalbernde Rinder, die manchmal so nahe herankamen, dass sie uns lästig wurden. Die Marmeladenbrote wollten wir uns nicht besabbern lassen. Ich versuchte Erinnerungen an einen Ferienaufenthalt als Zwölfjähriger auf dem Bauernhof eines Onkels zu aktivieren. Der hatte meinen gleichaltrigen Vetter und mich eines Tage beauftragt, eine Rinderherde zur fünf

Kilometer entfernt liegenden Weide zu treiben. Die älteren Kühe trotteten friedlich die Wege entlang, die sie schon kannten. Die jungen Rinder aber tobten überall herum, ließen keine Seitenstraße und keinen Vorgarten aus. Wir Jungen hatten jeder einen kräftigen Knüppel, den wir zunächst zaghaft, dann mutiger anwendeten, außerdem lernten wir, präsent zu sein, Platz einzunehmen und auf die Tiere zuzugehen. Nur dann reagierten sie so, wie wir wollten. So musste ich am Strand von Killadoon einmal mehr zum Klappspaten greifen, ich hielt ihn umgekehrt und drohte den neugierigen Viechern, sie mit dem Griff zu knüppeln. Gleichzeitig brüllten wir gemeinsam ,Go, go, go away!'. Ob die irischen Rinder nun unser Englisch verstanden oder meine Drohgebärden ernst nahmen, konnte nicht geklärt werden. Sie zogen ab. Sichtlich von uns enttäuscht.

Später starteten wir zu einer längeren Radtour. Rainer hatte in den letzten Tagen an seinem Rad weiter gepinselt. Er strich alles an, da blieb keine Erinnerung an Stahl oder Chrom; die Speichen, die Lampe, der Dynamo mussten daran glauben. Auf die Frage, ob er vielleicht auch die Reifen... Weißwandreifen, nicht wahr, wie bei edlen Autos?, reagierte er nicht. Die Farbe war von seinen gestrigen Bemühungen noch nicht ganz trocken, aber «den Rest erledigt der Fahrtwind» behauptete der Anstreicher. Wir erreichten eine andere, große Sandbucht, von der aus der Blick auf den friedlichen, graugrünen Atlantik nicht viel anders war als bei unserem Standplatz. Also zurück, mit viel Erzählen und einigen Umwegen. Zum Abendessen machten wir uns landfein, denn wir hatten zwischen Killadoon und Louisburg ein Hotel mit Restaurant entdeckt. Es lag auf einer Anhöhe einsam in der Landschaft. Wir mussten deshalb noch einmal für über fünf Kilometer in die Sättel. Zögerlich betraten wir das

Haus, waren nicht sicher, ob es überhaupt etwas zu essen gab. Andere Gäste sahen wir nicht. Eine elegant gekleidete Dame managte den Empfang, leitete uns, die wir sofort den Gastraum ansteuern wollten, mit sanftem Druck zur anderen Seite in die Lounge, erweckte bei uns den Eindruck, dass wir vielleicht noch so gerade eben den letzten Tisch ergattern könnten oder zumindest so lange warten müssten, bis andere mit dem Essen fertig waren. In der Lounge wurden wir zum Sitzen in bequemen, alten Ledersesseln genötigt. Die Dame verschwand, kam nach einiger Zeit zurück und erkundigte sich nach unseren Aperitifwünschen. Frankreichgeübt überraschte uns das hier, wir ließen uns aber nichts anmerken, bestellten Martinis und Camparis. *To lounge* heißt übrigens schlendern, faulenzen, herumlungern. Meist stehen in der Lounge dicke Clubsessel. Die Gäste sollen sich wohlfühlen.

«Jetzt könnte ich einen Lounge Lizard gebrauchen», warf Ilse in die Runde.

Fragende Gesichter.

Rainer, der Mann mit dem umfassenden Allgemeinwissen, Trivial Pursuit erprobt, rettete die sprachliche Situation.

«Einen Salonlöwen!»

«Ja», jubelte Ilse, «oder einen Tango-Bubi!»

Und schon begann sie das Lied vom Tangojüngling zu summen: «Schau doch nicht immer zu dem Tangogeiger hin, was ist schon dran an Argentinien...»

Barbara und ich blickten uns stumm an, schüttelten sachte die Köpfe. Während wir noch an den Gläsern nippten und über irische Gepflogenheiten nachdachten, erschien die Dame erneut und brachte die Speisekarten. Unsere Stimmung stieg, obwohl das Angebot nicht sehr umfangreich war, irgendwie hatten alle Gerichte mit Geflügel zu tun. Also chicken, mit Abweichung für alle, sparsames Gemüse und Kartoffeln (keine Chips!) dazu, und Rotwein, der sehr teuer war. Die Dame verschwand mitsamt Speisekarten und unseren Wünschen. Nach einiger Zeit tauchte ein junges Mädchen in Kellnerinnenkleidung auf und bat uns, ihr zu folgen. Im Gänsemarsch zockelten wir hinter ihr her durch das Foyer zur anderen Seite des Hauses in den Speisesaal. Erwarteten einen überfüllten Raum mit einem kleinen Tisch in der Ecke, für uns, der letzte freie, der Katzentisch.

Der Raum war leer. Wir waren und blieben die einzigen Gäste, bekamen einen großen Tisch zugewiesen. Warum diesen und keinen anderen, blieb dem unerforschlichen Ratschluss der vom heiligen St. Patrick beseelten Hotelleitung überlassen. Das Essen war gut. Der Wein ebenfalls.

Auf dem Rückweg versuchten wir, die Beleuchtungen an den Rädern in Gang zu bringen. Es gelang nur teilweise. War aber nicht so wichtig, denn die Straße zeigte sich so leer wie das Restaurant.

Am Teufelsloch

Wir trennten uns für einige Tage von Barbara und Rainer und ließen die beiden bei Killadoon zurück. Uns trieb es nach Norden, nach Donegal. Treffen wollten wir uns vier Tage später in Dunfanaghy. Unsere Fahrt ging über Westport und Sligo. Wir übernachteten am Lake Eske auf einer Anhöhe mit weitem Blick über das Wasser. In der Nähe arbeiteten einige Leute auf einem Feld, nahmen uns aber nicht wahr. Sonst war es einsam.

Einkauf, Geldumtausch und die Post absolvierten wir am nächsten Tag in Ballyboffey. Dann besuchten wir das Ringfort Grianán of Aieleach (Ailigh). Dieses Fort soll im fünften Jahrhundert vor unserer Zeitrechnung einen Tempel beherbergt haben, auch vorher schon Kultstätte gewesen sein. Zur Zeit des heiligen Patrick wurde die Anlage christianisiert und im zwölften Jahrhundert von der Armee Murtagh O'Briens, des Königs von Munster, zerstört. Im Jahr 1870 erfolgte eine Renovierung. Zwei Eingänge führen durch vier Meter dicke Mauern ins Innere, drei Terrassen umgeben die Ringanlage mit ihrem Durchmesser von über zwanzig Metern. Wir quälten das Auto drei Kilometer lang im ersten Gang hinauf, wurden dann durch die überwältigende Rundsicht über die Landschaft und die Loughs Swilly und Foyle entschädigt.

Wieder unten nutzten wir eine schmale Küstenstraße, auf der das Autofahren Spaß machte, nach Moville. Der kleine Hafen lag herzallerliebst in der Sonne. Trotzdem trieb es uns, man hätte auch auf der Kaimauer sitzen können, in die Anchor Tavern, deren Fassade ebenfalls sehr lieblich aussah. Innen sanken wir in dunkle Lederpolster, anwesend waren außer dem Wirt nur die unvermeidlichen Thekenhänger. Ich holte zwei vorzüglich gezapfte dunkle stouts und platzierte sie auf dem niedrigen Tisch vor uns. Ein beruhigender Anblick, der nicht lange anhielt, denn beherzt griffen wir zu. Ich holte übrigens gern das Bier von der Theke, denn es war Sitte, ein wenig von den vollgezapften Gläsern abzuschlürfen, um sie besser transportieren zu können. Einige Sonnenstrahlen stahlen sich in den Raum, ließen aufgewirbelte Staubpartikel sichtbar werden. Leise Folkmusic ertönte im Hintergrund. Alle Anspannung verließ uns, die Beine wurden schwer, wir schwiegen. Irish at its best? Kaum konnten wir uns dem Bann der Anchor Tavern entziehen. Der Wirt tat betrübt. Ob es uns nicht geschmeckt habe? Oh, sorry, doch, doch, indeed.

Über eine äußerst schmale Straße – als uns ein Linienbus entgegenkam, wurde es schwierig – gelangten wir über Malin zum Malin Head, der Nordspitze der Republik Irland. Die letzten zwei Kilometer schlichen wir über einen Geröllpfad. Dann empfing uns Einsamkeit. Und das Meer ringsum. Die in der Ankertaverne erlangte Zufriedenheit schien noch eine Steigerung zu erfahren. Ob es an den bis hierher zurückgelegten über zweitausend Landkilometern lag? An der Wirkung des Guinness? An den Eindrücken der Landschaft, an den nur noch natürlichen Geräuschen, nachdem wir den Motor ausgestellt hatten? Am Gefühl des Weitfortseins? Doch weit fort wovon? Und weit dahinter duckt sich eine andere, purpurne, geheimnisvolle Welt, sagt Flann O'Brien.

Es war bedeckt, aber windstill. Wir wanderten zu einer Felsformation, die eine tiefe Bucht umschloss, zu der die Iren Hell's Hole sagten. Wir befanden uns fast so hoch wie bei den Cliffs of Moher, der Blick nach unten ließ uns schwindeln. Auf dem Wasser erkannten wir zwei offene Fischerboote, die Männer legten Langustenfallen aus. Irgendwann entdeckten sie uns oben an der Felskante. Sie riefen etwas, das wir nicht verstanden. Dann winkten sie, wir sollten herunterkommen. Oh, Mann. Wir schrieen wahllos Worte zurück, die sie ebenfalls nicht hören konnten. Wir fotografierten die Boote, doch Ilse meinte, wir würden später sicher sehr wenig davon auf den Abzügen erkennen.

Nach der Rückkehr zum Fahrzeug picknickten wir. Die Sonne kam heraus. Wolkenschwaden schoben sich in der Ferne die Berge hinauf.

«Was liegt nun noch im Norden?» fragte Ilse.

«Ganz einfach: Island. Noch ein Stück weg. Ab es klingt so ähnlich wie Irland.»

«Immerhin haben sie dort heiße Quellen», sagte Ilse.

«Ja, dann nichts wie hin».

«Wie denn?»

«Mit dem Schiff natürlich, oder willst du fliegen?»

«Nein, nein, nicht mit dem Flugzeug.»

«Ja also.»

«Aber mit dem Schiff auch nicht.»

Ich seufzte.

Weiterfahrt über Clonmany zur Tullah Bay und zum Tullah Point. Eine drei Kilometer breite halbmondförmige Sandstrandbucht tat sich vor uns auf und verlockte uns zu einem langen Spaziergang. Kinder badeten im Meer. Wir bekamen allein von diesem Anblick eine Gänsehaut. Nach dem Abendessen im Bus trank Ilse ein Cream Soda. Pfui Teufel. Da braute ich lieber einen starken Tee. Unser Biervorrat war nämlich zur Neige gegangen.

Am nächsten Tag wollten wir Barbara und Rainer wieder treffen. Wir fuhren über den Gap of Marmore nach Buncrana.

Dann über Letterkenny nach Dunfanaghy, Ortsnamen, die wir nicht wieder vergaßen, die wir während der Fahrt und auch Jahre später noch manchmal laut sagten, genüsslich auf der Zunge zergehen ließen. Letterkenny, Buncrana, Killadoon...

Dunfanaghy. Eigentlich hätte ich gern das Zelt aufgebaut, die Temperatur war mild, es regnete nicht. Doch der Wind war zu stark. So hockten wir lieber im Bus. Es gab Eierpfannkuchen. Da wir im Ort noch keinen Standplatz zum Übernachten gefunden hatten, suchten wir auf der Karte nach einer einsamen Stelle. Das Horn Head bot sich an. Sechs Kilometer entfernt, siebenhundert Fuß hoch. Wir zockelten die Serpentinenstraße aufwärts und landeten vor der Felskante auf einem Wendehammer. Zwei Wagen parkten dort. Also war die Stelle nicht so einsam, wie wir angenommen hatten. Doch die anderen verschwanden bald. Später konnten wir uns erklären, warum. Es wurde dunkel, finster. Der Wind nahm zu, anstatt wie häufig bei beginnender Dunkelheit abzuflauen. Der Bus begann kräftig zu schaukeln. Ich setzte ihn noch einmal um und quetschte uns so nah wie möglich an die Felswand. Der Abgrund lauerte in weniger als drei Metern Entfernung.

«Und wenn das Auto umfällt?» fragte Ilse.

«Das fällt nicht um.»

«Aber wenn doch...»

«Das kann nicht umfallen.»

«Aber warum denn nicht?»

Ich tat so, als schliefe ich bereits.

Das Fragen hörte auf.

Wir schliefen beide nicht.

Es stürmte. Der Regen prasselte auf das Dach, der Wind pfiff durch die Speichen unserer Fahrräder, die flach auf dem

Dachgepäckträger lagen. Manchmal entstanden Töne, fast Lieder. Eins der Vorderräder begann sich zu drehen.

Irgendwann waren wir wohl doch eingeschlafen, wachten aber ziemlich früh auf. Ich schob die Gardinen zur Seite, es hatte aufgeklart. Nach dem Frühstück mit heißem Pulverkaffee aus unseren Emailletassen fühlten wir uns stark genug für eine Wanderung zur Spitze des Horn Head. Die Felsnasen waren mit Heide bewachsen, Wege gab es nicht. Die Heide blühte rötlich. Irland war nicht nur grün.

Der Rattenfänger von Inisheer

Heute war ein anderer Tag. Es herrschte Sonnenschein, draußen wie drinnen, als sei nichts gewesen. Kein Regen und kein Fischetöten, das man mir überlassen hätte. Heute war ein anderer Tag. Rainer und ich schnürten das zweisitzige Schlauchboot auf, betätigten die Fußpumpe, acht Kammern waren mit Luft zu versorgen, das gelbe Ding streckte sich, wir steckten die Paddel ineinander und stachen in Fluss. Der Barrow River nahm es gelassen. Flussabwärts war Paddeln kein Problem, der Rückweg ging in die Arme. Zu zweit müsse man miteinander harmonieren, erklärten uns Barbara und Ilse später. Wir blickten uns erstaunt an.

Weiter zum Lough Derg über Kilkenny. So heißt das helle Bier der Guinness-Brauerei, das inzwischen auch in Deutschland verkauft wird. Rainer und Barbara besichtigten das Schloss, Ilse und ich genossen den Park. Dann kamen wir an der berühmten Cashel-Burg mit Kirchenruine vorbei. Es gelang mir, die anderen zu überreden, nur Fotos zu machen. Also keine Besichtigung. Manchmal bin ich in solchen Fällen querköpfig, ist das irisch-keltisch? Oder bin ich ein Kulturbanause? Ich würde viel lieber profane Bauten der Bevölkerung aus alten Zeiten besichtigen, aber die gibt es kaum mehr; Geld zur Erhaltung der Bausubstanz hatten meist nur die Adeligen und der Klerus, häufig mit Hilfe des Staates. Auch heute noch ist es viel schwieriger, Profanbauten vor dem Abriss zu retten als Kirchen. Mein ehemaliger Lieblingsfeind, Bischof Dyba von Fulda, sein Gott hab' ihn selig, hat es zu seinen Lebzeiten geschafft, einundzwanzig Millionen Deutschmark für die Renovierung des dortigen Domes locker zu machen, drei Millionen kirchliches Geld und achtzehn Millionen aus dem allgemeinen Steuersäckel. Es nützt also nichts, wegen des Geldes aus der Kirche auszutreten. Da hilft nur einzutreten, ich meine in die Gebäude, um ihre architektonische Ästhetik zu bewundern. Einmal wollte ich das beim Kölner Dom tun, doch nahmen mich bereits im Eingangsbereich zwei Mönche mit Bettlerschalen und Hilfe heischendem Blick in die Zange. Da ergriff ich die Flucht.

Eingezäunte Privatgrundstücke mit Ferienhäusern und Bauernhöfen hinderten uns, an den Lough Derg heran zu kommen. Zum Übernachten fuhren wir einen Berg hoch, durch enge, mit Hecken bewachsene Straßen. Die Zweige schlugen gegen die Windschutzscheibe und ratschten am Blech entlang. Wir landeten in einem aufgegebenen Schiefersteinbruch.

Freitag, der erste August. Wir hatten gut und lange geschlafen. Es ging weiter über Ballina und Killaloe, bitte langsam nachsprechen: Kil-la-loe; dann über Tulla und Ennis. Wir fuhren weit auseinander gezogen, die anderen waren nicht zu sehen. Vor Ennis gabelten Ilse und ich zwei Anhalterinnen mit einem Baby auf, die mitten auf der Straße gingen. So mussten sie sich nicht ständig umdrehen und konnten sicher sein, dass die Autos anhielten. Wir erfuhren auf den nächsten fünf Kilometern, dass in der Stadt ein Folkfest stattfinden würde, der Vater des Babys sich rar machte und der neue Bürgermeister ein Konservativer war, den die jungen Frauen nicht mochten.

Dann der Burren, der boireann, das weiße Felsland mit seinen Löchern und Ausbuchtungen, mit den quaderartigen Steinen, deren Ränder und Risse einen übermenschlichen Steinbildhauer vermuten ließen, eine der eigenwilligsten Landschaften Irlands und Europas. Wir standen auf einer Anhöhe mit Weitsicht über die Landschaft mit ihren zerklüfteten Kalksteinplateaus. Oliver Cromwell, die englische Geißel Irlands und Schottlands, soll über den Burren gesagt haben, es sei ein wildes Land, das weder genügend Wasser habe, um einen Mann zu ersäufen, noch einen Baum, um ihn zu hängen. Natürlich hat ein Feldherr und Diktator wenig Sinn für Fauna und Flora eines Landes, in dem er nicht nur die Menschen zerstören lässt. Doch kann man an ihren Aussprüchen die geistige Bandbreite solcher Herren gut erkennen. Im Burren wächst eine Reihe mediterraner und alpiner Pflanzen, die anderswo rar sind. Im Sommer herrscht eine verblüffende Blütenvielfalt, die mit den bunten Jacken der Touristen wetteifert. Der violette Storchschnabel, das Frauenhaarfarn und die gelben Sonnröschen halten fast jede Felsspalte besetzt. Der gelbweiße Gebirgsnelkwurz widerspricht seinem Namen und wächst bereits auf Meereshöhe, denn der Burren zieht sich bis dorthin, die flachen weißen Felsquader verschwinden im Wasser. Da wir uns im August in dieser Gegend befanden, entgingen uns die aus Island heranfliegenden Singschwäne, die dort überwintern. Auch den rötlichbraunen irischen Hasen entdeckten wir nicht; wahrscheinlich waren wir zu blöd, ihn zu erkennen, und er hatte leichtes Spiel, uns zum Narren zu halten. Die grauschwarze Nebelkrähe war nicht zu übersehen und zu überhören. Ihr Quork, Quork begleitete uns im ganzen Land.

Rainer war erst nach langer Rangiererei und Unterfütterung zweier Räder mit der Position seines Busses zufrieden (wir anderen standen solange dumm herum und sagten «lass doch», aber er ließ nicht), danach gab es Lamm- und Schweinekoteletts vom Holzkohlengrill. Dazu ein Fläschchen stout.

«Well done!» meinte Ilse.

Wir saßen vor den Bussen und blickten genussvoll in die Runde.

Am nächsten Tag spazierten wir durch die Felslandschaft. Viele Mäuerchen waren zu überklettern. Der Wind fegte über die Höhen. Die Gegend wirkte sehr herb. Weiße, glatte, durchlöcherte Steine lockerten das Grün auf. Die Erosion durch Wind, Regen und Gletscher hat im Laufe von Jahrmillionen diese typischen Kalksteinplatten mit ihren tiefen Spalten geschliffen. Regenwasser durchdringt die Spalten und den porösen Stein und hat ein weitverzweigtes unterirdisches Höhlensystem entstehen lassen. Es heißt, dass sich bei langen Regenphasen große Seen bilden, die nach einer gewissen Zeit wieder verschwinden und manchen Angler zur Verzweiflung treiben würden. Erfreulicherweise konnte ich Rainer von diesen Gegebenheiten überzeugen, die Angeln blieben im Schapp.

Gegen Abend ließen wir die Wagen nach Doolin hinunterrollen, ins berühmte Doolin, wo der Flötenspieler der Dubliners herkommt, wo angeblich immer Irish Folk gespielt wird und wo... Ja, wo? Die berühmteste Kneipe des berühmten Ortes war überfüllt, eigentlich der ganze Ort. Wir kamen nirgendwo mehr hinein, auch wenn die Musik noch so sehr zog. Jetzt konnte uns nur noch Pete McCarthy helfen, ein Engländer irischer Abstammung, der nach Irland fuhr, um nach seinen Wurzeln zu suchen, und in allen Kneipen landete, die seinen Namen trugen. Es waren nicht wenige:

Durch halbgeöffnete Fenster sah ich elegant gekleidete junge Leute mit Lebensstil und unnötig teuren Armbanduhren; sie knabbern Oliven, nippen Wein und trinken exotische Biere. Türhüter mit brutalem Haarschnitt und schwarzen Bomberjacken stehen am Eingang, um offenbar jeden aufzuhalten, der tatsächlich ein bisschen schmuddelig aussieht. In der vorderen Bar der Kneipe, gleich um die Ecke, spielt eine junge Frau mit dem Gesicht einer Heiligen Geige, und ein eher verlebt aussehender jungen Mann begleitet sie auf der Gitarre. Vor ihnen hocken in Reihen französische, italienische und skandinavische Touristen und lauschen in andächtigem Schweigen. Irgendjemand nimmt die Session auf Band auf. Hinter ihnen stehen die Engländer, Amerikaner und Australier, die zwar zuhören, sich gelegentlich aber auch unterhalten, sehr zum Ärger eines griesgrämigen, lockigen Wikingers in Radlerhosen, der immer ‚pssst' ruft. Typisch Nordlicht. Weiter hinten, die volle Länge der Bar einnehmend, stehen die berufstätigen jungen Iren, die wie Speed-Freaks quasseln und keinen Pfifferling auf die Musik geben. In der Musikhälfte des Raumes sitzt für sich allein eine zerzauste rotgesichtige Frau um die Fünfzig. Sie trinkt Pils aus einem Halbliterglas und kichert und schwatzt auf nette Art vor sich hin. Zwischen den Songs stimmt sie selbst ein traditionelles Liedchen an, das ehedem von Dean Martin gesungen wurde. Die Geigerin lächelt und stimmt ihr Instrument, aber für den radfahrenden Wikinger, der nicht ins mystische Herzland des Keltentums gekommen ist, um ‚Li'l Ole Wine Drinker Me' zu hören, ist das Maß nun voll. ‚Pssst!' zischt er und verhilft diesem Geräusch im Vollbesitz skandinavischen Benimms zu einigem Nachdruck.

‚Ach, verpiss sich, blöder Touristenarsch', lautet die lakonische Antwort. Die Musiker grölen vor Lachen.

Ganz anders erging es Ilse und mir dreizehn Jahre später, als wir durchaus einen Platz in einer Kneipe fanden, nämlich bei McGann's, wo Musik gemacht wurde und wir sogar einen Musiker erkannten, der im Irland-Merian abgebildet war. Doch das war später, und auch der herrliche Bericht Pete Mc Carthys spielt bereits in einem moderneren Irland; jetzt, im Jahr 1980, fanden wir zwar keine weitere Kneipe mit McGann's Namen (auch keine McCarthy's), erhielten aber im ruhigen Nachbarort Roadford in einem kleinen, unscheinbaren Lokal, dessen Namen ich vergessen habe, ein köstliches Essen mit Seezunge und Makrele. Wir übernachteten in der Nähe zwischen Feldern, nachdem Rainer noch unbedingt mit seinem Vierzig-Liter-Kanister, an dem er sich fast verhob, wenn das Ding voll war, bei einem Bauern Wasser holen musste. Er kam eine Stunde lang nicht wieder, weil der ihm das ganze Haus gezeigt und die Probleme mit der Wasserleitung erläutert hatte.

Rainer und Barbara nahmen am anderen Tag ein Boot zu den Aran Islands, nach Inisheer, Ilse und ich fuhren zum Black Head, einer kahlen Felsnase, die breit in den Atlantik hineinragt und ihrem Name Ehre macht. Wir trieben uns den ganzen Nachmittag auf dem Schwarzen Kopf herum, lasen ein wenig, Ilse zeichnete, ich schrieb Tagebuch. Dann kamen die anderen zurück von Inisheer. Einsam war es dort gewesen, noch einsamer als sonst in diesem Land, warum treibt es die Menschen bloß auf Inseln? Und dann noch auf diese steinigen, auf denen es ursprünglich keine Erde gab. Erde, die geschaffen werden musste aus Blättern und Tierkot und Holzresten, auf Inseln, wo sie manchmal Schwierigkeiten haben, ihre Toten zu bestatten. Was mich prompt an eine Geschichte von Franjo Terhart, dem Irlandkenner, erinnerte, in der ein Pfarrer versucht, eine Beerdigung zu verzögern, bis das aus gewissen Gründen nicht mehr möglich ist. Das Problem ist eindeutig Platzmangel. Der Friedhof ist voll, seine Grenze stößt an die Felskante, die steil abfällt ins Meer. Was tun, wenn nur noch Seebestattungen helfen könnten, die aber von der Bevölkerung abgelehnt werden. Die Geschichte findet ein überraschendes Ende, ein anderes, als die Lösung auf den äußeren Hebriden. Dort werden Gräber wieder aufgebuddelt und die alten Skelette bekommen Gesellschaft.

Auf einer solchen Insel, auf Inisheer, waren unsere beiden Freunde gewesen, und meinten, ein Nachmittag habe ihnen gereicht. Und es sei genügend und beeindruckend einsam und trostlos gewesen, sehr irisch, es habe wirklich gereicht, und die Sache mit dem Boot hätte nicht mehr sein müssen. Auf der Rückfahrt begann das offene Boot mehr als üblich Wasser zu ziehen, der Außenborder hatte zu kämpfen. Die zehn Passagiere bekamen nasse Füße und Angst. Doch unbeirrt begann ein alter Mann, der seine Fiddle bei sich trug, zu spielen. Und so schipperten sie mit klopfendem Herzen und sinkendem Boot dem Festland entgegen, jigs und reels in den Ohren und Wasser in den Schuhen. Gut, dass die See ruhig blieb. Sie zogen Schuhe und Socken aus, krempelten die Hosenbeine hoch. Immer wieder warfen sie einen sehnsüchtigen Blick zum Festland. War es schon näher gekommen? Der Motor stotterte, das Wasser stieg. Ein ganzes Stück vor dem Hafen von Doolin war Schluss. Das Boot setzte auf. Der Ire geigte, hatte seine Umwelt völlig vergessen. Und er spielte weiter, während er ausstieg und ihnen voran stapfte wie der Rattenfänger von Hameln. Und so waren sie alle, Schuhe und Strümpfe in der Hand, die Hosenbeine hochgekrempelt, zu den kratzigen, tröstlichen Tönen der Musik durch das Wasser gewatet. Und der Geiger hatte so lange gespielt, bis alle heil an Land gestiegen waren.

Wir kochten, hauptsächlich für die beiden Überlebenden, einen großen Topf mit Pellkartoffeln. Dazu gab es gekochte Eier, Tomaten, Schinken und was sonst noch die Fächer und Schubladen in den Miniküchen zu bieten hatten.

Loblied auf die Pellkartoffel

Du wächst unsichtbar unterirdisch
und wenn man Dich kauft
hast Du noch würzige Erde an Dir
Unbarmherzig kochen wir Dich
in heißem Wasser
und bevor Du gar bist
pieken wir Dich mit der Gabel
Erst die richtige Weichheit
gibt Dir die köstliche Reife
und dann wird Dir vorsichtig
die Pelle über die Augen gezogen

Dampfend liegst Du auf dem Teller
verheißungsvoll
bestreut mit Salz dazu Butter
die auf Dir zerfließt
und ein hartgekochtes Ei geviertelt
kleine Gurken vielleicht
und natürlich gekochter Schinken
Gepfefferte Tomaten
runden den Freundeskreis ab

Beflügelt vom herben Rotwein
aus dem Süden
wird aus der Mischung
von Sonne und Nachtschattengewächs
das köstlichste Gedicht

Kartoffeln, das Lebenselixier der Iren und Westfalen. Obwohl Schwaben eher Teigwaren bevorzugen, war nun auch für die beiden Seefahrer die Welt wieder in Ordnung. Im Gegensatz zu den Problemen Irlands während der großen Hungersnot in der Mitte des neunzehnten Jahrhunderts. Liam O'Flaherty hat darüber sein berühmtes Buch Zornige grüne Insel geschrieben. 1845 begann für Irland ein Unglück, das vieles, was die Iren bisher zu ertragen gewöhnt waren, in den Schatten stellte. Durch die Kartoffelfäule wurde mehre Jahre hintereinander das Hauptnahrungsmittel des Landes verdorben. Insbesondere die ärmeren Bevölkerungsschichten traf es hart. Das Geld für die gepachteten Ackerstücke konnte nicht mehr bezahlt werden, wurde aber durch die irischen und englischen Eigentümer unbarmherzig eingetrieben. Viele Kleinbauern verloren ihr Hab und Gut, ihre Wohnung. Sie lebten in flüchtig ausgehobenen Gräben. Als das englische Parlament sich endlich zu Getreidelieferungen durchringen konnte, lief das Geschäft – wie im Kapitalismus üblich – über private Firmen und Händler. Die horteten das Korn in großen Getreidetürmen und warteten auf das Steigen der Preise, die von der Mehrheit der Bevölkerung nicht bezahlt werden konnten. Die Menschen starben reihenweise an Flecktyphus oder verhungerten einfach. Die Zahl der Auswanderer nahm immense Ausmaße an. Es gab Aufstände. Queen Victoria soll das alles sehr bedauert haben …

Am darauf folgenden Sonntag – es war der erste Sonntag im Mai – ereignete sich Außergewöhnliches. Während der Messe hielt Vater Roche eine scharfe Predigt und warnte die Leute, sich nicht von ‚Agitatoren und Umstürzlern' beeinflussen zu lassen. Er wies darauf hin, dass jede Gewalttätigkeit nichts als Unheil zur Folge haben würde und dass man verpflichtet wäre, ‚dem Kaiser zu geben, was des Kaisers sei'. Diese Predigt hatte eine Wirkung, die der beabsichtigten genau entgegengesetzt war. Die Gemeinde fühlte sich von ihrem Ortsgeistlichen, dem sie unbegrenztes Vertrauen entgegen brachte, im Stich gelassen und geriet in Raserei.

Die Männer des Ortes bewaffneten sich mit Stöcken, überrannten die dünn besetzte Polizeidienststelle und zogen (zu Tausenden, wie die Obrigkeit hinterher behauptete, was gar nicht stimmen konnte, weil es so viele Männer im Ort nicht gab) zum Gutshaus, zum Eigentümer der Ländereien, zum Pachteintreiber.

In diesem Augenblick tauchte Gleeson mit seiner Pike an der Spitze des Zuges auf. Niemand wusste, woher er gekommen war. Keiner hatte ihn bei der Messe gesehen. Er trat mit seiner Pike einfach hinter einem Strauch hervor, blieb vor der Menge stehen und entblößte seine Brust.

,Setzt eure nackte Brust den Kugeln der Tyrannen aus!' rief er und schwang seine Pike. ,Vorwärts, marsch! Es lebe Irland!' Und er gab wie ein Unteroffizier den Tritt an.

Es gelang der Menge, den Gutsherren gefangen und ihn ins Pachtbüro mitzunehmen, wo er die Quittungen über die bezahlte Pacht ohne Gegenleistung unterschreiben sollte. Doch kam die mit Karabinern bewaffnete englisch-irische Polizei dazwischen, die inzwischen vierzig Mann gesammelt hatte. Der Aufstand wurde niedergeschlagen.

Soweit der flammende Bericht Liam O'Flahertys, der uns das Fehlen einer Selbstverständlichkeit, oder besser gesagt, das Fehlens eines Nahrungsmittels, dessen Vorhandensein und seine scheinbar immerwährende Verfügungsgewalt darüber uns selbstverständlich geworden ist, sinnlich deutlich macht. Ein Grundnahrungsmittel, das nicht aus Europa stammt, dessen Kultivierung die indigenen Bevölkerungen Südamerikas entwickelt haben, das erst zu Zeiten Friedrichs des Zweiten von Preußen in Deutschland eingeführt wurde. Ein Leben ohne Kartoffeln können wir uns nicht mehr vorstellen, ohne Kaffee, Tee, Kakao und Gewürze zwar auch nicht, doch sind Letztere als Genussmittel nicht überlebenswichtig.

Kartoffeln, das Lebenselixier der Iren und Westfalen. Obwohl sie eher Teigwaren bevorzugen, gelang es uns, für die beiden Schwaben die Welt damit wieder in Ordnung zu bringen. Nein, dort auf Inisheer oder auf einer der Nachbarinseln wollten sie lieber nicht leben. Das mussten schon besondere Menschen sein, die dort wohnten. Äußerst hartnäckige. Die Geige spielen, wenn die Welt untergeht.

Sheila, hol' den Großen!

Wir fanden die große Sandbucht in Dunfanaghy wieder, die uns bereits bei unserer ersten Fahrt durch Irland stark beeindruckt und erneut hierher gelockt hatte. Am Nachmittag blinzelte die Sonne vorsichtig durch die Wolken, der Wind ließ nach und fast pünktlich – hatten wir überhaupt eine Uhrzeit verabredet? – zeigte sich der orangefarbene Stuttgarter Bus. Der Ort war nicht so groß, als dass sie uns nicht schnell hätten finden können.

Unser Bus, ursprünglich grau, war vor einiger Zeit blau geworden. Nachdem Ilse für rot plädiert hatte, ich für grün (weil das am Waldrand nicht so auffallen würde), einigten wir uns auf blau. An einem heißen, sonnigen Tag hatten wir den Wagen mit kleinen Kunststoffrollen gestrichen. Die Farbe war sehr gut verlaufen, es sah fast wie gespritzt aus. Die Stoßstangen pinselte ich weiß. Ilse konnte ihren Beruf nicht verbergen: auf die beiden vorderen Türen malte sie je ein grünes irisches Kleeblatt, die hinteren Kotflügel bekamen Hermesflügel in Weiß. Auf dass wir immer gut zu Rad sein würden. Zusätzlich, vielleicht war das leichtsinnig, hatte ich auf die Radkappe des Reserverades, das vorn unter der Windschutzscheibe hing, die rote Antiatomsonne mit dem zur Faust geballten Händchen gemalt. Die Gorlebener hatten das bei einer Demo gegen das Endlager mit Zustimmung aufgenommen, die europäischen Grenzbeamten bisher ignoriert. Ilses Mutter hatte uns passende blauweißgewürfelte Gardinen genäht; sie konnte nicht nur gut nähen, sondern strickte uns auch phantastische Pullover mit Mustern nach Wunsch. Für die Reise, sagte sie, die Kinder sollten nicht frieren.

Die beiden bunten Busse standen am Rand des weiten Strandes von Dunfanaghy. Rainer und Barbara hatten als Überraschung einen riesigen Hummer mitgebracht. Der sollte nun nach dem Begrüßungswhiskey gekocht werden. Unsere Gesichter wurden lang, als wir feststellten, dass keiner unserer Töpfe den Burschen fassen konnte. Was tun? Ich machte mich klein, sah mich erneut als Fischfachmann gefordert. Doch Rainer sprang in die Bresche. Ich geh' mal g'schwind, sagte er, wie die Schwaben zu sagen pflegen, kletterte aus dem Bus und lief in Richtung Ort. Wir sahen unscharf eine Reihe kleiner Häuser, eins davon schien eine Kneipe zu sein.

«Das kann dauern», meinte Barbara.

Wir nickten. Wir kannten das inzwischen.

Ich entkorkte eine Rotweinflasche, damit wir beschäftigt waren. Doch hatten wir sie noch nicht halb geleert, als wir jemanden brüllen hörten. Wir trauten unseren Augen nicht. Einen Topf so groß wie ein halbes Ölfass über dem Kopf schwenkend, kam der Schwabe zurück. Die Kneipe, die von außen nach nichts aussah, sei ziemlich voll gewesen, berichtete er. Er hatte einfach an der Theke der Wirtin unsere missliche Lage geschildert, was nicht nur bei der Wirtin, sondern bei allen aufmerksam zuhörenden Gästen reges Interesse erzeugt hatte.

Sheila, hol' den Großen! hatte ein Mann gerufen.

Und Sheila holte den Großen. Unter vielen Beteuerungen und Versprechungen (bis zum anderen Mittag brauchten sie das Ding zurück) konnte Rainer mit seiner Beute abziehen, ein gespendetes half pint höflich ablehnend, leider, die anderen warten... Man hatte verständnisvoll genickt.

Der Topf nahm unseren ganzen Herd mit zwei Flammen in Anspruch. Es dauerte einige Zeit, bis das Wasser heiß war. Nun hinein mit dem Tier. Wer? Wie? Der lebte doch noch, der Lobster, und die Zangen hatten sie ihm zugebunden. Der wollte nicht ins heiße Wasser, beileibe nicht. Wir zückten etliche Küchenwerkzeuge sowie zwei Kombizangen aus der Werkzeugkiste, zu viert bekamen wir ihn halb hinein. Das Tier klammerte sich mit allen Kräften am Topfrand fest, doch musste es der geballten Übermacht nachgeben. Der Hummer starb lautlos, färbte sich langsam rot.

«Mörder!» sagte Ilse.

«Mörderinnen!» sagte ich.

«Sollen wir ihn wegtun?» fragte Rainer.

«Nein, wo er doch jetzt schon tot ist», sagte Barbara.

«Vielleicht haben die Männer vom Hell's Hole ihn ja gefangen», sagte Ilse und erzählte von unserem Erlebnis.

«Jetzt weiß ich auch, was die gerufen haben», warf ich ein. «Holt euch den Lobster!»

Bestimmt sei es ein Teufel aus dem Teufelsloch, bekräftigten wir beide noch einmal, so wie der sich gewehrt habe!

«Ja, bestimmt», sagte Barbara, «vor allem, weil wir ihn schon gestern gekauft haben, in Ballyboffey!»

Das Lobsterfleisch schmeckte vorzüglich. Auch wenn wir mühsam die weißen, weichen Köstlichkeiten aus Körper und Zangen herauspulen mussten. Ilse hatte zwei Soßen zubereitet, eine mit Curry, die andere mit Knoblauch. Die Kombizangen und Schraubenzieher aus den Werkzeugkisten wurden zu Bestecken umgeadelt. Wir saßen in unserem Bus, dem blauen mit den grünen irischen Kleeblättern und den weißen Hermesflügeln und der gelben Antiatomsonne. Zwei Kerzen warfen zitterndes Licht, die dunklen Fensterscheiben spiegelten unsere Gesichter. Wir kamen uns eimal mehr vor wie in einem kleinen, von der übrigen Welt abgekapselten Kosmos.

Man kennt die Frage, ob es draußen wohl regne. Ich pflegte darauf zu antworten, wenn, dann hoffentlich draußen, wenn drinnen, würde es Zeit für den Handwerker. Draußen in Irland regnete es nicht unbedingt, auch nicht immer, aber eben manchmal und ab und zu und dann und wann. Und doch immer mal wieder. Aber das war uns völlig egal. Und immer wieder, hinter jedem Horizont, eröffnet sich ja ein neuer Horizont, und weit dahinter duckt sich eine andere Region in den Dunst, purpurn und geheimnisvoll. Flann O'Brien war Ire und musste es wissen. Ach, der Flann O'Brien, der uns so gute Ratschläge, Trost und Rat für den Alltag und die Politik geben kann, hat ja so Recht! Doch machen die Schriftsteller es sich nicht zu leicht, wenn sie uns auf das Hinter-dem-Horizont vertrösten? Betrügen sie uns damit nicht ebenso wie die Religionserfinder? Vielleicht gelingt es manchmal unterwegs, in einen anderen Zeitkosmos einzutauchen. Ich versuchte mir vorzustellen, wie es wäre, wenn wir uns von einem Satelliten aus, der mit knapp unter achtundzwanzigtausend Stundenkilometern die Erde umrundete, beobachten könnten. Dann säßen wir jetzt da unten und von da oben, wie wir sagen, obwohl es im Weltraum kein oben und unten gibt, von da oben, durch die Wolkenschleier, die manchmal aufrissen, könnten wir vielleicht auch Irland erkennen, natürlich, die typische Form, da oben links außen in dem kleinen Europa, weiter rechts die

Insel EnglandCornwallWalesSchottland, die Nordsee und die große Nase Skandinaviens. Dieses kleine Europa, wie schon der griechische Historiker und Schriftsteller Herodot feststellte, der aufschrieb, dass auch er nicht dahinter kommen könne, warum die drei Erdteile Europa, Asien und Afrika, die doch ein Land seien, drei Namen haben ...

Länder und Erdteile, die ich manchmal bei sonnigem Wetter mit Kumuluswolken an den Himmel gespiegelt zu erkennen glaubte. Auch vom Satelliten aus ergibt sich ein Horizont, ergeben sich Horizonte, nie sieht man die Erde ganz, auch sie hat ihr ‚Hinter dem Mond', scharfkantig zeichnet sich die Rundung des Planeten gegenüber dem schwarzen All ab. Die Welt – unsere Welt – zeigt uns eine scheinbare Gleichzeitigkeit der Zeit, etwas, das sie zusammenhält, was ihre eigentliche Globalisierung bedeutet. Millionenfach geschehen Dinge auf der Erde gleichzeitig. Manchmal liest man Statistiken darüber, wie viele Kinder weltweit in jeder Sekunde geboren werden und wie viele Menschen sterben oder verhungern oder ermordet werden, was alles dasselbe ist und doch so unterschiedlich. Die Gleichzeitigkeit der Existenz bindet uns weltweit, die Leute auf der Umlaufbahn und uns hier unten im blauen Campingbus. Die Fenster wirkten schwarz, wir sahen nicht einmal Laternenlicht. Nichts um uns herum schien es mehr zu geben, es war dunkel, ruhig. Wo waren wir? Wir waren da, in einem anderen Land, jedenfalls glaubten wir das, gestern war es noch da, das Ir-Land, Kathleen ni Houlihan, und heute morgen. Als der Lobster noch lebte, den wir getötet hatten. Weil wir ihn essen wollten, weil wir essen mussten. Wir könnten uns vegetarisch ernähren. Doch auch Pflanzen sind Lebewesen, die sich – begrenzt – bewegen können. Und sehr alt werden, wenn der Mensch sie lässt. Fisch wird knapp auf der Erde, da helfen keine

EU-Verordnungen und Sonntagsreden. James Hamilton Paterson beschreibt Stellen im Pazifik, die leer sind, wo es vor Jahren noch vor Delfinen und anderen Fischen wimmelte. Auch Thor Heyerdahl hat schon vor längerer Zeit nach all seinen Expeditionen auf die zunehmende Leere im Meer hingewiesen (auch auf die Ölklumpen, die überall in den Ozeanen schwimmen). Im Jahr 2005 haben Leute der Organisation Greenpeace festgestellt, dass in der Barentssee, nördlich von Norwegen und Russland, unbarmherzig und ohne jede Kontrolle nach Kabeljau gefischt wird, weil er in anderen Meeren verschwunden ist. Wie reagieren wir, wenn Kabeljau auf der Speisekarte unseres Lieblingsrestaurants steht? Und Richard Flanagan, der begnadete australische Erzähler, geht über die reine materielle Problematik hinaus, er schreibt in seinem Roman Goulds Buch der Fische:

Und als ich mit dem Bild fertig war und auf den armen Drückerfisch nieder sah, der jetzt tot auf dem Tisch lag, fragte ich mich zu ersten Mal, ob nicht jedes Mal wenn ein Fisch stirbt, die Welt um so viel Liebe ärmer wird, wie man für so ein Geschöpf empfinden kann. Ob nicht mit jedem Fisch, den man im Netz herauszieht, die Menge des Wunderbaren in der Welt, die Summe existierender Schönheit kleiner wird. Und was, wenn wir immer so weiter fangen und plündern und töten und wenn die Welt folglich immer ärmer an Liebe und Schönheit wird, wird am Ende übrig bleiben?

Ein anderer Tag. Zunächst begann alles gar nicht so schlecht. Aufgelockerte Wolkenschichten mit einer zaghaften, doch immerhin vorhandenen Sonne erhöhten unsere Stimmung. Wir hockten draußen und genossen ein großes, langes Frühstück.

Danach fuhren Ilse und ich mit den Rädern zum anderen Ende der Bucht, dort, wo es ganz einsam war, und wagten uns vorsichtig ins Wasser, denn die Lufttemperatur betrug um die zwanzig Grad. Und die des Wassers? Na, so klein ist er, zeigte ich Ilse. Die lachte, und rief, bevor sie untertauchte: bei mir werden sie größer! Als hätten wir die prüde Kathleen ni Houlihan damit herausgefordert, bezog sich der Himmel in kurzer Zeit. Zurück am Bus hielten wir noch eine Zeit lang in Ölzeug und Gummistiefeln draußen aus, gaben dann aber klein bei und flüchteten ins blaue Auto. Wir warfen die Gasheizung an.

Am Abend zogen wir das Essen in Arnold's Hotel Limited allem Selbstgefertigtem vor, trotz ausgemachter englischer Ungemütlichkeit. Kein Vergleich mit einem Pub. Es gab Salmon und Steaks with Chips, naturally. In diesem Jahr 1980 begannen wir langsam, uns Gedanken über unsere Ernährung zu machen. Von den ersten theoretischen Überlegungen bis zu entsprechenden Verhaltensänderungen ist es bekanntlich ein weiter Weg, auf dem mancher nicht zum Ziel kommt, zumal der Horizont oft von chips und chicken wings verdeckt wird.

Das Wetter machte mir überhaupt nichts aus, denn ich hatte am Nachmittag in Dunfanaghy unter Ilses fachkundiger Anleitung den dicksten und schönsten englisch-grünen (das in Irland!) Schafswollpullover gekauft. Den schönsten von ganz Donegal, wenn nicht von Irland. Und grün, nicht das übliche Weiß. Den zog ich natürlich sofort an und am liebsten nicht mehr aus. Auch wenn ich schwitzen musste im Singing Pub, wo wir landeten, weil dort Country- und Westernmusik angekündigt war. Der Mann, der dort sang, schien sehr schüchtern zu sein, nach jedem Lied drehte er sich linkisch zur Wand um, zeigte uns den Rücken bis zum nächsten Lied.

Erst später erkannten wir, dass das den Vorhang ersetzen sollte. Der pub war voller Iren aller Altersstufen, vorwiegend Familien mit auch kleinen Kindern, die ständig in Bewegung waren, gingen und wieder kamen, sich zu Bekannten an andere Tische setzten. Die Kinder wuselten eh zwischen allen Tischen umher. Man hatte uns sofort Platz gemacht, die neben uns Sitzenden fragten das übliche Woher und Wohin. Zunächst fanden wir die Sache nicht so toll und die Lieder eher kitschig, bis wir feststellten, dass diese Musik in Wirklichkeit sehr irisch war, auch ohne Jigs und Reels, und Johnny Cash sicher seine Freude daran gehabt hätte. Damals wusste ich noch nicht, dass ich mein Interesse an Country und Western erst noch entdecken würde, und zwar in holländischen Kneipen mit der Musik der Gruppe Pussy Cat und ihrem Lied Mississippi. Vor allem nach zwei Oude Genever nebst den entsprechenden Grolsch-Bieren. Dann ergreifen mich alten Jazzfan Titel wie Mississippi oder Georgie (Georgie!) und ich versinke in einer anderen Welt. Inzwischen besitze ich neben der CD von Pussy Cat, gekauft auf dem Markt in Leiden, The Best of Johnny Cash und einen Sampler mit zwanzig Country Greats von Leuten wie Ferlin Husky und Conway Twitty. Doch, ich gönne einem jeden seine Kitschecke. Man lasse mir meine! Ilse schüttelt dann den Kopf und schweigt. Doch bei Mississippi horcht auch sie auf.

Wir schwangen uns auf die Sättel (Rainers Rad war inzwischen komplett weiß, das Farbdöschen leer) und radelten zu zwei kleinen Seen, danach nach Falcarragh. Dort kauften wir die notwendigen Lebensmittel, welchselbiges Unterfangen wir mit einem gezapften Guinness in McNamarra's Bar krönten. Rainer und ich kamen mit dem Wirt ins Gespräch, über die Wirtschaftlage, die schlecht war, vor allem für

Kneipenwirte. Aber die Leute trinken doch, die Kneipen sind voll, wandten wir ein. Ja, aber die Getränke sind teuer, sagte McNamarra. Das konnten wir bestätigen. Die Leute trinken nicht viel und bleiben lange, meinte der Wirt. Und rauskomplimentiert wird niemand, in Irland ist es nicht üblich, jemanden zu drängen, wer bleiben will, kann bleiben. Zum Schluss kauften wir noch ein Sixpack Guinness Stout, das umständlich in Packpapier eingewickelt und verschnürt wurde, weil niemand erkennen sollte, dass wir Bier gekauft hatten. Dann handelten wir dem Wirt zwei Original-Guinness-Gläser ab, die er uns billiger ließ. Die Gläser wurden ebenfalls mit Packpapier unkenntlich gemacht.

Am nächsten Tag erlebten wir ein wespenumschwirrtes Sonnenfrühstück. Dieses Irland war unberechenbar. Nach einer kleinen Fototour am Nachmittag zum Little Horn Head beobachteten wir am frühen Abend Neuankömmlinge an unserem Standplatz, Franzosen. Wahrscheinlich hatten wir sie ungewollt angelockt. Die Männer versuchten, ein Steilwandzelt aufzubauen. So wie sie es angingen, hatten sie das noch nie gemacht. Kurz bevor wir die Unternehmung nicht mehr mit ansehen konnten und eingreifen wollten, hatten sie es einigermaßen geschafft. Während der ganzen Aktion saß ein junges Mädchen auf einer Getränkekiste und spielte bittersüße, melancholische Melodien auf dem Akkordeon. Dazu spannte sich ein wundervoller Regenbogen über die gesamte Bucht, auf deren anderer Seite sich flache, dunkle Landzungen ins Meer schoben, überdeckt von einem noch immer leicht blauen Himmel, der langsam in zartweiße ausfransende Wolken überging. Wie ein Bindeglied dazwischen wirkte der Regenbogen. Die Brücke zum Horizont. Wir genossen die Abendstimmung und den Inhalt unseres Sixpacks.

«We live and pass the time», zitierte Barbara.

«Aber denkt daran, no rainbow without rain!» bemerkte Ilse.

«Vergiss es», sagte Rainer, wir prosteten uns zu.

«Slàinte!»

Ja aber, wird der kritische Leser – und die kritische Leserin nicht minder – einwerfen, wo bleiben denn die Iren und die Irinnen? Da hockten Deutsche und Franzosen an der Bucht von Dunfanaghy und ließen es sich gut gehen – und die Einheimischen? Yes, müssen wir einräumen, die Iren hockten in ihren dunklen pubs und hörten Western- und Countrymusik, das hätten wir nicht gedacht! Dass sie die Musik ihrer Nachfahren und ausgewanderten Angehörigen spielten, die sich inzwischen als US-Amerikaner fühlen. Das kann nur Europa sein, das neue Europa, von dem damals noch niemand sprach. Wir praktizierten es schon, lange vor Maastricht und Schengen, oder wie das Örtchen heißt im Dreiländereck von Deutschland, Frankreich und Luxembourg, hier oben links außen am Regenbogenstrand von Dunfanaghy, bei Irish Folk, Country Songs und den Musetteklängen des Akkordeons.

Nur ruhig Blut, die Iren kommen. Die lassen uns nicht im Stich. Das konnten wir auf der Weiterfahrt feststellen, als wir in der Nähe eines Dorfes auf einer Kuhweide landeten. Unterhalb des abfallenden Geländes glitzerte das Wasser eines Flusses. Ganz heran kamen wir wegen der Zäune nicht. Gerade als wir mit dem Abendessen anfangen wollten, tauchte ein junger Mann mit gelocktem braunen Haar, gekleidet mit eleganten Lederstiefeln und einer Fellweste, auf. Vor seinem Bauch baumelte ein Lederbeutel. Der Bauer, wie sich herausstellte. Nach kurzem Frage- und Antwortspiel bedeutete er uns, ihm zu folgen. Einsteigen wollte er nicht. Er lief vor uns her. Wir folgten im ersten Gang mit schleifender Kupplung. Es ging über mehrere hundert Meter weiter zu einer anderen Weide, deren Gatter er öffnete. Das sei seine beste Wiese, hier hätten wir die beste Aussicht, und da unten sei der Fluss. Ob wir angeln möchten? Guten Appetit und good evening. Schon lief er zurück, in Richtung eines sich tief in die Landschaft duckenden Daches. Sicherheitshalber aßen wir zunächst Bratkartoffeln mit Spiegeleiern, bevor Rainer und ich die Angeln auswarfen. Wir konnten die Fische springen sehen. Beißen taten sie nicht.

Unterhalb unseres Standplatzes schob sich eine grüne Wiese bis zu einer Baumreihe vor, die ein gelbes Kornfeld begrenzte. Jenseits des Feldes schlängelte sich der Fluss entlang, der noch sauber sei, hatte der Bauer gesagt. Auf der anderen Flussseite stieg die Landschaft wieder an, ein Wäldchen kletterte die Hänge hinauf bis zu einer wilden Wiese. Auf dem Kamm des Hügels thronte ein weißes, mehrstöckiges Wohnhaus mit grauem Schieferdach, umgeben von Bäumen.

Am anderen Morgen fanden wir auf dem großen Vierzig-Liter-Wasserbehälter, den Rainer nachts aus Platzgründen nach draußen stellte, ein Brot. Ein großes rundes, anscheinend selbstgebackenes Brot, mit einer hellbraunen, aufgerissenen und mehlbestäubten krossen Kruste. Es schmeckte außerordentlich gut. Dann wurde uns klar, dass wir uns bedanken mussten. Und so stiefelten wir gemeinsam los, zum Bauernhof, zu dem geduckt hinter Bäumen und Büschen liegenden Gehöft. Das junge Ehepaar hatte wahrscheinlich auf uns gewartet. Den Bauern kannten wir schon – die Frau war eine sehr typische Irin, mit lockigen roten Haaren und Sommersprossen. Nach dem ersten small talk mussten wir zunächst das zehn Monate alte Kind besichtigen, dann die Stallungen. Sie hatten auf Milchwirtschaft umgestellt und machten nichts anderes mehr. In Reih und Glied standen die Kühe hinter metallglänzenden Stangen und beobachteten uns aufmerksam. Eine automatische Melkanlage war zu sehen, Rohrleitungen führten zu Sammelbehältern. Alles wirkte sehr sauber, fast klinisch. Stolz blickte der junge Mann auf, wir nickten anerkennend. Ich versuchte, das deutsche Sprichwort vom ‚da-kann-man-ja-vom-Fußboden-essen' anzubringen, aber ich kannte das Pendant im Englischen nicht, wusste auch nicht, ob es das überhaupt gibt, und so kam meine freie Übersetzung nur bedingt an. Inzwischen hatte die Frau Tee gekocht und Kuchen im Wohnzimmer für uns alle gedeckt. Ilse erwähnte, dass wir weiter müssten, doch das wurde nicht beachtet. Es sollten vier Stunden werden, die wir auf dem Hof verbrachten. Wir fragten, warum ausschließlich Milchwirtschaft? Alles andere sei für zwei Personen zu viel Arbeit, bei den Kühen könnten sie am besten automatisieren. Sie besäßen zwar noch Wiesen und Weiden, aber die Tiere verließen den Stall nicht mehr. Die Wiesen dienten nur noch zur Heuproduktion.

«Und für Touristen», warf Barbara ein und meinte uns.

Warum sie überhaupt Landwirte seien, fragten wir weiter.

Ja, sie hätten sich das so ausgedacht. Hätten beide ihre alten Berufe aufgegeben und eigentlich ins Ausland gewollt. Als Landwirte? Ja. Zunächst hätten sie sich Vietnam ausgesucht, um beim Wiederaufbau zu helfen. Aber das hätte nicht geklappt, die vietnamesischen Behörden seien sehr misstrauisch gewesen, man würde da wohl mit den US-Amerikanern in einen Topf geworfen. Dann hätten sie es in Südafrika versucht, auch da sei ja noch viel zu tun. Vergeblich. Die Zeiten, als die Eltern der berühmten Schriftstellerin Doris Lessing und viele andere dort billig Land pachten konnten und sollten, waren endgültig vorbei. So seien sie in Irland geblieben. Und zu zweit ohne Helfer, die man nicht bezahlen könne, sei eben Milchwirtschaft am rationellsten zu bewerkstelligen. Dann wanderte das Gespräch zur Politik, vom Vietnamkrieg zum Nordirlandkonflikt. Schließlich zur Ökologie und zum Umweltschutz. Letzterer war in Irland im Jahr 1980 fast noch ein Fremdwort. Der irische Staat, der auch in schlechten Zeiten seine Jugendlichen bestens ausgebildet hatte, obwohl sie dann überwiegend arbeitslos wurden, lockte zur Zeit Firmen aus dem Ausland an mit Steuervergünstigungen, preiswerten Grundstücken und billigen Arbeitskräften. Es funktionierte. Der Umweltschutz blieb auf der Strecke, denn hindernde Auflagen gab es nicht. Und so, sagte unser Landwirt, hätten sie auch in Irland inzwischen den ersten verschmutzten Fluss. Was wiederum den Tourismus störe, denn viele Urlauber kämen zum Lachse- und Forellenangeln ins Land.

Ob wir auch angeln würden?

Rainer und ich nickten vorsichtig.

Mit Blinkern?

Nein, nicht mit Blinkern.

Also keine Lachse?

No, keine Lachse.

Der Bauer schwieg höflich.

Unablässig schenkte die junge Frau Tee nach, das Gespräch lief zwischen uns sechs Personen hin und her und wurde anstrengend. Hören, gleichzeitig übersetzen und selbst neu formulieren war nicht immer einfach. Schließlich gelang uns der Abschied. Die beiden jungen Leute standen vor ihrem Haus und winkten uns nach.

Weit kamen wir an diesem Tag nicht mehr.

Another twenty minutes

Durch die Mondlandschaft der Wicklow Mountains, wo das Moor wartete und sich kahle Hügel zeigten, manchmal Heidelandschaft, über die Passstraße des Sally Gap, gelangten wir kurz vor Ladenschluss nach Wicklow. Nach dem Einkauf fanden wir einen Standplatz in einem Fichtenwald in der Nähe von Glendalough, wo wir unsere lamb chops mit ordentlich garlic (Knoblauch) grillten und bis spät in der Nacht draußen saßen. Am nächsten Morgen fuhren wir zum Upper Lake und wanderten dort zu Fuß weiter. Der letzte Tag meinte es gut mit uns, wir konnten uns am Seerand unter Bäumen sonnen. Doch dann kam Wind auf, der See bekam Katzenköpfe und macht meine Überlegung, das Schlauchboot aufzupumpen, zunichte.

Wir besichtigten die Ruinen von Glendalough, besonders den noch erhaltenen Rundturm, in dem bei Gefahr die Vorräte gelagert wurden und in den sich auch die Anwohner mittels einer hohen Leiter zurückziehen konnten. Die Wikinger waren um das Jahr Tausend herum gefürchtete Feinde, wahrscheinlich nicht die einzigen. Es gelang ihnen, den Ort Glendalough nieder zu brennen, worauf noch heute mit vorwurfsvollem Ton hingewiesen wird. Dann fuhren wir weiter in Richtung Rosslare, übernachteten noch einmal auf einem Picknick-Platz im Wald an einem Gebirgsfluss. Am nächsten Tag wartete die Fähre auf uns. Wir setzten ohne Probleme nach Pembroke über und schlugen uns wieder durch das im Süden ach so breite Großbritannien. Einmal noch mussten wir übernachten, dann hetzten wir weiter, denn wir wollten um achtzehn Uhr die gebuchte Fähre in Dover erreichen. Wir nahmen die Küstenstraße, wollten den Schwierigkeiten der Hinfahrt ausweichen, bei der wir uns kaum aus dem Spinnennetz der Autobahnen hatten lösen können, die fast alle nach London führten. In der Nähe Londons quer durch nach Westen zu fahren, war fast unmöglich gewesen. Die Idee, diesmal die Küstenstraße zu nehmen, erwies sich nicht als besonders glücklich, denn in den Badeorten, zum Beispiel in Brighton, war der Teufel los, wir kamen kaum durch. Dann gabelte Rainer einen jungen Anhalter auf, der in Dover, wie sich herausstellte, zu einem ganz anderen Dock musste. Als wir schließlich um halb sieben mit heißen Motoren bei unserem Dock ankamen, hätte die Fähre längst weg sein müssen.

Sie lag still am Kai. Sie lag dort auch noch vier Stunden später, denn in Frankreich wurde gestreikt. Alle Fähren nach Calais mussten umgeleitet werden, um die Fahrgäste in anderen Hafenstädten an Land zu bringen. Unsere nahm schließlich mit fünf Stunden Verspätung Kurs auf Zeebrugge in Belgien. Das bedeutete eine wesentlich längere Fahrtzeit, die wir gut überstanden, denn wir waren froh, dass wir überhaupt auf den Kontinent kamen, wie es in Großbritannien heißt. Doch draußen vor Zeebrugge blieben wir auf Reede liegen, im Hafen herrschte Hochbetrieb und alle Anleger waren besetzt. Ständig liefen aus anderen Hafenstädten unvorhergesehen Schiffe ein. Langsam begann unsere Fähre im Kreis zu fahren. Eine sonore Stimme verkündete in englischer

Sprache über Lautsprecher, dass es noch zwanzig Minuten bis Zeebrugge dauere. Twenty minutes to Zeebrugge. Das Kreisfahren bedeutete aber, da Wind und Wellen aufgekommen waren, dass das Schiff, wenn es quer zu den Wellen lag, zu krängen begann. Barbara und Ilse blickten sich bedeutungsvoll an.

«Das mag ich aber gar nicht!» stellte Ilse fest.

Dann jammerte der Lautsprecher: Another twenty minutes to Zeebrugge!

Weiter fuhr das Schiff im Kreis auf Reede vor dem Hafen und legte jedes Mal weiter über. Als nach dem dritten Another-twenty-minutes-to-Zeebrugge! Tassen und Gläser aus dem Schrank der Bar rutschen und scheppernd auf Deck zerschellten, verlangte Ilse, den Kapitän zu sprechen. Das sei doch keine christliche Seefahrt, das sei eine Zumutung. Nur mühsam konnten Rainer und ich sie vom Gang auf die Brücke abbringen, selbst das Angebot eines weiteren Guinnnes stout, sonst das Allheilmittel bei Seefahrten aller Art, verfing nicht. Sie wollte sofort an Land, ob nach Zeebrugge oder sonst wohin. Schließlich, gegen vier Uhr am Morgen, liefen wir ein und legten an. Wir verließen den Seelenverkäufer in stockdunkler Nacht, hundemüde, wussten überhaupt nicht genau, wo wir waren, und wollten so schnell wie möglich schlafen. Nur raus aus der Stadt. Wir fuhren noch zehn Kilometer und parkten dann in irgendeinem kleinen Ort. Vorhänge zu, ab in die Schlafsäcke und Schluss.

Erfreulicherweise standen wir, wie wir, als es hell wurde, feststellten, wie schon ein andermal und an einem anderen Ort geschehen, nicht mitten auf dem Marktplatz.

ZWEITER BRIEF AN HEINRICH BÖLL

Was ist neu in Irland? Zum ersten Mal hat das Land eine weibliche Präsidentin, die wahrhaftig eine Frau ist. Irland! Allen Bischöfen zum Trotz. Das gibt es in manch anderem Staat nicht. Und Ehescheidungen sind erlaubt und Kondome gibt es zu kaufen und die Zahl der Autos nimmt zu, ebenso wie die Umweltschäden. Also alles ganz normal. Aber das weiß er sicher auch, der ein Häuschen auf Achill Island hatte.

Essen, im Herbst 1996

Sehr geehrter Heinrich Böll,

junge, rothaarige Irinnen auf Fahrrädern gibt es noch immer. Natürlich tragen sie jetzt bunte moderne Kleidung, T-Shirts und Jeans, benutzen Mountain Bikes oder Herrenrennräder. Und noch immer ist das Post Office am Sonntag geöffnet, das Loch in der eisernen Brücke mit einem Holzbrett geflickt, in Killarney zum Beispiel, das nur so strotzt vor Touristen, die am Abend alle Restaurants verstopfen, was uns zwang, in eine einfache Kneipe auszuweichen, wo es viel schöner war und es auch etwas zu essen gab. In unserem Heimatland wäre die Brücke sicherlich gesperrt, wie die Rolltreppen am Hauptbahnhof, die nicht mehr repariert werden. Irische Jungen üben europäischen Fußball; gut schießen können sie nicht (aber das wird noch werden, da bin ich sicher). Die Vorhänge in den pubs werden um 22 Uhr zugezogen, aber ich glaube, sie nehmen es nicht mehr so ernst. Die Frauen sitzen mit an der Theke, nicht mehr in der Lounge, das ist nun selbstverständlich. An manchem Curragh hängt hinten ein Außenbordmotor.

Habe ich schon erzählt, dass es ganz viele Plastiktüten vom Supermarkt gibt, die überall herumfliegen? Die weißblauen sind von Spar, die weißroten von Valu. Irland gehört seit einigen Jahren zur Europäischen Gemeinschaft, die jetzt Union heißt; es hat sich vieles verändert, nicht nur auf dem Agrarsektor. Nicht bei den Schafen, die sind noch immer reichlich vorhanden, liegen auf dem warmen Asphalt am Rand der Straßen. Doch die Autos haben sich die Straßen ziemlich erobert, wie es scheint endgültig, oder so lange es noch Benzin gibt. Bescheidener Wohlstand, ungleich verteilt, wie das im Kapitalismus üblich ist, hat sich entwickelt; aber auch zwanzig Prozent Arbeitslosigkeit zeugen, wie bei uns, vom Vorrang des Profits und vom Versagen hochdotierter Politiker. Aber vielleicht haben die ja gar nichts zu sagen und denken nur, wie Kurt Tucholsky schrieb, sie seien an der Macht, dabei sind sie nur an der Regierung. In den Städten wird gebettelt und gesammelt wie ehedem – und der Traktor neulich, mit den schlackernden Vorderrädern, er stammte sicherlich aus den 50er Jahren.

Was gibt es nicht, oder immer noch nicht?

Ja, lieber Heinrich Böll, Düsenjäger und Tiefflieger und Atomkraftwerke und leider auch Frieden in Nordirland, das gibt es nicht. Ehescheidungen sind neuerdings erlaubt, und das Land hat erstmals eine weibliche Präsidentin, die wahrhaftig eine Frau ist. Der Einfluss der katholischen Kirche geht zurück, 50.000 Menschen protestierten gegen das Steuersystem (boykottieren können sie immer noch), ansonsten sind sie, die Iren und Irinnen, die größten Optimisten in Europa, jede/r zweite schaut hoffnungsvoll in die Zukunft, bei den traurigen Deutschen nur jede/r fünfte. Aber das war sicher auch früher schon so.

Lieber Heinrich Böll, Guinness Stout wird heutzutage in der Kölner Altstadt im ‚Irish Pub' vom Fass gezapft, und man kann Tullamore Whiskey und Kerry Gold Butter in jedem Supermarkt kaufen. Die Iren kommen! Immer mehr von uns verbringen ihren Urlaub auf der grünen Insel, zumal Air Lingus von Düsseldorf aus täglich sehr preiswert fliegt. Ähnlich wie unsere Altvordern das Land der Griechen mit der Seele suchten, suchen wir ‚dieses Land', Dein Land, wobei wir ja keine Ersatzansprüche an Dich stellen dürfen, wenn wir es nicht finden, wie Du geschrieben hast.

Nein, wir brauchen keine Ersatzansprüche zu stellen, denn es ist zu finden, dieses Irland, immer noch. Das tut gut – und das wollte ich Dir gern einmal mitgeteilt haben.

In diesem Sinne,

Your's sincerely

U. S.

P.S.: Das Irische Tagebuch ist für nur 3,50 DM bei dtv neu aufgelegt worden, eine kleinformatige Sonderausgabe mit einem schönen Titelfoto von Karl Johaentges, der bereits einen vorzüglichen Foto-Band über Irland gemacht hat mit Texten von Jackie Blackwood.

(Heinrich Böll starb am 16. Juli 1985, fünf Jahre nach unserem zweiten Irlandbesuch und vier Jahre nach der großen Friedensdemonstration in Bonn, an der 300.000 Menschen teilnahmen, wo wir ihn als Redner erlebten).

DIE KRÄHEN VON ROCKFLEET CASTLE

Elisabeth von Thüringen
ist mir lieber als Elisabeth von England.
Theodor Fontane

Natürlich kommen in diesem Kapitel Krähen vor, sonst wäre die Überschrift ja blöde. Aber in erster Linie geht es um jene widrige Kröte, die als Piratin die englische Queen Lisbeth I ziemlich ärgerte; eine frühe Emanze, die ihre Männer hinaus warf, wann es ihr passte, denn nach gälischem Recht war das möglich. Nicht nur wir schreiben über sie, auch Shakespeare widmete ihr einige Zeilen!

Wenige Tage vor der Entführung der britischen Königin im Ruhrgebiet fiel ein Lichtstrahl in Rudolf Langensiepens Wohnkeller.

Dieser erste Satz stammt aus einer Frühfassung von Jürgen Lodemanns Roman Noras Methoden, dessen Titel inzwischen Nora und die Gewalt- und Liebessachen lautet, in dem es um die Entführung Elisabeths der Zweiten im Jahr 1980 geht.

Ein historischer Sprung ins 16. Jahrhundert bringt uns ins Zeitalter der ersten Elisabeth, mit ihr hatte die Protagonistin, um die es hier gehen soll, zu tun. Sie hätte die Königin entführen können! Denn Grainne Mhaol, Grainne Ní Máille, Grace O'Malley (1530?–1603) segelte mit ihrer Mannschaft auf einem ihrer Schiffe südlich um Irland herum, an den Küsten Cornwalls, Dorsets und Kents entlang, an der Südostecke jenes Landes vorbei, das sich Groß-Britannien nannte und ständig um seine Macht bangte, ließ das Ruder an der Themsemündung hart backbord legen, wartete günstigen Wind ab, um sich, der gesamten Home Fleet, der britischen Hochseeflotte, zum Trotz, nach London hineintreiben zulassen. Sie forderte von der großen Kollegin ihren Sohn zurück, den diese hatte einbuchten lassen, um die aufsässige irische Kröte endlich bändigen zu können. Nein, Grainne oder Granuaile hätte die Königin nicht entführen können, themseabwärts wäre sie nicht weit gekommen, und gegen die Kanonen des Empire hätte sie nicht viel ausrichten können. Den Londoner Hafen hätte sie wohl nicht erreicht, wenn man es im Buckingham Palace nicht gewollt hätte.

Mitten in der Clew Bay, an der Westküste Irlands, umbraust von den Winden des Atlantiks, liegt Clare Island. In Richtung Norden geht es nach Mayo (God help us!) und Achill Island, wo Heinrich Böll ein Häuschen besaß, das zu einem deutsch-irischen Literaturzentrum umgewandelt wurde; im Osten hat den inneren Scheitelpunkt der Bucht die Hafenstadt Westport besetzt, und nach Süden zu kommt man in die Gegend von Connemara.

Dort, auf Clare Island, hatte sie, um die es hier gehen soll, einen ihrer Schlupfwinkel, eins ihrer eckigen, vierschrötigen, rauen Castles aus grob behauenen Quadersteinen. Dort soll sie begraben liegen. Vom Roman Quay aus – es handelt sich um zwei parallele Kaimauern, die mit dem Festland ein U bilden, Hafen zu sagen wäre ziemlich überheblich – kann man die Insel querab liegen sehen. Auf der westlichen Seite beginnt sie mit zwei höheren, langwelligen Erhebungen, als wolle sie sich ein wenig gegen die Atlantikstürme wappnen, dann aber, nach Osten zu, als sei es nicht mehr nötig, fällt sie ab und verschwindet sacht im Meer.

Böen fegten über den Roman Quay, wo gearbeitet wurde, rote Bagger und Kräne dröhnten, Balken an Stahlseilen der Ausleger hin und her schwangen. An der Ausfahrt wurden die Pfosten eines Pontons in den Meeresboden gerammt. Die schwarze Flagge der Pirate Queen mit dem weißen, grinsenden Totenkopf und den gekreuzten Knochen knarzte über der Fahrkartenverkaufsbude im Wind. Sie musste bald kommen, von der Insel, die sich heute duckte unter grauschwarzen Wolken, die sich am liebsten, wie wir, vor dem Wetter unter der Wasseroberfläche versteckt hätte.

Man meinte einen kleinen dunklen Punkt weit entfernt auf dem Wasser gesehen zu haben, der wieder verschwand und eine Täuschung gewesen sein mochte. Doch der Punkt tauchte erneut auf, kam näher, verringerte die Entfernung zwischen Insel und Roman Quay, zeigte langsam Formen, einen Bug, Decksaufbauten. Farben konnten erkannt werden, der Schiffskörper rot wie der Kran auf dem Kai, die Aufbauten weiß. Das Boot, die Pirate Queen! Es kam von ihrer Insel, dort wo der Clan der O'Malleys zu Hause war. Näher kam das Boot, eine weiße Bugwelle vor sich her schiebend, schien den Ponton zu schrammen, doch das sah durch die optische Verkürzung nur so aus, steamte in den schmalen Schlund zwischen den beiden Kaimauern, schien die diesseitige Mauer rammen zu wollen, drehte aber mit Schwung, Ruder hart steuerbord, schoss auf die gegenüberliegende Mauer zu, der Motor heulte auf, volle Kraft zurück jetzt, dann Drosselung. Mit dem letzten Schwung legte sich das Boot gekonnt längsseits. Leinen flogen. Packstücke wurden über die Bordwand gehoben, Beutel, Koffer; dann stiegen fünf oder sechs Leute über eine kleine Leiter auf den Kai.

War sie das, die junge Frau dort in der dunkelblauen Windjacke, den schwarzen Haaren, die ihr der Wind in die Augen blies? Eine Nachfahrin der Clans der O'Malleys und O'Flahertys? War sie das: Grace O'Malley, oder besser irisch: Granuaile, die Piratenkönigin der irischen Westküste?

So ähnlich stellten wir sie uns vor. Natürlich konnte dieses Blechboot mit seinen Reihen ausgemusterter Autoreifen, die an den Bordwänden hingen und als Fender dienten, bei weitem nicht mithalten mit den Schiffen, die ihr Vater und später sie befehligten. Ungefähr dreißig Meter lange dickbäuchige Koggen oder Karacken, aus kräftigen hölzernen Planken in Klinkerbauweise zusammengefügt, scheinbar klobige Fahrzeuge, von keiner eleganten Linie getrübt, aber mit einem stämmigen Bug, der den Wogen des Atlantiks gewachsen war. Sehr seetüchtige Boote, die trotz ihrer plumpen Bauart recht wendig waren, angetrieben von einem quadratischen Segel, dass sich vor dem einzigen Mast bauschte, nur in Ausnahmefällen gab es auch Zweimaster. An Bug und Heck befanden sich niedrige, nach oben offene Aufbauten.

Immer noch ächzte die Piratenflagge im Wind, stärker flatterte sie von Minute zu Minute, es entwickelte sich ein Sturm. Ob das Boot heute noch einmal hinüberfuhr? Wohl kaum, denn die Fahrkartenausgabe blieb zu. Von der Wetterstation am Mizen Head kamen Sturmwarnungen, wie wir später in unserem Radio hörten, als wir, wieder zurück im sicheren Hafen von Westport, auf dem noch sichereren Gelände des Campingplatzes zwischen Hafen und Innenstadt, im Bus hockten und unser Abendessen, Pellkartoffeln mit Schinken und gekochten Eiern nebst Gewürzgurken, verzehrten. Die gale warning betraf besonders das Loop Head, das gar nicht weit südlich von uns lag, eine schmale Halbinselspitze westlich von Kilkee und Kilrush, die wir 1993 mit den Fahrrädern aufgesucht hatten. Wo Ilse den Leuchtturm gemalt hatte.

Granuaile, die schon mit vierzehn Jahren auf den Schiffen ihres Vaters mitfahren wollte, was der ihr strikt verbot, einmal, weil sie noch so jung war, zum anderen, weil es sich ein-

fach nicht gehörte. Frauen an Bord! Sie zog sich Männer-
kleidung an, schnitt sich die Locken ab und schlich in der
Nacht an Bord des Schiffes, das so hieß wie sie: Granuaile. Es
war eins von zwei Booten, die am nächsten Tag nach Spanien
in See stechen sollten, um Wein und Südfrüchte zu holen.
Natürlich nicht das Flaggschiff, auf dem ihr Vater das
Kommando führte, das wäre denn doch zu dreist gewesen.
Als Decksjunge wurde sie zu den schlimmsten Arbeiten eingesetzt, nach einigen Tagen aber enttarnt und ihrem Vater
gemeldet. Erbost stellte er sie zur Rede, musste aber erkennen, dass sie seinen Dickkopf geerbt hatte. Die Winde standen günstig, eine Umkehr war längst nicht mehr möglich, so
gelangte die Kleine mit nach Spanien. Schon auf dieser ersten
Fahrt lernte sie ein wenig die andere Sprache und merkte sich
die Regeln der Navigation, obwohl sie nach Anweisung ihres

OLD HEAD / MAYO

Vaters weiterhin als Decksjunge arbeiten musste und die
anderen Befehl hatten, sie hart ranzunehmen. Er hoffte, ihr
damit die Flausen mit der Seefahrt aus dem Kopf zu schlagen.
Wie sich herausstellen sollte, vergeblich.

Einige Meilen nördlich von Westport liegt Rockfleet Castle. Als wir ankamen, regnete es in Strömen, sodass wir den Schauer im Auto abwarten mussten. Nachdem ich die Scheibenwischer abgestellt hatte, konnten wir das castle nur noch als schwach umrissenen Schemen durch die Schlieren des Regenwassers auf der Scheibe erkennen. Dunkel dräute der wuchtige, viereckige Wohnturm in den grauen Wolkenhimmel. Die schmale Straße, die den Turm respektvoll zu umgehen schien, glänzte vom Regen. Sie wand sich an der kleinen Bucht entlang, deren Ende weiter westlich lag. Eine Telefonleitung verschwand hinter einem Hügel, dessen Grün nicht so recht leuchten wollte. Die Holzmasten neigten sich einmal nach rechts, einmal nach links, als könnten sie es dem Wind nicht recht machen. Am Wegesrand war ein blaues Holzboot aufgebockt, das vor längerer Zeit seetüchtig gewesen sein mochte. Auch hier hatte Grace O'Malley eine Zeitlang mit ihrer Familie gelebt. Ein strategisch günstiger Platz, am Ende der Bucht, direkt an einem Bach, der hier mündet. Vom Dach des Turms konnte man Mastspitzen auf dem Meer gut und früh erkennen, und bei Ebbe konnte niemand in den natürlichen Hafen hinein. War man selbst in Sicherheit, legte man die Masten flach. Doch konnte man bei Ebbe leider auch nicht auslaufen. Daher wurden die Schiffe lieber hinter einer der vorgelagerten Inseln versteckt, für Fremde war das Inselgewirr schlecht überschaubar und gefährlich.

Der Regen hatte nachgelassen und ich traute mich hinaus. Ein schmaler, glitschiger Fußweg führte zur Eingangstür, die drei anderen Seiten des Turms wurden bei Flut vom Wasser umspült. Fünf unebene Steinstufen ging es hinan, das Tor, von Granitsteinen mit Spitzbogen wie bei einer Kapelle umgeben, bestand aus klobigen Holzbrettern. An der rechten Seite befand sich ein verrosteter Türbeschlag, an ihm hingen ein großer Eisenring und – ein modernes Schloss. Rockfleet Castle war gut und sicher verriegelt. Es könnten Feinde kommen! Das grüne, mit einem irischen Kleeblatt versehene Hinweisschild war wohl für Touristen bestimmt. Also las ich: *Rockfleet Castle – Caisleán Charraig an Chabhlaigh. This 15th or 16th century tower is said to have been besieged by an English Expedition from Galway in 1574, but this was repulsed by the Pirate Queen Grace O'Malley, who lived here after the death of her second husband in 1583.* Darunter erschien der Text noch einmal in Gälisch: *Sa 15û haois nó 16û haois a tógadh...*, dessen Rest wir uns ersparen wollen. Unschlüssig stand ich vor dem verschlossenen Tor, blickte an der abweisenden Mauer mit ihren schmalen Schießscharten empor. Rabenkrähen umflogen den Tower, ihr Krächzen passte zum Wetter und zu meiner Stimmung. Sie riefen sich etwas zu, sie besitzen mehr Rufe als

viele andere Lebewesen, bis heute wissen wir nicht genau, was sie bedeuten. Sie schwebten wie dunkle Punkte im Grau des Himmels, umflogen den Turm, ließen sich auf seinen Mauern nieder, verschwanden in den Schießscharten. Im alten Irland sagte man die Zukunft nach den Rufen der Rabenvögel voraus, und es gibt noch heute das Wort vom ‚raven's knowledge'. Sie wurden über Jahrtausende lang verehrt, seit der Zeit Karls II. werden sie gemäß einer alten Tradition in London im Tower gehalten, heute zu wissenschaftlichen Zwecken.

Als ich meinen Blick wieder senkte, entdeckte ich ein kleines, handgeschriebenes Schild, das andeutete, der Schlüssel liege left in the window of the garage. Dort lag er wirklich, zwei weitere Besucher, die von dort kamen (left war in Richtung Meer gemeint, wenn man mit dem Rücken zum Turm stand, ein Haus mit Garage befand sich hinter dem kleinen Hügel), brachten ihn erfreulicherweise mit. Der Schlüssel ließ sich im Schloss drehen, die Holztür öffnete sich knarrend und quietschend, wir traten ins Dunkle. Festgestampfter Erdboden empfing uns. Als sich unsere Augen an das wenige Licht, das durch die Schießscharten von oben herunter fiel, gewöhnt hatten, entdeckten wir eine einfache Holztreppe, die an die Wand geschmiegt nach oben führte. Schweigend stapften wir hintereinander nach oben in den ersten Stock, der durch einen Fußboden aus dicken Holzplanken abgetrennt war. Es roch muffig, der Raum war leer. Ebenso der zweite Stock. Erst der dritte, unter dem Dach, brachte Abwechslung, hier war ein offener Kamin eingebaut. Die anderen unterhielten sich leise; ich versuchte vergeblich, mir in dieser Umgebung einen gemütlichen Abend vorzustellen. Nach ihrer Rückkehr aus Spanien lernte Granuaile bei den Augustinern der Abtei von Murrisk Lesen und Schreiben und

Latein. In Gedanken hatte sich ihr Vater, da die Tochter sein einziges Kind war, damit abgefunden, dass vielleicht eine Frau demnächst den Clan der O'Malleys anführen würde. Doch in Wirklichkeit hielt er sich an die üblichen Gepflogenheiten. Gerade als das Mädchen auf einer weiteren Fahrt bei einem Feuer an Bord gezeigt hatte, dass es Führungsqualitäten besaß, verkündete ihr Vater im heimischen Hafen, es sei Zeit für sie zu heiraten. Eiskalt durchfuhr es sie. Ein langweiliges Leben an Land? Kochen und Nähen? Als typische Ehefrau eines gälischen Fürsten? Niemals! Doch dann heiratete sie Donal den Schlachtenreichen aus dem Haus der O'Flahertys, eine kluge Verbindung, die ihr Vater eingefädelt hatte. So lernte sie gleichzeitig die Politik als wichtiges Handlungselement kennen, denn gegen die feindlichen Engländer konnten sich nicht genug Iren verbünden. Nachdem ihr erster Mann gestorben war, blieb sie eine Zeitlang allein. Durch Mut und kluge Entscheidungen gelang es ihr, zur Anführerin des Clans gewählt zu werden. Als die Stadt Galway dank ihrer guten Geschäftsverbindungen wirtschaftlich zur stärksten Kraft der Westküste wurde, begann der Clan der O'Malleys mit Granuaile an der Spitze, deren Schiffe zu überfallen. Das war Seeräuberei – die Piratin war geboren. Natürlich ging es, wann immer möglich oder nötig, gegen die Engländer, die einen großen Teil Irlands besetzt hielten.

Den nächsten Mann, Richard Burke, auch Iron Richard genannt, suchte sie sich selbst aus. Der Mann gefiel ihr, aber auch hier spielte Machtkalkül eine Rolle, denn Burke besaß einen mächtigen Wohnturm, eine Flotte und viele Gefolgsleute. Die Heirat wurde nach gälischem Recht vollzogen, wonach eine Ehe nach einjähriger Probe von jedem der Partner aufgelöst werden konnte. Sie bekam einen Sohn,

Tibbot, an dem sie sehr hing (Tibbot war es, der später von Elisabeths Leuten gefangen genommen wurde). Auch der eiserne Richard gedachte, die wilde Granuaile mit dem Kind, besser noch mit mehreren Kindern, zu zähmen (to keep her pregnant and barefooted!). Was er unklugerweise laut verkündet hatte. Als er eines Tages nach Rockfleet Castle zurück geritten kam, wehte auf dem Turm nicht mehr die Flagge der Burkes, sondern die der O'Malleys, der Eintritt wurde ihm verwehrt und Granuaile, seine Grania, rief ihm von oben zu, das Jahr sei um!

Die Sonne war herausgekommen, und als ich die schmalen Holztreppen wieder hinab stieg, fiel Licht in das dunkle Verließ. Durch die Schießscharten, die auf der Innenseite mit Glasscheiben verschlossen waren, konnte ich die Straße und die Bachmündung erkennen – und die Nester der Krähen mit ihren Jungen, die sich in den engen Schlitzen eingenistet hatten. Ständig flogen sie die Scharten an, und begierig sperrten die kahlköpfigen Jungtiere ihre großen Schnäbel auf. Die Krähen von Rockfleet Castle, dem Turm der noch heute berühmten irischen Piratin. Sie war keine blutrünstige Frau oder eine jener Freibeuter, die nur auf Raub aus waren (auch unter jenen gab es Frauen, die ihr Unwesen trieben, zum Beispiel Anne Bonny, die Piratenkönigin der Karibik). Granuaile kämpfte für den Lebensunterhalt ihrer Leute, verteilte Beute an alle Beteiligten und an die Armen ihres Gebietes. Gleichzeitig ging es ihr um die Unabhängigkeit Irlands, die allerdings nach der Schlacht bei Kinsale im Jahr 1601 endgültig verloren ging. Zu bewundern ist, dass sie sich zu ihrer Zeit in einer von Männer dominierten Welt zu behaupten verstand. Ein Zeichen hierfür scheint immer noch der trutzige Turm des Rockfleet Castles zu sein, der jetzt, in der Sonne, zu wachsen schien, um uns zu erzählen, wer hier einmal das Sagen hatte.

Dass sie gegenüber ihrer großen Kollegin Elisabeth I., die die stärkeren militärischen Kräfte befehligte, generell Zugeständnisse machen musste, auch um ihren Sohn frei zu bekommen, schmälert ihre Bedeutung nicht. Leider müssen heute noch irische Historikerinnen und Schriftstellerinnen wie Anne Chambers um die Aufnahme der historischen Grace O'Malley in die Schulbücher kämpfen, was in England bereits geschehen ist.

Unablässig kreisten die Krähen über dem Turm und verschwanden kurz in den Schießscharten. Mit ihrem heiseren Quork, Qork erinnerten sie uns an Krähenschwärme, die wir an der Mosel bei Trier erlebt hatten, die sich Abend für Abend auf einer der Höhen, die mit Wein bepflanzt waren, niederließen. Hunderte, wenn nicht Tausende, waren es, die sich hier trafen. Sie kamen in größeren Schwärmen, in zählbaren Gruppen, als Einzelgänger. Der größte Teil ließ sich nieder, doch immer wieder flogen einige fort, kamen andere an. Und das Quork, Quork entwickelte sich zu einem undefinierbaren Gesamtgeräusch, das die Gegend zeitweise beherrschte. Alle schienen gleichzeitig zu reden, die unruhig Hockenden den Fliegenden etwas zuzurufen und umgekehrt. Eine sich steigernde Lautmalerei wie bei Schülern in einer Klasse oder bei Erwachsenen im Restaurant. Was erzählten sie? Die Wissenschaft weiß im Endeffekt noch wenig über Rabenvögel trotz langwieriger Studien. Sie sind gesellig, sie treffen sich, um ihre Führungsvögel auszusuchen oder zu balzen. Sie helfen sich bei der Futtersuche; viele Tiere, die Fressen gefunden haben, teilen es anderen mit. Manche trauen sich an bestimmtes Futter (Aas) nicht heran und brauchen Freunde und Helfer, die mitfliegen (und mitfressen). Solch große Mengen von Rabenvögeln wie auf den Moselhöhen hatten wir noch nie erlebt, obwohl wir diese Tiere überall in Europa, vor allem auch an den Küsten, wo sie durchaus den Möwen Konkurrenz machen und Fische fangen, angetroffen haben. Was erzählten sie? Was dächten sie wohl über die Menschen, wenn sie sie erforschten? Wie würden sie sich etliche unserer Verhaltensweisen erklären? Könnten sie das überhaupt? Vielleicht reden sie ja darüber. Vielleicht halten sie uns für unterentwickelt, weil wir nicht fliegen können. Man traut Rabenvögeln zu, bis sieben zu zählen. Ich vermute, sie können mehr.

Vielleicht werden sie uns eines Tages berichten, wo Granuaile geblieben ist, die nicht wie Elisabeth die Erste im Bett sterben wollte. Vielleicht erfahren wir dann, wohin sie mit ihrem Boot auf der letzten Fahrt gesegelt ist, wie an der Westküste gemunkelt wird. Sicher gelangte sie ins Tir Nag Og, in das wunderbare Land im Westen, das Land der Poesie, wo kein Geringerer als der große Dichter aus Stratford upon Avon ihr etliche Zeilen widmete.

WITTGENSTEIN IM WILDGEBIRGE

Sätze sind Bilder der Wirklichkeit.
Ludwig Wittgenstein

Was hatte Wittgenstein in Irland zu suchen? Tja, das wussten wir auch nicht, aber er war da, und wir waren da, wo er gewesen war. Der Philosoph hat viele Worte gemacht, obwohl er behauptete, es ließe sich eigentlich alles in wenigen, vielleicht sogar in drei Worten sagen. Gut gebrüllt! Außerdem sollen Sätze Bilder der Wirklichkeit sein. Hoffen wir, dass uns das gelingt.

Alles, was man wisse, nicht bloß rauschen und brausen gehört habe, ließe sich in drei Worten sagen, hat der berühmte Philosoph Ludwig Wittgenstein einmal behauptet.

«Das ist prima», erwiderte meine in manchen Dingen unbeirrbare Begleiterin, als ich ihr das Zitat vorlas. Auf meine Nachfrage hin erklärte sie:

«Dann könntest du wesentlich kürzere Texte schreiben, die Bücher würden nicht so dick, kosteten weniger und würden vielleicht öfter gekauft.»

Es handelte sich hierbei um eines unserer Lieblingsthemen unterwegs, wobei behauptet wurde, ich schriebe zu ausschweifend und käme häufig ab vom eigentlichen Thema, wonach ich zu entgegnen beliebte, das seien oft die interessantesten Sachen, und überhaupt würde sie viel zu viele Bilder malen und sich nicht genügend auf das einzelne konzentrieren. Es ging also um die Menge, die Quantität, mit der Wittgensteins Sentenz der ,nur drei Worte' uns beide traf. Man könnte sich mit dem Hinweis auf die Qualität auf eine andere Ebene retten, doch müsste dann bewiesen werden, diese erreicht zu haben. Vielleicht sollte man sich lieber nicht mit Philosophen einlassen. Oder es mit Snoopy aus der

Comic-Serie Die Peanuts halten, der als schriftstellernder Hund die Meinung vertritt, auch Quantität könne eine Art von Qualität, nämlich die Qualität der Quantität, sein. Gut gebellt, Snoopy! Well done!

Nun waren wir unterwegs allerdings sehr auf das Rauschen und Brausen der Natur aus, und so störte uns eigentlich nur das kleine Wörtchen bloß. Da aber schon Sokrates sein gesamtes Wissen in zwei Worte gepresst haben soll, wobei die Übersetzung vom Lateinischen ins Deutsche wesentlich mehr Worte machen muss (scio nescio – ich weiß, dass ich nichts weiß), ließen wir uns die Sache mit den drei Worten gefallen. Und gemeint hatte Wittgenstein vielleicht auch das Rauschen und Brausen der Natur, das er monatelang an einer einsamen Stelle der irischen Westküste genossen haben dürfte. Ludwig Wittgenstein, der Bruder des Pianisten Paul Wittgenstein, der im ersten Weltkrieg einen Arm verloren hatte, dem Ravel sein berühmtes Klavierkonzert für die linke Hand geschrieben hat, war, wie Experten sagen, ein origineller Philosoph des 20. Jahrhunderts, dessen Denkmodelle weit über die Philosophie hinausgehen.

Wir landeten am Kildoney Point, rumpelten auf einer Treckerfahrspur dorthin. Keine Häuser mehr. Steine, Wiesen, Tang, Schwäne, Möwen, Fischreiher, Kormorane, Austernfischer, Kaninchen und Bachstelzen. Und das Meer. Wir drehten bei, setzten den Bus parallel zu einem Steinmäuerchen. Auf der anderen Seite war das Meer. Und das Rauschen. Wir saßen draußen, blickten zum Horizont, schwiegen. Nahmen erst dann das unentwegte Zwitschern der Lerchen wahr.

Ab und zu ein Mensch. Ein Mann führte seinen zwölfjährigen Hund aus (was man so alles erfuhr!). Dann ein anderer Mann mit Stock, leicht gebeugt, eine Hand auf den Rücken gepresst, das Bild des Alters, das Ergebnis eines harten Arbeitslebens, die Lösung des Rätsels, das die Sphinx dem jungen Ödipus zu raten aufgab, indem sie fragte, welches Lebewesen am Morgen auf vier Beinen liefe, am Mittag auf zweien und am Abend auf dreien. Der Mann versuchte, sich in einem sehr knorrigen irischen Englisch mit uns zu unterhalten. Er, genauso wie die Frau, die später vorbei kam (auf dem Weg zum Muckross Head, wie sie erzählte), beklagte sich bitter über die Teuerungen. Gerade bei Waren des täglichen Bedarfs würden sie alle die Preissteigerungen spüren, die der Euro mitgebracht hätte. Auch wir konnten über manche Preise in Irland nur staunen, für ein Brot und einen halben Liter Milch hatten wir vor ein paar Tagen über sechs Euro bezahlt, das waren mehr als zwölf Mark!

«They changed one to one or fifty fifty», sagte der alte Mann, bevor er sich weiter schleppte.

Nicht nur das nahe Meer faszinierte uns. Auch der Blick umher, bei dem wir im Norden die schmale Landzunge des St. John's Point im Dunst liegen sehen konnten, die wir vor ein paar Tagen mit den Fahrrädern erobert hatten. Und im Osten, im Landesinneren, erhob sich der Benbulben, neben dem Croagh Patrick und dem Errigal Mountain einer der markantesten Berge Irlands und unser nächstes Ziel. Zum Benbulben also, nicht zum Croagh Patrick, auf dem der ,heilige' Patrick vierzig Tage lang ausgeharrt haben soll, zu dessen Gipfel die Iren in Pilgerscharen, manche barfuß sogar, bei Wind und Wetter hinaufklettern, um ihre religiösen Gefühle auszuleben, die man angeblich so leicht verletzen kann, oder um sich sehen zu lassen wie bei einem Theaterbesuch.

Vierzig Tage – eine der magischen Zahlen. Eine Weisheit aus der Wüstenlandschaft Libyens besagt: Wer auf demselben Stück Erde für mehr als vierzig Tage weilt, macht sich zum Sklaven dieses Stücks Erde. Weiser Patrick, der wohl so eben noch die Kurve nach unten, in die ungläubige Welt, gekriegt hatte.

Außer mit den Strukturen der Sprache und der Welt hat sich Wittgenstein mit einer Theorie des Bildes beschäftigt. Wir sahen einen Teil der Welt, die Oberfläche von Strukturen, wir sahen ein Bild (und einen Teil davon malte Ilse, dabei versuchend, unter die Oberfläche zu dringen). Wenn man über etwas in der Welt, über eine Tatsache, nachdenkt, dann ist, sagt Wittgenstein, der Gedanke ein logisches Bild dieser Tatsache, und weil Sätze Ausdrücke von Gedanken sind, sind sie selbst Bilder von Tatsachen.

«Also sind auch Maler und Malerinnen gezwungen zu denken, zu malen allein reicht nicht!», klärte ich meine Begleiterin auf.

Die fragte ziemlich kühl zurück, das klänge so, als meinte ich, Maler und Malerinnen würden oder könnten nicht denken, was zum einen natürlich Unsinn sei, zum anderen unklug.

«Weshalb unklug?», hakte ich nach.

«Weil man», sagte sie, «böse Überraschungen erleben kann, wenn man jemandem etwas nicht zutraut.»

Mit der Bemerkung, die Überlegungen seien ja im Prinzip nicht von mir, sondern von Wittgenstein, zog ich mich nicht sehr rühmlich aus der Affäre.

Lange noch saßen wir an diesem Abend draußen, direkt am Meer, sahen den Tag sinken und die Nacht heraufziehen, eine ruhige Nacht bis auf das leise Rauschen des Meeres und das Gluckern der kleinen Wellen, die am Strand leckten, sich auf der ansteigenden Fläche aus Sand und Kieseln zu Ende liefen. Wir wussten nicht, wovor wir Angst hätten haben sollen, wie viele Menschen meinen, die sich vor einsamen Stellen fürchten. Solange kein Sturm gemeldet war, der Monat Mai sich gemäßigt zeigte und der Golfstrom vorerst seine Richtung nicht geändert hatte, was Wissenschaftler prognostizieren, wenn das Eis der Arktis weiter abschmilzt, fühlten wir uns hier in der Natur gut aufgehoben, waren möglicherweise glücklich. Kildoney Point. Ein Ort voller Dinge, wie Hugo Hamilton schreibt, die mit Geld nicht zu kaufen sind, ein Ort, dessen Landschaft und Stille einen reich machen. *Tóin in aghaidh na gaoithe.* Was durch meinen geliebten Fontane bestätigt wird, der das Glück wirklich woanders liegen sah als in aufgetürmten Fünftalerscheinen. Und doch hätte er sie manchmal gern gehabt und gebraucht, diese Türme …

Nur schwerlich konnten wir uns am nächsten Tag von diesem ruhigen Fleckchen Erde trennen, von dem aus wir die riesige Fläche des Meeres und das Land mit seinen gewaltigen Bergen und Felsmassiven, die an einigen Stellen steil ins Meer abfielen, beobachten konnten. Wir versuchten, diese Eindrücke, die Blicke, die Düfte und Geräusche in uns aufzunehmen, hätten am liebsten alles geschluckt, um es uns sicher einzuverleiben, oder in Tüten verpackt, um es als Souvenir mit nach Hause zu nehmen. Erst um die Mittagszeit kamen wir los und näherten uns nach kurzer Zeit dem Benbulben. Dessen Silhouette ist unverkennbar, die steilen Abbruchkanten an der Vorderseite (welche ist die Vorderseite? Nennen wir sie so, wenn wir vom Meer kommen), die rötlich im Sonnenlicht schimmerten, das fast wie ein Quader auf der Längsseite liegende Felsformat, links (wir kommen vom Meer) leicht erhöht, dann langsam abfallend zur rechten Seite, mit abgerundeten Kanten.

Ein Weg lockte uns auf die Rückseite des Berges, wir gerieten auf den Glennif Horseshoe Loop, der sich durch in der Eiszeit entstandene schmale Felstäler schlängelte, unter Baumschluchten und zwischen kleinen Wiesen hindurch, die weiter oben von Schutt- und Geröllflächen abgelöst wurden. Weiter und weiter entfernten wir uns vom Benbulben, an den wir erst ganz zum Schluss wieder herankamen. Der Horsehoe Loop verlor sich immer mehr in einer Bergwildnis, die wir mit Hilfe der Karte als weitere, gewaltige Massive erkannten, der Truskmore, die Eagle Rocks und die Darty und Kiup Mountains. Sie alle verwehrten uns den Blick auf den Benbulben, häufig auch auf die Sonne.

Bei den Ruinen einer Baryt-Mühle legten wir eine Pause ein. Einige Sonnenstrahlen erreichten das kleine Tal, bis auf wenige Vogelstimmen war es völlig still, nachdem wir den

Motor abgestellt hatten. Ilse fragte mich erfreulicherweise nicht, was Baryt sei, so hatte ich die Chance, später zu Hause im Lexikon nachzuschauen, wonach es sich um ein farbloses Mineral, Schwerspat, handelt, das zur Gewinnung von Barytwasser dient, das bei der Wasserenthärtung und bei der Glasherstellung Verwendung findet. Nachdem wir uns gestärkt hatten, machten wir uns wieder auf den schmalen und kurvigen Loop, der uns als Rundweg endlich zu unserem Ausgangspunkt zurückbrachte. Die Rückseite des Benbulben blieb uns verborgen. Wir hätten sie gern gesehen, von weitem angeblickt, vielleicht ist sie ebenso beeindruckend wie die Vorderseite (wenn man vom Meer kommt). Besteigen wollten wir den Berg nicht, denn wenn man auf ihm steht, sieht man alles Mögliche, nur ihn nicht.

Parallel zum Benbulben, dessen senkrechte Felsfalten die Sonne, die ungehindert die Ebene zwischen Meer und Berg übersprang, rostrot im Nachmittagslicht glänzen ließ, fuhren wir weiter nach Süden und erreichten Drumcliff. Auf einem kleinen Friedhof außerhalb des Ortes, unter alten Bäumen, neben einem Kirchlein des St. Columban, liegt William Butler Yeats, einer der berühmtesten Dichter Irlands, begraben. Wenn schon viele Touristen diesen Friedhof aufsuchen, denn er ist in allen Reiseführern angegeben, so konnte ein Autor, und sei es nur einer von Reisebüchern, sich diesem Besuch nicht entziehen. Eine friedliche Stimmung empfing uns, beruhigte Nerven und Geist, lediglich die Krähen, die auf den Bäumen, auf dem Kirchturm und auch auf den Grabplatten hockten und scheinbar zusammenhanglos von Zeit zu Zeit krächzten, vermittelten ein wenig den Eindruck von Schrecken und Trostlosigkeit. Erinnerten uns an den krähenumflogenen Wohnturm der Grace O'Malley, der irischen Piratin. Yeats, der das berühmte Abbey Theatre gründete und

lange Zeit leitete, erhielt 1923 den Nobelpreis für Literatur.
Er schuf eine national-irische, mythisch-mystische, oft sym-
bolistische Dichtung, die nicht unumstritten ist.

*Ihr Lächeln, / das verklärte mich, / Hat mich zum Narrn
gekrönt, / Ich fasele jetzt nur vor mich hin, / Ganz des Verstands ent-
wöhnt, / So wie der Himmel sternenleer, / Wenn ihn der Mond verschönt.*

(Aus: Erste Liebe).

Nach der Besichtigung des Grabes, es befindet sich gleich am
Anfang des Friedhofes und wird doch von manchen gesucht,
nach der Erkundung der Lebensdaten 1865–1939 und des
eingemeißelten Spruches: *Cast a cold eye on life, on death.
Horseman pass by. Kalt blicke du / auf Leben, Tod, / Reiter, reit zu!,*
danach also, und nachdem man ein wenig enttäuscht einen
flüchtigen Blick auf die anderen Grabsteine und Platten
geworfen hat, obwohl es sich, wenn sich nicht allzu viele
Touristen verlaufen haben, um einen sehr kontemplativen
Ort handeln kann, unter den alten Bäumen, zwischen den
niedrigen Hecken, auch außerhalb des Kirchleins, vielleicht

BLICK AUF DEN
BENBULBEN

sogar eher draußen in der Natur, darf der erschöpfte Besucher sich im benachbarten Café niederlassen, einen aromatischen Tee trinken oder im Shop nach Andenken suchen oder in der kleinen Galerie Aquarelle und Porträtzeichnungen des berühmten Dichters und einiger seiner nicht minder berühmten Kollegen erstehen.

«Sei nicht traurig,» sagte Ilse, «ich male von dir nach unserer Rückkehr ein Porträt.»

«Ich bin nicht traurig», antwortete ich, «ich bin ganz schön froh, dass ich dort noch nicht liege, obwohl es kein schlechter Platz ist.»

Und ich schlug nach und zitierte aus dem Lied der Deirdre:

Liebe ist ein maßlos Ding, / Das nicht eher Ruhe kennt, / Bis es einen Flügel netzt, / Wo ein Lachen hüpft und brennt /... / Herz an Herz und Mund an Mund, / Hauch, gemischt in Lust und Not, / Ist die Liebe Sehnsucht nur / Nach den Dingen hinterm Tod?

Nicht nur der Horseman mit seiner Sense sollte zureiten, am besten sich ohne uns davon machen, auch wir zogen weiter nach Süden. Durch Mayo hindurch, wo sie nicht It could be worse sagen, sondern God help us!, was seine Gründe hat, wo es in weiten Teilen der Provinz nicht viel besser aussah als 1977 und uns verfallende Häuser, wenig gepflegte Farmen, dröge Dörfer und kaputte Straßen empfingen.

Einige Tage später kamen wir in die Nähe von Clifden. Nicht ohne eine Übernachtung neben einer Kuhweide, wo wir an einer niedrigen Mauer draußen unser Abendessen zu uns nahmen. Kühe sind neugierig und sehr beweglich, was Ilse immer schon behauptet hatte, weil sie ihr gern aus dem Bildausschnitt laufen. Es dauerte nicht lange und zehn dieser neugierigen Tiere kamen eins nach dem anderen heran, zeigten keine Angst vor uns, legten nebeneinander ihre Köpfe auf die Mauer, schnaubten, übersprühten uns mit ihrem feuchten Atem und versuchten, an unser Abendessen zu gelangen. Mit großen Augen schauten sie uns intensiv an, ihre ebenso großen Nasenlöcher wirkten wie zwei zusätzliche Augen. Wir fanden das sehr spannend, rückten unseren Tisch allerdings vorsichtshalber von der Mauer ab. Sie schubsten sich gegenseitig weg, um den besten Blick auf uns zu haben. Ausnahmsweise waren wir Menschen diesmal die Lebewesen, die besichtigt wurden, also hinter dem Gitter (oder Gatter) hockten. Ich versuchte, die Kühe zu verscheuchen, was nicht gelang, auch gutes Zureden nützte nichts. Sie traten höflich einen Schritt zurück, um sofort erneut nach vorn zu rücken, sobald ich wieder saß. Sie blickten uns so treuherzig an, dass wir unwillkürlich beschlossen, kein Rindfleisch mehr zu essen. Jedenfalls nicht an diesem Abend. Wir verspeisten stattdessen Couscous mit chicken wings.

«Das waren auch Tiere!» meinte die schlaue Ilse.

«Aber keine Rinder. Außerdem wurden sie vor unserem Beschluss geschlachtet», erwiderte ich halbherzig.

«Hm.»

Wir wurden nachdenklich. Ich weiß nicht mehr wann, die Natur half uns wohl, zogen unsere Zuschauer ab, um eine Fressphase einzulegen und dann mit ihren vier Mägen im Liegen zu verdauen. Wiederkäuer. Sie fressen Gras, das zunächst, wenig zerkaut, in den Pansen gelangt. Dort wird die Masse zerknetet und durch Bakterien zum Teil abgebaut. Dann wird sie zwischen Pansen und Netzmagen hin- und hergeschleudert, um gut durchmischt zu werden. Der Netzmagen befördert die Nahrung zurück in das Maul. Hier wird sie ordentlich durchgekaut, was den Begriff des

Wiederkäuens geschaffen hat. Danach gelangt der Brei in den Blättermagen und wird eingedickt. Anschließend gelangt er in den Labmagen, wo er enzymatisch durch Pepsin und Salzsäure endgültig verdaut wird. Eine ziemlich komplizierte Angelegenheit bei einem scheinbar einfachen Tier. Der Labmagen erinnert uns an das oder die Labsal, daran, dass wir uns an irgendetwas laben oder ergötzen können, ein Begriff, der in unserem täglichen Sprachgebrauch fast ausgestorben ist, obwohl er schön und verheißungsvoll klingt. Vielleicht sind die Kühe klüger als wir. Leider müssen sie dazu herhalten, uns nicht nur mit Milch und ihren Derivaten, sondern auch mit Fleisch zu versorgen. Wobei ungefähr vier Kilogramm Gras nötig sind, um ein Kilogramm Fleisch zu erzeugen. Eigentlich eine umständliche und kostspielige Art, Nahrung für den Menschen herzustellen, sagen die Vegetarier. Man könne durch Pflanzen genau so gut, wenn nicht besser, die nötigen Stoffe aufnehmen. Hans Wollschläger, anerkannter Ulysses-Übersetzer, geht in seinem Buch *Tiere sehen dich an* wesentlich schärfer mit uns ins Gericht. Denn – wir können uns noch erinnern – es gab eine Zeit, da wollten wir kein Schweinefleisch essen, weil es mit Nitrat verseucht war. Wir wandten uns den Kühen zu. Doch dann kam der Rinderwahnsinn und wir kehrten reumütig zum Schweinefleisch zurück. Es nützte nichts, denn alsbald breitete sich die Schweinepest aus, die Maul- und Klauenseuche. Ha, dachten wir, gewitzt wie wir sind, es gibt doch Geflügel. Und aßen Geflügelfleisch, entdeckten, dass es sogar Bockwürstchen aus Hühnerfleisch gab. Doch das Leben ist grausam, nicht nur für das Schlachtvieh. Es kam die Vogelgrippe aus Asien auf uns zu. Und in Abwandlung eines Liedes, das die Gruppe Bots auf den großen Friedensdemonstrationen der achtziger Jahre des vorigen Jahrhunderts häufig spielte (ein altes bretonisches Kampflied): Was wollen wir trinken, sieben Tage lang? können wir klagen: Was sollen wir essen, nicht nur sieben Tage lang?

Wollschläger geht es in seinem Buch nicht nur um die verquere ökonomische Seite unserer Ernährungsgewohnheiten, sondern vor allem um eine ethische Frage. Müssen wir unsere ‚Mitgeschöpfe‘, wie die Tiere im bundesrepublikanischen Tierschutzgesetz genannt werden, das eher ein Tiervernichtungsgesetz ist wegen seiner vielen Ausnahmen, massenweise töten, um uns die Bäuche so voll zu schlagen, dass viele Menschen davon krank werden? Die Quälerei der Tiere in Wissenschaft und Wirtschaft wird nach Wollschläger aus Sicht der Psychoanalyse zum Muster eines universellen Zerstörungszusammenhangs der Menschheit, deren gesamte Geschichte sich als Schlachtbank darstellt, von antiken Zeiten bis heute, von Alexander dem Großen bis zum KZ-Arzt Mengele, vom Massenmord der Türken an den Armeniern bis zu Pol Pot oder den Massakern in Ruanda, die noch nicht aufgearbeitet sind und längst von neuen Greueltaten überholt werden. Und – wirft uns Wollschläger vor – wir schauen zu, denn wenn wir es ertragen können, was mit unseren Haustieren in den Schlachthöfen geschieht, was sich aber kaum einer jemals angesehen hat, wenn wir das oder die Käfighaltung mit all ihren fürchterlichen Folgen erdulden, wenn wir es zulassen, dass Gänse gestopft und damit gequält werden, um irgendwann im feinen Restaurant in kleine Stücke zerlegt, gebraten und bestens gewürzt den Feinschmeckern als Nahrung zu dienen, dann machen wir uns schuldig an unseren ‚Mitgeschöpfen‘, über die wir Macht haben. Und, sagt Wollschläger, wir würden dadurch auch fähig, den Massenmord an Menschen zu ertragen. Steckt das

‚Potential Mengele', wie Experten das Phänomen benennen, in uns allen? Edel sei der Mensch, hilfreich und gut – aber was tun, wenn man Hunger hat?

An diesem Abend in Irland, im Angesicht unserer zehn neugierigen Freunde und Freundinnen mit ihrem komplizierten Magensystem, das ihnen ein Leben ohne Fleisch essen zu müssen ermöglichte (es ist ein Verbrechen, ihnen Futter aus dem zermahlenen Fleisch anderer Tiere zu geben, wie es geschieht), beschlossen wir zwar nicht, gar kein Fleisch mehr zu essen, wollten aber darauf achten, in Zukunft mehr pflanzliche Nahrung zu uns zu nehmen. Ein gutes Beispiel dafür sind Dinkelbällchen, die so raffiniert gewürzt und gebraten sein können, dass man sie geschmacklich nicht von Fleischfrikadellen unterscheiden kann. Und Kochbücher mit Rezepten für pflanzliche Speisen zeigen eine verblüffende Vielfalt raffinierter und gut schmeckender Gerichte. Allein, was man alles aus Kartoffeln herstellen kann! Und wenn man meint, seinen Heißhunger auf einen Fleischspieß mit Pommes Frites nicht bezähmen zu können, soll man, sagen kluge Menschen, eine saftige Möhre essen. Der Hunger auf Fleisch verflöge sofort und der Geruch des siedenden Fettes beim Braten der Pommes Frites sei einem verleidet.

Nach dieser grundlegenden Philosophie über die Notwendigkeit und Form der Ernährung können wir uns für einen Moment wieder Herrn Wittgenstein nähern. Hier an der Westküste, wir werden den Ort noch erreichen, hat er monatelang im Angesicht des gewaltigen Atlantiks gelebt und sich inspirieren lassen. Die Sprache sei mit der Welt über eine Abbild-Beziehung verknüpft. Wenn man über etwas in der Welt (von mir aus zum Beispiel über die Ernährung oder das Aquarellmalen) nachdenke, dann sei der Gedanke ein logisches Bild dieser Tatsachen, und weil Sätze Ausdrücke von Gedanken seien, seien sie selber Bilder von Tatsachen.

Das wollten wir in der Wirklichkeit nachprüfen und machten uns deshalb auf zum Killary Harbour, Irlands einzigem Fjord. Fjord, ein Begriff aus Skandinavien, der immer herhalten muss bei Gewässern dieser Art, die man in Spanien Ria, in der Bretagne und in Wales Aber nennt. Der deutsche Begriff Trogtal klingt allerdings sehr dröge, sodass wir lieber beim Fjord, in diesem Fall beim irischen Begriff Harbour, der sonst für Hafen steht, bleiben wollen. Der Mündungsbereich des Harbour liegt gegenüber der Insel Inishbofin. Zunächst hatten wir die Idee, an der südlichen Seite des Fjords bis zur Mündung entlang zu wandern. Hätten wir es bloß getan! Doch wir verwarfen den Plan (Think, you must come back!), fuhren mit dem Wagen bis zum äußersten Ende der Mündung und entdeckten einen kleinen Hafen, den wirklichen Killary Harbour. An einem halbabgewrackten Fischkutter werkelten zwei Männer, die sich gestört fühlten und uns unwillig grüßten. Ein Stück weiter lag ein Motorboot, und bis auf einige an Land aufgebockte Curraghs war mit dieser Aufzählung der Schiffsbestand erschöpft. Unweit des Hafens erhob sich ein langgestrecktes niedriges Gebäude mit einem Stallanbau. Eine Jugendherberge. Die Überlegung, Jugendherbergen ans äußerste Ende der belebten Welt zu bauen, stammt noch aus einer Zeit, die mit modernen pädagogischen Maßnahmen nichts zu tun hatte. Immerhin, diese Jugendherberge oder Damals-noch-nicht-Jugendherberge, dieses Haus, das man naheliegenderweise Quay House nannte, diente seinerzeit Ludwig Wittgenstein und anderen, zum Beispiel Oscar Wilde oder dem Maler Paul Henry, zu unterschiedlichen Zeiten als Domizil. Wittgenstein hielt es sechs Monate lang hier aus, ob sich dies positiv oder negativ auf seine Gedankenwelt ausgewirkt hat, wollen wir der Entscheidung eines jeden einzelnen überlassen.

Uns hielt es dort nicht, wir beschlossen, möglicherweise vom Philosophen inspiriert, über den Berg zu klettern, der zwischen Harbour und Fjord lag. Einen Weg gab es nicht, zunächst stieg das Gelände sacht an, feuchte Wiesen und leichtes Geröll begleiteten uns. Als Pfadfinder diente uns eine Stromleitung, deren Masten sich auf die Kuppe zu bewegten. Zum Schluss wurde es steiler und steiniger, etliche größere Felsbrocken legten sich uns in den Weg. Langsam und vorsichtig kraxelten wir höher und hatten es nach einer Stunde geschafft. Unter uns lag silbergrau der Killary Harbour genannte Fjord, nach links konnten wir seine Öffnung zum Meer sehen, nach rechts verschwand das Gewässer um eine Biegung. Ein weißes Motorboot der Killary Cruises tuckerte vorbei und ich bemerkte, das sei eine Möglichkeit gewesen, den Biotop zu erkunden, die wir nicht bedacht hatten. Ilses Schweigen war Antwort genug, selbst diese harmlose Seefahrt würde sie nur im Notfall unternehmen, deutete sie an.

«Na, ja», antwortete ich, der ich ganz gern mit Schiffen fahre, «erfreulicherweise werden wir den Notfall der Kanalüberquerung erleben, um auf den Kontinent zurück zu kommen.»

«Schlimm genug!», meinte die Malerin, beschäftigte sich mit dem Fotoapparat. Unter uns auf dem Wasser schwamm eine Fischzuchtanlage, sicherlich mit EU-Steuergeldern finanziert. Der Bergkamm war mit kurzem, hellgrünen Gras bewachsen, einige kümmerliche Sträucher und schwachgelb blühender niedriger Ginster belebten die Natur.

Nachdem wir uns satt gesehen hatten, aßen wir ein wenig Brot mit Wurst und Käse, tranken einen Schluck

Wasser dazu und machten uns auf den Rückweg. Vorsichtig und langsam setzten wir Fuß vor Fuß, warnten uns gegenseitig vor schwierigen Stellen, blieben stehen, wenn wir die Landschaft beschauten. Als wir fast unten waren, Felsblöcke und Geröll hinter uns gelassen hatten und uns ein leichter Wiesenabhang empfing, atmeten wir auf und beschleunigten unsere Schritte. Vielleicht wurden wir auch unachtsam, denn plötzlich rutschte Ilse auf einem feuchten Stück Wiese aus, stürzte und schrie auf. Ein eisiger Schreck durchfuhr mich, als ich ihr beim Aufstehen half. Der linke Fuß. Es hatte sehr weh getan, sie konnte aber noch vorsichtig auftreten. Wir hofften, es sei nur eine Verstauchung. Humpelnd und mit meiner Hilfe schaffte sie es bis zum Auto. So kam es, dass wir am nächsten Morgen in Clifden einen Arzt aufsuchten.

Die Räumlichkeiten der Praxis waren mit ausgemusterten Stühlen und Sesseln bestückt. Das Wartezimmer besaß keine Fenster, fast alle Plätze waren besetzt. Der abgeschabte Teppich verströmte einen muffigen Geruch. Nach einer halben Stunde Wartezeit wurden wir wohl vorgezogen, die Helferin rief uns herein. Das Behandlungszimmer wirkte eher wie ein Wohnzimmer, ein Pulsmesser war zu erkennen, sonst gab es kaum Geräte. Der Herr Doktor, ein ungefähr fünfzig Jahre alter gesetzter Mann mit beginnender Glatze, trug keinen weißen Kittel, saß in einem dunklen Anzug hinter seinem Schreibtisch. Er besah sich den angeschwollenen Fuß, betastete ihn kurz, zog einmal vorsichtig an den Zehen und beruhigte uns. Es war nichts gebrochen. Einige Tage Ruhe und die Sache sei erledigt. Und wir sollten vorerst keine Berge mehr besteigen.

Dann schrieb er ein Medikament auf, das sich später als Schmerzmittel herausstellte. Als wir das Formular unserer Krankenkasse für Auslandsaufenthalte zückten, das uns eine kostenfreie Behandlung in Irland ermöglichen sollte, schraubte er recht lieblos seinen Füllfederhalter auf, um einige Eintragungen zu machen. Doch legte er den Federhalter schnell wieder fort und begann, uns auszufragen. Über uns, unsere Heimatstadt, über die Ostdeutschen, den Nationalismus, über die deutsche Stahlproduktion, die Quelle der Ruhr, über Frankfurt, Freiburg und die schweizerischen Eisenbahnen, die wirklich immer pünktlich abführen, das könne er bestätigen. Denn die irische Art, mit Pünktlichkeit umzugehen... Er machte eine abwertende Handbewegung. Da kenne er aber die Deutsche Bahn und ihre regelmäßigen Verspätungen nicht, versuchten wir einzuwerfen. Seine Begeisterung für das Festland des Kontinents war nicht zu stoppen, längst kam er zum nächsten Thema, nicht ohne einen weiteren halbherzigen Versuch unternommen zu haben, das Formular auszufüllen.

Seufzend legte er den Füller auf die Schreibtischplatte, erwähnte die Teuerung in Irland. Das konnten wir bestätigen. Die Europäische Zentralbank habe den Zinssatz auf zwei Prozent herabgesetzt, da könne man ja nur lachen, meinte der Mediziner. Ilse empfahl, das Geld gleich in den Sparstrumpf zu stecken. Doch zunächst steckte sie ihren Fuß wieder in die Socke und sehr vorsichtig in den weit aufgeschnürten Schuh. Der Doktor stand auf, ging zu einem Computer in der Ecke, den wir noch nicht wahrgenommen hatten, und druckte ein Formular aus, das er achtlos beiseite legte. Daten hatte er nicht eingegeben.

Er ließ sich ächzend wieder in seinen Sessel fallen und stellte die Frage, die er wohl die ganze Zeit auf dem Herzen gehabt hatte (die Behandlung hatte lediglich fünf Minuten gedauert, die Unterhaltung währte dagegen bereits über eine Viertelstunde). Was denn ein Arzt in Deutschland verdiene?

Das war eine schwierige Frage, denn wir wussten es nicht genau, außerdem sind die Verdienste sicherlich sehr unterschiedlich. Ich bot ihm Zahlen zwischen drei- und fünftausend Euro an. So viel? Er wollte es nicht glauben. Eher mehr, schob ich nach. Er blickte skeptisch. Aus seinen Äußerungen konnten wir entnehmen, dass irische Ärzte im Durchschnitt wohl nicht einmal die Hälfte verdienen. Dazu die hohen Preise, auch kleinere Häuser kosteten inzwischen über 200.000 Euro. Viele Leute könnten sich Wohnungen nicht mehr leisten, in Dublin gäbe es mehr Obdachlose als Arbeitslose. Das erinnerte uns an die siebziger Jahre, als in Irland neben vielen Wohnhäusern in den ländlichen Bereichen Wohnwagen aufgestellt waren, was keinen Wohlstand bedeutete, sondern Wohnungsmangel. Nachdem der Doktor noch einmal auf den Nationalismus, den Stolz auf das eigene Land, gekommen war, wobei in Deutschland die Nazis diesen Begriff mit einem negativen Touch versehen hätten, in Irland sei das anders, stand er auf, um uns zu verabschieden. Doch dann fiel ihm, bei schon geöffneter Tür, sein Rombesuch ein, wo er bei einem Papstauftritt ganz vorn gesessen habe, so nah dran am Papst wie Mr. Kohl, the former german chancellor.

«Ein mächtiger Mann!», sagte er und lächelte süffisant, dabei beschrieben seine Hände die Figur eines sehr dicken Menschen.

Wir nickten, dann wurden wir gnädig entlassen.

Die Apotheke war gleich nebenan, dank unseres Krankenkassenpapiers bekamen wir auch das Schmerzmittel kostenfrei.

Die Meinungen der Experten über Wittgenstein gehen auseinander, doch bescheinigen ihm auch seine Gegner ein

Denken von außerordentlicher Originalität, das tief und brillant sei. Ob der Philosoph eine gewisse Mitschuld trug an Ilses verstauchtem Fuß, wollen wir dahingestellt sein lassen. Ilse hatte einen Satz gemacht, und ein Satz ist ein Bild der Wirklichkeit. Damit mussten wir uns abfinden.

TOLLKÜHNE MÄNNER

Manchmal gibt's das wirklich. Selbst in Irland, oder vielleicht nur dort. Der erste Non-Stop-Flug von Amerika nach Europa, acht Jahre vor Charles Lindbergh. Während einer der beiden Engländer den Gashebel durchdrückte, enteiste der andere auf der Tragfläche balancierend die Vergaser. Natürlich endete das im Sumpf! Es muss selbst die Iren stark beeindruckt haben. Sie setzten den Engländern am Landeort (oder sollte man besser sagen: am Absturzort?) ein Denkmal. Das will etwas heißen!

Hier möchte niemand landen, im Leben nicht. Der Himmel ist völlig zugezogen, unten zeigt sich eine an manchen Stellen aufgebrochene hellgraue Schicht, über die sich eine einheitliche dunklere gelegt hat, die die Welt abzudeckeln scheint. Tiefhängende Wasserwolken wälzen sich heran und hüllen Landschaft, Menschen und Tiere ein, wenn letztere sich an einem solchen Tag überhaupt hinaustrauen. Der drizzle verwandelt sich in Regen. Wind heult, kaum kann man die Autotür öffnen. Nein, hier möchte ich nicht landen müssen.

Hier, nahe der Ballyconeely Bay, südlich von Clifden, landeten sie, die beiden tollkühnen Männer in ihrer fliegenden Kiste. Anders können wir das Fluggerät kaum nennen, das von weitem aussah wie eins der Flugzeuge von Orville und Wilbur Wright, mit denen diese um 1903 herum als erste mit Motor in die Lüfte gingen. Allerdings ohne Zeugen. Oder wie das Gerät des Brasilianers Alberto Santos Dumont, mit dem dieser vor einer großen Menschenmenge am 23. Oktober 1906 am Bois de Boulogne in Paris in vier Meter Höhe ungefähr sechzig Meter weit kam.

Aus der Nähe betrachtet (das Original ist im Londoner Science-Museum zu besichtigen) entpuppt sich die Maschine der beiden Überseeflieger als ein speziell für diesen Flug umgebauter zweimotoriger Doppeldecker Vickers Vimy, der für den ersten Weltkrieg in den USA entwickelt wurde, aber nicht mehr zum Einsatz kam (er hätte als Langstrecken-flugzeug über eintausend Kilogramm Bomben tragen kön-nen, war mit vier Maschinengewehren bestückt und konnte neun Stunden in der Luft bleiben). Die für den Transatlantik-flug umgerüstete Vickers Vimy bekam Zusatztanks, um 3.200 Liter Benzin unterzubringen, denn sie musste, wie sich her-ausstellte, 16 Stunden und zwölf Minuten in der Luft bleiben. Dann bohrte sich die aus Holz und Stoff gebaute Kiste mit ihren zwei Holzpropellern, ihren Motoren und den beiden Männern in das Moor bei Ballyconeely. Der Sumpf und ein winziger Rest an Sprit sorgten dafür, dass nichts explodierte. Die Männer kraxelten zur Überraschung eines in der Nähe arbeitenden Farmers unverletzt aus dem auf der Nase ste-henden Flugzeug.

Am 14. Juni 1919 waren die englischen Piloten John Alcock und Arthur Whitten Brown zum ersten Non-Stop-Atlantikflug von West nach Ost in St. Johns, Neufundland, gestartet. Es lockte sie der von der Londoner Zeitung Daily Mail ausgesetzte Preis in Höhe von 10.000 Pfund. Am späten Nachmittag des 15. Juni hatten sie ihn gewonnen. Winston Churchill überreichte den beiden einige Tage später den Scheck. Die Iren waren davon sicher nicht allzusehr begeis-tert, dennoch sprangen sie über ihren Schatten und setzten den englischen Piloten ein Denkmal, das auf sie weniger anstößig wirkte als der von der englischen Besatzungsmacht aufgebaute Herr Nelson in Dublin.

Das rettende Ufer

Bäume beugen demütig
Grasbüschel geduckt
Der Atem der Welt, unerbittlich
von Südwest über die See
Warnungen von Mizen Head

Wohlbehalten an Land
Menschen im wiegenden Gefährt
wo die Flieger sich krallten
ans rettende Ufer
Die ersten aus der neuen Welt

Wir starren ins Grau
auf die Felsen im Moor
Der steinerne Flügel, aufragend
erinnert an die Tat und
die Angst auf der Tragfläche

Nachdem ich mühsam die Autotür gegen den Wind geöffnet
hatte, konnte ich herausspringen. Die Landstraße von
Clifden über Ballinaboy nach Cashel führte an einzelnen
Wasserausläufern der Bucht vorbei, gegenüber schlängelte
sich ein Schlaglochpfad durch die Landschaft, verschwand
im Landesinneren. Grüne Matten, auf denen wohl normalerweise Kühe oder Schafe weiden konnten, wechselten ab mit
sumpfigem Gelände, aus dem sich, wie unabsichtlich gesät,
etliche mehr oder weniger große Felsbrocken erhoben.
Verloren stand ein Trecker mit Einachsanhänger am
Wegesrand, als habe sein Besitzer von heute auf morgen das

Land verlassen. Weder Mensch noch Tier waren zu sehen, nicht einmal ein Schaf. Der Wind pfiff gehörig über die Ebene, die in der Ferne vor den bis zu siebenhundert Meter hohen Twelve Pins endete. Sie mussten einfach hier herunter, diese Berge hätten sie nicht überwinden können. Ich öffnete ein Gatter trotz des Hinweises, der in Deutschland mit der Tautologie ,Für Unbefugte verboten' übersetzt worden wäre. Die schlaglochübersäte schmale Piste wand sich in sachten Wellenbewegungen durch das Moor in Richtung Berge. Trotz Regen und Wind machte ich mich auf den Weg, der, zwischen Steinen und Binsen, die mich an die Burren erinnerten, die Bucht mit einem mir unsinnig erscheinendem Ziel verband. Hier konnte man wahrhaftig in die Binsen gehen, sumpfige Stellen glitzerten. In dieser Ecke der Welt schien man verloren wie Alcock und Brown über dem Atlantik. Da! Ein Stück vom Seitenruder! Nein, das Dreieck entpuppte sich als feucht glänzendes großes Stück Torf. Auch eine von mir dank meiner Phantasie als Rest einer Tragfläche empfundene Kühlschranktür enttäuschte mich. Ich wanderte weiter ins Nichts. Über mir die dunkler werdende Wolkendecke, um mich herum die Geräusche von Wind und Regen. Irgendwann umgab mich nur noch die Moorlandschaft, ich sah keine Zeichen menschlichen Wirkens mehr, nicht einmal eine Telefonleitung an spirrigen Holzmasten oder die Reste eines Zaunes.

Alcock hatte die Maschine geflogen, Brown navigierte. Sie rasten mit 100 Knoten, ungefähr 180 Kilometern, in der Stunde in niedriger Höhe über dem Wasser dahin, um Eisbildung zu vermeiden, horchten besorgt auf den Klang der beiden Motoren. Eine Notlandung auf dem Wasser wäre zwar möglich gewesen, wahrscheinlich aber der sichere Tod.

Die Wellen des Atlantiks hätten mit den empfindlichen Materialien der Flugmaschine leichtes Spiel gehabt, und wer hätte die beiden Flieger schon aus dem Wasser ziehen sollen? Sie flogen mit Kompass und Karte, ein Funkgerät gab es nicht. Irgendwann hörten sie den Lärm der Maschinen und Propeller nicht mehr, aber das war ein Trugschluss, ihre Ohren hatten sich an den Dauerklang gewöhnt.

Bei klarer Sicht waren sie gestartet, doch schon eine Stunde später gerieten sie in eine Nebelbank. Alcock zog die Maschine hoch auf 6.000 Fuß, rund 1.800 Meter. Später flogen sie stundenlang durch dunkle Wolken, nur selten klarte es auf und Brown konnte die Position feststellen. Zwischendurch schob sie ein günstiger Rückenwind, der Tachometer zeigte 190 km/h an. Regen, Hagel und Schnee prasselten auf die Maschine, die fürchterlich durchgeschaukelt wurde. Und es passierte, was sie eigentlich vermeiden wollten: die Motoren vereisten. Es half nichts, Brown, der Co-Pilot, musste auf die Tragfläche. Trotz eines steifen Beines, das er dem Weltkrieg zu verdanken hatte, quälte er sich über das Gestänge der unteren Tragfläche zu den Motoren, um das Eis von den Ansaugstutzen und Luftfiltern der Vergaser abzuschlagen. Immerhin waren die vorderen Tragflächenkanten noch nicht vereist. Aber diese verdammten Vergaser! Sein Kletterkunststück bei hundert Knoten Geschwindigkeit, das einem Zirkusartisten alle Ehre gemacht hätte, durfte Brown mehrmals durchführen, bis sie in wärmere Luftschichten gelangten. Als auch noch das Seitenruder vereiste, ließ Alcock das Flugzeug wieder auf 1.000 Meter sinken. Allein die Vorstellung, auf dieser zerbrechlichen Tragfläche während des Fluges herumklettern zu müssen, lässt einem die Haare zu Berge stehen. Kurz vor Irland gerieten sie noch einmal in dichten Nebel, Brown wiederholte unermüdlich die

Koordinaten und die Flugrichtung, Alcock fraß die Kompass-
nadel nahezu mit seinen Blicken auf, der Sprit ging zur
Neige, nur nicht kurz vor der Küste noch eine Bruchlandung
auf dem Wasser, nicht bei dem Wetter, dachte er, da riss der
Nebel auf: «Land, Land», schrie Brown, Alcock ging tiefer,
erblickte, wie er meinte, eine schöne Wiese zum Landen, und
dann waren sie auch schon unten.

Mein eigenes Flugabenteuer klingt dagegen äußerst harmlos.
Viele Menschen steigen in Flugzeuge wie andere in die
Eisenbahn oder ins Auto. Sicher, passieren kann überall und
jederzeit etwas, doch Fliegen verursacht bei mir, trotz aller
Faszination, ein äußerst ungutes Gefühl. Die Unbesorgtheit,
mit der ich Boote oder Schiffe besteige, fehlt mir bei
Flugzeugen völlig. Es kostet mich eine gehörige Überwindung, dort an Bord zu gehen. Nach zwei Urlaubsflugreisen,
eine davon mit einem Jumbo, der mitten in der Nacht über
dem Atlantik wegen eines Schadens wieder nach Paris
zurückflog, und einem abenteuerlichen Flug mit einer kleinen Propellermaschine nach Borkum einschließlich Nebel
und Umkehr kurz vor Gronau, überzeugte mich der Gedanke
an die Klimaprobleme, auf das Fliegen weitgehend zu ver-
zichten. Die Abschaffung des eigenen Autos kam 1983 dazu.
Doch immer schon wollte ich wenigstens einmal von Essen
nach Küntrop im Sauerland fliegen, weil wir dort in der Nähe
ein Wochenenddomizil haben.
    Mein Freund Günter und ich starteten an einem sonni-
gen Tag im Mai 2003 auf dem Flugplatz Essen-Mülheim mit
einem zweisitzigen Scheibe-Falke Motorsegler SF 25 C mit 80
PS, dessen durchschnittliche Reisegeschwindigkeit 150 km/h
beträgt. Vielleicht wären wir mit günstigem Rückenwind auf

Alcocks und Browns Tempo gekommen. Rekorde irgend-welcher Art waren nicht zu brechen, auch ein Denkmal würde für uns nicht aufgestellt werden. Mir reichte es völlig, heil und unbeschadet den Zielflughafen, den Landeplatz Küntrop zwischen Balve und Neuenrade, zu erreichen. Während wir über die Betonpiste rasten und Fahrt aufnah-men, um bei ungefähr achtzig Sachen abzuheben, ging mir natürlich einmal mehr einer der schief gegangenen Flüge, die mir bekannt waren, durch den Kopf. Es war noch nicht lange her, dass eine einmotorige Maschine von Essen-Mülheim aus nach Paris startete und eine Stunde später in der Nähe von Remscheid im Bergischen Land zerschellte. Beide Insassen kamen ums Leben. Warum sie bei gutem Flugwetter nach Osten anstatt nach Westen geflogen waren, konnte nie ermittelt werden. Erklärlicher war da schon die Notlandung eines Antonow-Doppeldeckers, der mit Touristen an Bord zu einem Rundflug über Essen aufgestiegen war. Der Pilot hatte eine Todsünde begangen und nicht genügend Sprit im Tank. Die Notlandung auf einem Golfplatz am Baldeneysee verlief glimpflich. Normalerweise kostet das die Lizenz, im ungün-stigsten Fall das Leben.

Eine scharfe Rechtskurve, die das Flugzeug fast auf die Seite legte, riss mich aus meinen Gedanken. Mein Pilot woll-te mir unser Haus zeigen, da wir gerade den heimischen Stadtteil überflogen. Ich erkannte lediglich im letzten Moment das in der Nähe befindliche Krankenhausgebäude.

«Sag das doch bitte vorher an!» bat ich. Wir trugen beide Kopfhörer mit Mikrofon, sodass wir flugzeugintern miteinan-der kommunizieren konnten, direkte Gespräche waren wegen des Lärms nicht möglich. Günter fühlte sich in seiner Maschine anscheinend so sicher wie ich mich im Auto. Der Druck in meinem Magen stieg weiter an. Ich zwang mich, geradeaus zu schauen und mich auf die Landschaft unter uns zu konzentrieren. Wie oft war ich dort schon mit dem Wagen, mit der Bahn oder mit dem Fahrrad hindurch gefahren, doch die Aussicht von oben ist eine ganz andere. Der Überblick verwirrt zunächst, weil wesentlich mehr zu sehen ist als am Boden und bei begrenztem Horizont. Ich erkannte die silbrige Schlange der Ruhr, dann das Autobahnkreuz bei Schwerte-Westhofen (so weit waren wir schon?), schließlich den mit einer Weltkarte buntbemalten Gasometer zwischen Witten und Wetter. Mein Pilot blickte mit völlig anderen Augen nach unten. Erst nach der Landung verriet er mir, dass er unterwegs stets nach Notlandeplätzen Ausschau hielt, die er auch ohne Motor segelnd noch erreichen konnte.

Ich horchte auf das Geräusch des Motors, das beruhigend gleichmäßig klang; keinen Meter vor uns, jenseits der Plexiglaskuppel, blitzten die Reflexe des Propellers. Dann begann mein Pilot zu sprechen, allerdings nicht mit mir. Er hatte auf eine andere Frequenz geschaltet und Kontakt mit der Flugplatzleitung in Küntrop aufgenommen. Die Landung wurde in West-Ost-Richtung erlaubt, und schon kurze Zeit später erkannten wir das große Lagerhaus, das direkt neben die Wiese des Landeplatzes gebaut worden war.

«Scheußlich», meinte Günter, «aber gut zu finden.»

Die Wiese kam mit erschreckender Geschwindigkeit auf uns zu. Erstens bremste uns der Seitenwind nicht, zweitens fällt der Wiesenstreifen in dieser Richtung leicht ab. Das wusste ich von etlichen Spaziergängen, bei denen wir verbotenerweise den Flugplatz überquert hatten, um abzukürzen. Wir brauchten deshalb wesentlich mehr Meter zur Landung als üblicherweise. Doch weit vor dem Ende der Piste kamen wir zum Stehen, Günter bog nach links ab auf eine Nebenfläche, wo wir das Flugzeug mit zwei Seilen und Häringen wie ein Zelt vertäuten, nachdem wir die Plexiglashaube aufgeklinkt und hochgeschoben hatten und ausgestiegen waren. Es gelang mir, ein Selbstauslöserfoto von uns dreien zu machen, von der Maschine, dem Piloten und mir. Ich konnte wieder lächeln, der Druck im Magen ließ langsam nach, verschwand aber erst endgültig am Abend beim Bier in der Balver Höhle, wohin es uns gezogen hatte, weil dort das jährliche Jazzfestival stattfand.

Nein, ein Kunststück wie Alcock und Brown hätten wir wohl nicht fertig gebracht, und bei Wind und Wetter raus auf die Tragfläche? Niemals. So ist es nur gerecht, dass man die beiden hoch lobte für den ersten Non-Stop-Transatlantikflug von Neufundland nach Irland, von Amerika nach Europa. Sie wurden kurz nach der glücklichen Landung vom englischen König zu Rittern geschlagen und erhielten später ein Denkmal in London.

Und selbst die Iren sprangen über ihren Schatten. Immerhin standen sie 1919 noch unter der Fuchtel Englands, erst in den Jahren 1921/22 wurde die Republik nach langen Kämpfen Freistaat und unabhängig, musste aber der Trennung von der nördlichen Provinz Ulster (Nordirland) zustimmen, die unter britischer Hoheit blieb. Die Iren bauten John Alcock und Arthur Whitten Brown dieses Denkmal an der Ballyconeely Bay, in der Nähe der Funkstation Gugliemo Marconis bei Derrygimla, von wo aus im Jahr 1901 der erste Funkspruch nach Amerika abgesetzt worden war. Direkt vor uns erhob sich ein grauer Steinflügel, ein symbolisches Seitenruder, aus dem Grau eines kleinen geteerten Platzes, zeigte wie anklagend in das Grau des Himmels. Unweit des

Denkmals, dort, wo ich mutlos ins Nichts gewandert war, hatte an jenem Junitag im Jahr 1919 ein Farmer gearbeitet und einen alten Zaun ausgebessert. Plötzlich hatte er einen seltsamen Ton gehört, erst schwach, dann stärker werdend, ein gleichmäßiges Brummen. Er blickte auf, nach Westen, in Richtung Meer. Von dort kam das Geräusch. Das war kein Schiff, keins der noch seltenen Automobile. Unwillig versuchte der Bauer den Dunst über dem Meer zu durchdringen. Ein kleiner dunkler Punkt schwebte in der Luft, kam näher. War das etwa ein Flugzeug? Aber hier flogen doch keine, und der Krieg war vorbei. Das Ding kam näher, man konnte plötzlich die längliche Kastenform der doppelten Tragflächen erkennen. Die flogen aber niedrig! Der Bauer hatte diesen Gedanken noch nicht zu Ende gedacht, als die Maschine über ihn hinwegbrauste und er sich unwillkürlich duckte, was ihm nichts genutzt hätte, wenn das Flugzeug tiefer gewesen wäre. Die wollen doch nicht landen? dachte der Bauer erschrocken, als das Flugzeug hinter einigen Felsen im Moor verschwand.

Die beiden Flieger hatten die grüne Fläche für eine Wiese gehalten und sich freudig auf eine problemlose Landung eingestellt, stolz, es geschafft zu haben. Doch dann entpuppte sich die harmlose Wiese als bösartiger Sumpf, das Flugzeug schlidderte über den glitschigen Untergrund, die vier Bugräder, je zwei unter den Motoren, brachen ein, die Maschine stellte sich ruckartig auf den Kopf und verschwand bis zum Cockpit im Morast. Glücklicherweise hatten sie keinen der großen Findlinge erwischt.

Unwillkürlich erinnert man sich an Leistungen anderer Flugpioniere. Der Franzose Louis Blériot überquerte als erster im Jahr 1909 mit einem Flugzeug den Ärmelkanal. Er kam bei einem anderen Flug mit einer ähnlichen fliegenden Kiste, in die wir freiwillig nicht einsteigen würden, ums Leben. Wenig bekannt ist, dass ebenfalls im Jahr 1919 als erstes Luftschiff das englische R 34 den Atlantik nonstop überquerte, und zwar hin und zurück. Als erstes Flugzeug überhaupt überquerte eine Curtiss NC aus den USA unter der Leitung von Commander A.C. Read 1919 den Atlantik in Etappen: New York, Trepassey Bay in Neufundland, Azoren, Ponta Delgada, Lissabon. Über 60 Schiffe der US-Navy, verteilt auf der Atlantikstrecke, dienten der Besatzung zur Orientierung (und Rettung, denn drei weitere Maschinen dieses Typs flogen mit und scheiterten). Man erkennt das Interesse des Militärs an diesen Dingen, denn für Flugabenteuer irgendwelcher Spinner hätte der US-amerikanische Staat bestimmt kein Geld ausgegeben.

Berühmt wurde der US-Amerikaner Charles Lindbergh, der als erster Mensch allein nonstop von New York nach Paris flog. Er kam mit seiner einmotorigen Ryan NYP Spirit of St. Louis auf eine Strecke von 5.808 Kilometern und brauchte 33,5 Stunden. Das Schlimmste sei zuletzt die Müdigkeit gewesen, berichtete er. Glücklich habe er sich gefühlt, als zunächst die irische Küste bei Dingle und den Blaskets auftauchte und später die Citroën-Reklame auf dem Eiffelturm leuchtete. Aber das geschah erst im Jahr 1927.

Ein Jahr später flogen zwei Deutsche und ein Ire von Deutschland aus mit der ebenfalls einmotorigen Junkers W-33L Bremen über England und Irland (Dublin) nach Neufundland: Flugkapitän Köhler, Co-Pilot Fitzmaurice und Navigator von Hünefeld. Da sie ein Militärflugzeug nutzten und unerlaubt abgeflogen waren, gab es hinterher zwar Lob, aber auch Entlassungen. Nach 37 Stunden Flug bei schlechtem

Wetter, starkem Gegenwind und Regen, ohne Funkgerät, gelang ihnen auf der neufundländischen Insel Greenly eine Bruchlandung. Die drei wurden einige Tage später in New York groß mit einer Konfetti-Parade gefeiert. Leider konnte sich kein deutsches Museum zum Ankauf des Rekordflugzeuges durchringen, sodass es schließlich vom Industriellen Henry Ford erworben und im Dearborn Museum ausgestellt wurde.

Dagegen landete der Dornier-Wal, ein zweimotoriges Wasserflugzeug, im Deutschen Museum in München, nachdem Flugkapitän Wolfgang von Gronau sich mit Eduard Zimmer, Fritz Albrecht und Franz Hack im Jahr 1930 von List aus unter sehr schlechten Wetterbedingungen über die Shetlands, die Faröer, Island, Südgrönland nach Cartwright bei Grady Island in Labrador durchgekämpft hatte. Über Halifax ging es dann nach New York, wo den vieren ein begeisterter Empfang bereitet wurde.

Im Juli 2005 startete der berühmte Ballonflieger Steve Fosset, der die Erde bereits sowohl mit einem Flugzeug als auch mit einem Ballon nonstop umrundet hat, zu einem Erinnerungsflug an Alcock und Brown. Er benutzte einen Nachbau der Vickers Vimy, überwand zusammen mit seinem Co-Piloten Rebholz dieselbe Atlantikstrecke. Sie hatten kein Funkgerät, kein GPS, sondern nur Kompass, Sextant und Karte an Bord. In niedriger Höhe fliegend, mit einer Durchschnittsgeschwindigkeit von 100 Knoten, brauchten sie 18 Stunden und 15 Minuten (also zwei Stunden länger) und landeten, wie vertrauenswürdige irische Experten behaupten, bei Loch acht des Connemara Golflinks.

Dort gibt es eine wunderbare kurzgeschnittene ebene Wiese und die Landung gelang perfekt. Der Sekt wartete bereits gut gekühlt im Club House.

Eine Windbö und ein kurzer Regenguss brachten mich aus meinen Gedanken zurück in die Wirklichkeit der sumpfigen Ebene an der Küste Connemaras, erinnerten mich an unsere Übernachtung am Lough Erne auf unserem Weg nach Norden. Über Mullingar, Castlepollard, Cavan und Bel Turbet waren wir bei Enniskillen in die Provinz Ulster des englischen Irlands gekommen. Der teuerste Standplatz unserer gesamten Fahrt kostete uns fünfzehn Pfund für eine Nacht, ungefähr dreiundzwanzig Euro. Immerhin lag er direkt am See und bot ein Restaurant, wo wir einen Schluck tranken. Dort hingen an den Wänden große Fotos von Flugzeugen aus dem zweiten Weltkrieg, die mich neugierig machten. Den wenigen beigefügten Informationen konnte ich entnehmen, dass auf diesem See damals Wasserflugzeuge starteten und landeten, die die US-amerikanischen Nachschubkonvois ein Stück weit über den Atlantik begleiteten, um Jagd auf deutsche U-Boote zu machen. Bis zu fünfzehn Stunden waren die wuchtigen zwei- und viermotorigen Propellerflugzeuge in der Luft. Den Piloten, die nicht wiederkamen, wurden die höchstmöglichen militärischen Ehren gewährt, erläuterte ein kleines Hinweisschild.

Als ich von meiner Wanderung durch die traurige Einöde zurückkehrte, begrüßte mich Ilse mit leckerem Weißbrot, Camembert und einigen Birnenschnitzen. Dazu gab es einen Schluck Rotwein. Der Bus schützte uns vor den Unbilden des Wetters. Der Himmel war völlig zugezogen, zeigte an manchen Stellen aufgebrochene hellgraue Schichten, über die sich eine einheitliche dunklere gelegt hatte, die die Welt abzudeckeln schien. Wasserwolken wälzten sich heran und hüllten Landschaft, Menschen und Tiere ein, wenn letztere sich an einem solchen Tag überhaupt hinaustrauten. Der drizzle hatte sich in kräftigen Regen verwandelt. Der Wind heulte und schüttelte das Auto, als wollte er es in die Sümpfe schieben. Unsere Blicke wanderten zum Meer, zum Denkmal für Alcock und Brown und dann zum Moor. Nein, hier möchte ich nicht landen müssen, dachte ich, hier nicht. Dann schon lieber in Küntrop, von dem kaum jemand weiß, wo es liegt. Dort gibt es weniger Felsen und keinen Sumpf, und ich fühle mich auf dem vom Holzwurm angenagten Fußboden unseres Wochenendhäuschens sicher und wohl.

Der Name der Flugplatzgaststätte macht jedoch nachdenklich: Ikarus...

MALIN BEG

ERINNERUNGEN III

Irland färbt auf Reisende ab. Sonst könnte man dort nicht von der Südsee träumen und Paul Gauguin treffen. Außerdem klären wir, warum die Schlaglöcher in Irland immer auf der Straßenseite sind, auf der man mit den Fahrrädern unterwegs ist, und auch Martin Hannigan beschäftigt sich auf seine Weise mit den pot holes. Und wenn man nicht mehr weiter weiß, hilft Flann O'Brien, der ahnt, dass es hinter dem Horizont immer noch einen Horizont geben soll. Das alles spielte sich im Jahr 1993 ab.

Die Geschichte von Martin Hannigan aus Cavan

Wir saßen in dem gelben Haus mit seinen dunkelgrün umrandeten Fenstern und Türen, das an der Strandpromenade Wind und Wellen trotzte. Das gelbe Haus nannte sich O'Looney's (Surf, Seafood, Stout) und stand im berühmten Badeort Lahinch. Ein Schild, das nachlässig an der Hauswand lehnte, bot noch einmal deutlich an, was nahezu wie eine Drohung klang: Food served here! Die Stromdrähte, die sich an windschiefen Holzpfosten zum Haus hangelten, schlugen im Wind. An einem der Pfosten zitterte eine Neonlampe, zwei Autos parkten vor dem Zaun, der die Düne abgrenzte, ein Mann in gelbem Ölzeug stützte sich auf den Zaun und blickte auf das Meer. War er traurig, sich nicht auf einem Schiff zu befinden, da, wo Schiffe hingehören, oder war er froh, sicheres Land unter sich zu haben? Die klobige Holzbank vor dem Eingang zu O'Looney's beanspruchte an diesem Tag niemand.

Unser Zelt stand am Ortsrand auf dem Campingplatz hinter einem Hügel, der ein wenig Schutz bot. Wir ließen es wegen der Böen ungern unbeaufsichtigt, hatten eine Plastikplane unter den Boden gelegt, der undicht geworden war.

Ich muss doch einmal Reinhold Messner fragen, dachte ich, welches Fabrikat er bevorzugt. Der mechanische Kilometerzähler am Fahrrad hatte Wasser geschluckt, wegen der beschlagenen Sichtscheibe konnte ich keine Angaben mehr erkennen. Ilse lächelte über meine Akribie, die genauen Kilometerstände festzustellen und zu notieren.

«Das prüft doch eh keiner nach», meinte sie.

«Ich, ich prüfe das, ich muss doch glaubwürdig sein.»

«In einem Buch über Irland? Wo die Menschen noch menschlich sind und uralte Sagen erzählen von Gälen, Kelten und Normannen? Wo du höllisch aufpassen musst, dass dich der irische Humor nicht hinters Licht führt? Über ein Land, das manchmal hinter den Regenschleiern verschwindet oder unter Sturmwirbeln, wo immer das, was du suchst, weit dahinter ist, weit hinter dem, was du siehst, oder wasweißich wohinter?»

Ich nickte.

Ansonsten hatten wir mit den Rädern keine Probleme. Nur mit Ilse bekam ich Ärger, wenn ich die Ketten mit dem Inhalt unserer kleinen Sonnenblumenölflasche schmieren wollte.

Wir hockten bei O'Looney's. Ein Sturm hatte uns hineingetrieben, der Sturm, der sich seit zwei Tagen uns entgegen arbeitete. Es hatte einmal mehr eine Warnung für Mizen Head und die Südküste gegeben. Der Wind würde dort bis auf Stärken von acht bis zehn auffrischen. Oha, dachte ich, zehn wäre wohl ein schwerer Sturm, der Bäume entwurzeln und Dächer abheben konnte. Ganz abgesehen davon, was er mit Fischkuttern draußen auf dem Meer treiben würde. Vielleicht war der Mann im gelben Ölzeug doch froh, an Land zu sein. Nun war der Wind da und mit ihm der Regen. Ilses Blicke wanderten durch die größtenteils beschlagenen

Fensterscheiben nach draußen, auf den Atlantik hinaus. Wahrhaftig, zwei Surfer glitten über das Wasser, weit vor dem Strand. Kaum hatten wir uns mit einem Schluck Smithwick's zugeprostet (boykottierten wir Guinness? Nein, das gelingt kaum, auch Smithwick's kommt von dieser Firma, die zum britischen Konzern Diageo – das klingt überhaupt nicht britisch – und zum US-amerikanischen Budweiser-Konzern – das klingt eher tschechisch – oder noch zu ganz anderen Unternehmen gehört, wie gemunkelt wird), begann sie mit einer ihrer Lieblingsbeschäftigungen. Sie ließ ihren Zauberblick, man denke an das Hag's Head bei den Cliffs of Moher, auf die Surfer hernieder und schon lagen sie im Wasser. Sie mag Surfer nicht, warum weiß kein Mensch. Und sie legt sie einfach aus der Ferne um. Ich wollte es anfangs nicht glauben. Neuerdings funktioniert es sogar ohne ihr Hingucken, es reicht, dass sie sich in Strandnähe aufhält.

Irland begann auf uns abzufärben. Willkommen bei den Käuzen. Man muss einfach daran glauben, das sagt die Kirche auch; wobei selbst berühmte irische Lyriker, wie zum Beispiel der Nobelpreisträger von 1995, Seamus Heany (attention, die Iren kommen!), gern Sagen, Legenden und Zaubereien für wahr nehmen, auf jeden Fall, wenn sie sich auf die Herkunft der eigenen Familie und deren Namen beziehen. Folk music erklang aus unsichtbaren Lautsprechern, das Smithwick's schmeckte immer besser, eine angenehme Müdigkeit durchzog unsere Körper. Während Ilse einige Typen, die an der Theke die Barhocker bevölkerten, zeichnete, beschäftigte ich mich mit einer von mir entwickelten Theorie über Schlaglöcher, notierte einige Zeilen in mein Ringbuch, blickte in das unergründliche Dunkel der Holzdecke, denn anscheinend waren nur von da erhellende

Erkenntnisse zu erwarten. Noch ein Smithwick's, bitte. Die Kelten, so heißt es in wissenschaftlichen Publikationen, die Kelten huldigten dem Trunke und der Dichtung. Auch ich wollte wissenschaftlich arbeiten, ob das Bier dabei half? Ich nahm es einfach mal an, die Wissenschaft arbeitet häufig mit Annahmen, Axiomen, und als der frische Saft vor mir stand, nahm ich genussvoll einen Schluck, dachte an den vergangenen Tag, als wir auf dem Weg nach Lahinch gewesen waren.

«Fällt dir 'was auf?» rief Ilse, drehte sich kurz um, damit der Wind ihre Worte nicht verwehte.

Ich war gerade dabei, einigen größeren Schlaglöchern auszuweichen.

«Was denn?»

«Die Schlaglöcher!»

«Wieso?»

«Die sind immer auf unserer Seite!»

Quatsch!, dachte ich. Aber schöner Quatsch.

Mein Hinterrad erwischte gerade eins, nicht allzu tief, doch unangenehm. Ich versuchte im letzten Moment, aus dem Sattel zu steigen, denn das arme Hinterrad hatte die größten Belastungen durch Fahrer und Gepäck auszuhalten. Dann wurde ich nachdenklich. Gewiss, jetzt gerade – aber das war natürlich Zufall – waren die Schlaglöcher wieder auf der linken Seite der Fahrbahn, auf unserer Seite. Aber was bedeutete Zufall, da waren sich Philosophen und andere Wissenschaftler nicht einig, manche behaupteten gar, der Begriff erkläre nichts, sei nur eine oberflächliche Hilfsbezeichnung für ein nicht oder anders zu erklärendes Phänomen. Allgemein gilt der Zufall als das, was ohne erkennbaren Grund und ohne Absicht passiert. Im engeren Sinn versteht man heute unter Zufall zwar kausal bedingte Ereignisse, die aber absichtslos und unvorhergesehen geschehen. Die Theologen haben natürlich ihre eigenen Theorien und Spekulationen, die sie Glauben oder Wahrheit nennen, um den Zufall abzulehnen; sie sagen, der weise alte Mann mit dem Bart könne nicht fehlen und habe alles im Voraus bestimmt. Selbst Einstein soll einmal gesagt haben, Gott würfele nicht, aber dann hatte er ergänzt, er verstünde unter Gott etwas anderes als die Theologen und hatte die Relativitätstheorie nachgeschoben, die Sache mit der vierten Dimension und der Raumzeitkrümmung. Das begreifen Theologen eh nicht, das verstehe ich ja kaum. Zurück zu den Schlaglöchern, die möglicherweise nicht dem Zufall, sondern einer Absicht zu verdanken waren. Den Straßenbaubehörden?

«Wart's ab», rief ich nach vorn, «gleich kommen rechts welche!»

Als Realist ein Freund des Zufalls, wollte ich trotz leiser Zweifel den Iren in dieser Sache nicht unbedingt Absichten unterstellen. Erfreulicherweise schien die Wirklichkeit diese

Überlegung zu bestätigen, es folgte ein Stück Straße, das völlig in Ordnung war. Links begleitete uns eine efeuüberwachsene Bruchsteinmauer, rechts am Straßenrand eine Baumreihe, wir durchquerten ein Dorf ohne Hunde, der Gegenwind war (noch) mäßig, Lahinch nicht mehr allzu weit entfernt. Mit anderen Worten, das Leben konnte herrlich und das Radfahren eine Freude sein.

Plötzlich wich Ilse auf die Gegenfahrbahn aus. Der Verkehr war zwar mäßig, aber trotzdem sollte man das nicht tun. Es war unverkennbar. Die nächste Schlaglochstrecke erwartete uns, und zwar eindeutig links. Ilse drehte sich gar nicht erst um, deutete nur mit der Hand und fuhr in Schlangenlinien. Keep left! Die rechte Seite zeigte sich völlig sauber asphaltiert, glatt, man hätte von ihr essen können. Unsere Fahrbahn dagegen schien die geflickteste der ganzen Republik zu sein.

Da fiel mir de Selby ein, der Professor aus Flann O' Brien's Roman Der dritte Polizist. De Selby hatte nachgewiesen, dass Straßen eine bestimmte Richtung haben. Sie führen jeweils von einem Ort zum anderen, aber nicht zurück, und das ist ihre je spezifische Richtung. Und in dieser ihrer Richtung haben die Straßen ihre besonders für Radfahrer angenehmen Gefälle. Beispiel: die Liverpool Road in London führt nach Liverpool. Eindeutig, und nicht von Liverpool nach London. Und in Richtung Liverpool, von London aus gefahren, hat diese Straße ihr Gefälle.

«De Selby!» rief ich Ilse zu.

«Was?» Sie hatte nicht verstanden. Die schlechte Wegstrecke war inzwischen vorbei, ich holte auf.

«De Selby», sagte ich, «Professor de Selby hat's bewiesen, das mit dem Gefälle. Vielleicht ist es mit den Schlaglöchern ebenso.»

Ilse hatte das Buch noch nicht gelesen. Ich erklärte ihr die mit deduktiver Schlüssigkeit anhand empirischer Beobachtungen erhärteten Feststellungen des Professors. Die entsprechenden Fußnoten bei O'Brien sind manchmal länger als der eigentliche Text. Das lässt sich wohl bei streng wissenschaftlichen Methoden nicht immer vermeiden.

Wir passierten ein Hinweisschild, das die restliche Entfernung bis Lahinch mit sechs Meilen angab.

«Wir sind auf der falschen Straße!» stellte ich fest.

Ilse blickt zweifelnd.

«Doch, denk' an die Schlaglöcher.»

Wir beschlossen, das Problem im nächsten pub bei einem Bier zu erörtern. Nachdem die beiden gelbschaumigen pints vor uns standen, breiteten wir unsere Straßenkarte aus. Ich erläuterte ausführlich de Selby's Feststellungen. Ilse meinte nachdenklich, dass möglicherweise wirklich die Theorie der Straßengefälle – die wir nur bestätigen können, es gibt Steigungen genug, nicht nur in Irland, auch in anderen Ländern – auf die Schlaglöcher übertragbar sei.

Ich nickte: «$E = mc^2$.»

Sie blickte mich fragend an. «Wenn Einstein Recht hat, kann de Selby nicht falsch sein.»

«Richtung und Gefälle, Straßenseite und Schlaglöcher», murmelte sie, wischte sich Schaum aus den Mundwinkeln. Sie deutete auf die Straßenkarte:

«Die Karten sind alle falsch, oder müssen ergänzt werden.»

«Richtig», bestätigte ich, «oder die Iren müssten wirklich mal die Schlaglöcher reparieren, was ich mir nicht vorstellen kann. Also noch vier Meilen bis Lahinch.»

«Auf der falschen Straße!»

«Auf der falschen Straße.»

«Yes, Sir, also los und weiter.»

Bezahlt hatten wir schon, wir erhoben uns, verließen den gastlichen Ort und stiegen auf die Räder.

«Der O'Brien», sagte ich beim Losfahren, «der O'Brien, der Große Federkiel hab' ihn selig, müsste eigentlich eine Fortsetzung von *Der dritte Polizist* schreiben. Vielleicht *Das dritte Fahrrad und die Schlaglöcher* oder so.»

«Nicht der O'Brien in seinem Autorenhimmel», rief Ilse mir nach und klingelte vergnügt. «Nicht der O'Brien, Du!»

Bis Lahinch fuhr ich schweigend.

Die Nacht war dunkel. Über die Bankette einer der schmalen Landstraßen im Bezirk Cavan schritt ein Mann, der sich einen Rucksack übergeworfen hatte. Er schritt kräftig aus, schien sein Ziel genau zu kennen. Manchmal pfiff er leise vor sich hin. Straßenlaternen gab es nicht und Autos fuhren nicht mehr, denn es war schon nach Mitternacht. Plötzlich blieb der Mann stehen und versuchte die Dunkelheit mit seinen Augen zu durchdringen. Dann nahm er den Rucksack ab, holte Gegenstände heraus, ließ den Rucksack am Straßenrand liegen und begab sich auf die Fahrbahn. Dort bückte er sich und hantierte eine Zeit lang herum. Dann erhob er sich, packte die Gegenstände wieder in den Rucksack und ging, jetzt fröhlich und laut pfeifend, weiter. Dies wiederholte sich mehrmals, außerdem sprang der Mann einige Male in den Straßengraben, hob etwas auf und stopfte es in den Beutel. Als er weiter ging, schepperte es bei jedem Schritt.

Später, nachdem sie ihn erwischt hatten, weil er leichtsinnig geworden war, stellte sich heraus, dass dieser Mann Martin Hannigan hieß. Martin Hannigan aus Cavan hatte eines Tages die Schnauze voll gehabt. Die zunehmende Anzahl der pot holes, der Schlaglöcher, auf den Landstraßen der Provinz Cavan und die Inaktivität der zuständigen Behörden brachten ihn auf die Palme. Iren sind Improvisieren und Selbsthilfe gewohnt, so griff Martin zu Farbe und Pinsel. In besonders dunklen Nächten war er auf den Landstraßen unterwegs und pinselte. Pinselte mit weißer Farbe unübersehbar groß Stop oder Danger vor die holes, die er zusätzlich mit gelben Farbkreisen markierte. Außerdem begann er die Radkappen der Autos zu sammeln, die sich dank der Schlaglöcher in den Straßengräben angehäuft hatten. Nachdem zunächst die örtliche Presse in humorvoller Form über den nächtlichen Asphaltkünstler berichtete, ohne ihn zu kennen, wurde das Ganze schließlich zum Politikum, nachdem man Martin in flagranti erwischt hatte. Und zwar am hellichten Tag. Die Nächte hätten nicht mehr ausgereicht, gab der Übeltäter zu seiner Entschuldigung an.

Die Sache sprach sich herum und der Umweltminister sagte einen finanziellen Zuschuss für die Provinz Cavan zu, der allerdings, wie sich nach Monaten herausstellte, wer weiß wohin geflossen sein musste, nur nicht in die pot holes. So griff Martin frohgemut in dunklen Nächten erneut zu Pinsel und Farbe. Das fiel natürlich schnell auf. Jetzt versuchte die Verwaltung auf diplomatischem Wege, den Künstler vom Schlaglochpfad abzubringen. Dem arbeitslosen Martin wurde ein Job in der Behörde angeboten. Auf die Idee, die Löcher zuzumachen, kam man nicht. Aber das unterschied die irische Verwaltung keineswegs von jeder anderen in Europa.

Hannigan hatte abgelehnt.

Er habe genug zu tun, sagte er. Und malte weiter.

Lange saßen wir bei O'Looney's. In O'Looney's gelber Bude in Lahinch. Sehr lange. Dachten an Professor de Selby, an Martin und die pot holes, und fragten uns, ob er wohl immer noch unterwegs war, besonders bei solch wilden Nächten wie heute. Das würde uns sehr freuen, denn vor allem die linken Straßenseiten hatten es oft bitter nötig, nicht nur im Bezirk Cavan. Und vielleicht würde es ja nützen, gegenüber Behörden musste man eine lebenslange Geduld entwickeln. Manche Fortschritte zogen sich, wie die Geschichte zeigt, über mehrere Generationen hin.

Dann kehrten wir im Dunkeln zum Zeltplatz zurück. Der Wind hatte zugenommen, blies das Regenwasser aus den Schlaglöchern. Stärke acht, schätzte ich.

Das Zelt stand noch.

Der Mann, den es nicht gab

Hätte er doch geschwiegen, dieser Pierce Ferriter!

Pierce war Bauer. Schon lange, in Ballyferriter oder Baile an Fheirténraight oder Baile an Feirteiris auf der Dingle Halbinsel in West Kerry. Schon seine Vorfahren waren hier ansässig gewesen, so lange man denken oder erzählen konnte.

Pierce war vierunddreißig Jahre alt, ein kräftiger, kurzhaariger Bursche mit verschmitztem Gesicht. Auch bei schlechtem Wetter ließ sein Oberhemd die Brust sehen, die Regenjacke wehte offen im Wind. Fest verwurzelt in irisch-gälischer Erde, war Pierce gewissen Modernisierungen gegenüber jedoch nicht abgeneigt, zumal einige Kollegen, eigentlich Konkurrenten, im pub immer öfter von der Europäischen Gemeinschaft und von gewissen Geldern redeten.

Also beschloss Pierce eines schönen Tages, seine Farm an diesem Ende der Welt – der Ort Dingle bezeichnet sich gern als Europas westlichste Hafenstadt – auf Vordermann zu bringen. Er beantragte einen finanziellen Zuschuss zwecks Modernisierung. Die Sache ging ihren Gang und schließlich fehlte, wie die zuständige Behörde ihm schrieb, nur noch die Geburtsurkunde. Ein Klacks, sollte man meinen. Doch Pierce Ferriter schüttelte den Kopf. Zwar war er nachweislich sichtbar geboren, man wusste auch das Jahr 1957, aber eine Geburtsurkunde existierte nicht. In Kerry soll das damals häufiger vorgekommen sein. Das nützte wenig: Pierce war nicht registriert, es gab keine Geburtsurkunde, damit keinen Pierce Ferriter und deshalb auch kein Geld. Es ging hin und her, schließlich ließ sich über das Zentralregister in Dublin etwas machen. Pierce sollte dort nachträglich registriert werden und dann seine Geburtsurkunde bekommen. Das Geld würde fließen.

Doch nicht so bei Ferriter in Ferriter. Artikel acht der irischen Verfassung benennt die gälische Sprache als erste Landessprache vor dem Englischen. Und darauf sind die Iren stolz. Ganz besonders stolz war Pierce Ferriter. Er bestand darauf, unter seinem gälischen Namen Piaras Feirtear eingetragen zu werden. Das lehnte die Behörde ab. Den Pierce Ferriter hatten sie noch so eben in Dublin notiert, einen Piaras

Feirtear aber konnte man den Akten beim besten Willen nicht entlocken. Den gab es nicht, weder in Dublin noch in Ballyferriter oder Baile an Fheirténraight oder Baile an Feirteiris. Der Zuschuss rückte in weite Ferne, die Kühe warteten weiter auf die neue Melkanlage. Doch ein Kelte gibt so leicht nicht auf. Pierce mobilisierte Freunde und Bekannte, Rechtsanwälte und die heimische Presse mit dem beziehungsreichen Namen The Kingdom, der an das Vereinigte Königreich von Großbritannien und Nordirland erinnerte. Das Schicksal gewährte dem Mann, den es nicht gab, eine letzte Chance zur Wiedergeburt. Man fand in Dublin ein altes Wählerverzeichnis, in dem Piaras Feirtear erwähnt war. Und dann war er endlich auch offiziell vorhanden, der Mann am Slea Head, das Geld floss auf sein Konto und die Milch der Kühe seitdem durch kalte Metallröhren.

Hätte er besser geschwiegen? The man, who didn't exist, der Mann, den es nicht gab? Keine Behörde, auch nicht das Militär, würde ihn finden, und den geregelten Ärger mit den Brüsseler Bestimmungen könnte er sich ersparen. Er würde still und geheimnisvoll an diesem Ende der Welt sein typisch irisch-gälisch-keltisches Leben, sein uneuropäisches oder erst recht europäisches Leben führen, und nur die Krähen würden es von den Dächern krächzen, dass Pierce eigentlich Piaras hieße oder umgekehrt oder überhaupt.

Des Teufels Punschglas

Wir erinnern uns an Killarney. Killarney, die schöne Stadt, besungen in vielen Liedern und Gedichten. Der Killarney Advertiser schwelgte in den höchsten Tönen.

Killarney has been the inspiration of poets and painters down through the centuries and its beauty has been described in many words. Heavens Reflex, Beauty's Home, Eden of the West. What more can be said about this paradise, where angels fold their wings and rest.

Wo Engel ihre Flügel falten und bleiben um auszuruhen.

Eine Stadt, die Dichter und Maler beflügelt. Killarney, wo es im Advertiser neunmalige Anzeigen mit demselben Text gab, so genannte Novenas, wohl in Anlehnung an bestimmte Andachten zur neunten Stunde des Tages, an immer wiederkehrende Gebete. Schwülstige Anrufe der Jungfrau Maria: *Fruitful Vine, Splendour of Heaven, Star of the Sea, Queen of the Earth, o Holy Mary!* Manche Anrufe klangen wie Schiffsnamen. Maria, die zur Unfehlbaren Erklärte, die immer noch Jungfrau ist, allen wissenschaftlichen Erkenntnissen zum Trotz, *never known to fail*, sie soll helfen, irgend jemandem, der nicht genannt wird, der gefehlt hat, oder sich vor einem Examen fürchtet. *Thank you for favours received*. Oh, Dank für die Gunst, die wohl schon gewährt wurde. Das Examen hat geklappt, dank Holy Mary vielleicht sogar mit sehr gut, auch die Anzeigenabteilung des Advertiser ist höchst zufrieden.

Wir werfen einen Blick zurück. Wo Engel ihre Flügel falten, kann der Teufel nicht weit sein.

Schon am Beginn des Aufstieges zum Mangerton Mountain genießt man den Blick auf das Massiv des Purple Mountain und die Seen von Killarney.

Solch eine Behauptung aus Reiseführern bedurfte der Überprüfung. Der Mount Mangerton bei Killarney (2.756 Fuß oder 841 Meter Höhe) wartete auf uns. Oder auch nicht. Jedenfalls war er da, auch wenn man ihn nicht sah, weil er sich zuweilen in Nebel hüllte. Mit dem Berg wartete auch das

Punschglas des Teufels, the Devils Punch Bowl, auf unvorsichtige Kletterer. Die Räder trugen uns die angekündigten vier Kilometer bis zum Abzweig zur Nordflanke des Berges. Sie trugen uns auch noch die nicht angekündigten sechs Kilometer Nebenstrecke bis zum Anfang des Fußwandersteiges.

Berauschende Aussichten waren versprochen. Nach den ersten zweihundert Metern Höhe über Steine und Geröll, durch Gebüsch und sumpfige Wiesen erhaschten wir soeben noch einen Blick auf den glitzernden Lough Leane, dann hatten wir die Wolkengrenze erreicht. Dichter weißer Nebel umhüllte uns. Ob es diesen Berg überhaupt gab? Nichts war mehr sicher. Ob der Teufel nicht längst, nachdem er ausgiebig am Punsch genippt hatte, die Wegmarken ausgetauscht, verstellt oder gar versteckt hatte? Und was sollte das mit dem Punch Bowl? Was heißt punch eigentlich? Punsch natürlich, das ist klar. Aber es heißt auch Faustschlag, Locher, Lochzange. Oder sogar Kasperle und Hanswurst. Es war also noch nicht raus, wer hier wen vielleicht zum Hanswurst machte. Die pyramidenförmigen Steinhäufchen, Steinmänner genannt, die als Wegmarken dienen sollten; die Gatter, die verrosteten alten Zaunpfähle; die Pferde- und Eselspfade, auf denen sie früher schon die Touristen zum Gipfel geschaukelt hatten: ob das alles stimmte? Und die Ebene, in mittlerer Höhe, auf der eine für Irland siegreiche Schlacht getobt haben sollte? Hier oben eine Schlacht? Unwahrscheinlich, und siegreich für Irland? Noch unwahrscheinlicher! Nebelschwaden zogen hinauf, schneller als wir bei dem warmen Wetter. Wir waren schweißgebadet. Der Teufel sollte das Punschglas holen, aber auch das ging nicht, er hatte es schon.

Dann nimmt das Gelände sich zurück.

So stand es im Reiseführer. Das Gelände nahm sich zurück! Eine Zeitlang ging der Weg fast eben weiter, wir brauchten nicht auf ihn zu achten, hätten uns ganz den berauschenden Aussichten widmen können. Wenn uns der Teufel den siebten Sinn und den Durchblick durch die Wolken verschafft hätte, hätten wir sicher den Nordgipfel des Mangerton vor uns aufragen sehen können, rechterhand die kahlen Höhen der Macgillycuddys Reeks, des höchsten Gebirgszuges Irlands. Und wenn man zurückschaute, tief unter uns, wären die in dunkles Grün eingebetteten Wasserflächen des Lough Leane und des Upper Lakes zu sehen gewesen; linkerhand, nach Osten zu, ein kleinerer See. Und weit, weit in der Ferne, die Berge der Halbinsel Dingle, wo das Wetter gekocht wird.

Weiß der Teufel, ob wir einen der Steinmänner übersehen hatten, oder ob wir schon längst auf der falschen Fährte waren, jedenfalls hatten wir den Weg verloren. Durch das grobe Geröll eines trockengefallenen Baches stolperten wir weiter nach oben. Nach oben war auf jeden Fall richtig.

«Nicht, dass wir auf dem Glenflesk landen», warnte Ilse.

«Auf so einem Winzling? Der hat doch fünfhundert Fuß weniger, niemals!» keuchte ich, die durchweichte Wanderkarte in der Hand.

«Da, ein Steinmännchen!» Aus dem Nebel tauchten die Reste einer Wegmarke auf. Gerettet. Um uns dichte Wolken. Dann hörten wir es leise rauschen. Das musste der Abfluss des Gipfelsees sein! Nach zweihundert Metern über einen sumpfigen Wiesenpfad erreichten wir einen kleinen Wasserlauf. Von einem See war nichts zu sehen. Langsam tasteten wir uns am Wasserlauf entlang – plötzlich erblickten wir schwach die Umrisse eines Ufers, weiter ging es nicht. Der See, des Teufels Punschglas, lag vor uns. Das andere Ufer blieb unsichtbar. Wir hockten uns auf einen der umher liegenden Felsen und packten, allen Teufeln zum Trotz, unseren Proviant aus. Um uns dichte Wolken.

«Nicht gerade der beste Tag für eine Erstbesteigung», bemerkte Ilse gerade, als uns ein Geräusch aufschreckte. Ein Schaben, ein Rascheln, wie Schritte. The Devil? Schnell drehten wir uns um. Nein, nicht der Teufel war es, erschrockener als wir glotzte uns ein Schaf an.

«Einen Schluck Wasser», bat ich.

Ilse reichte mir die Flasche.

Das Schaf flüchtete. Und dann hatte der Berggeist, die Wettergöttin oder wer auch immer, ein Einsehen; unmerklich fast, nach und nach hob sich die Wolkendecke. Ein Ahnen von Sonne durchdrang den Nebel, einzelne Fetzen wehten über den sichtbar werdenden See, auf einmal tauchten uns gegenüber am anderen Ufer Berghänge auf. Innerhalb einer halben Stunde saßen wir im grellen Sonnenschein, vor uns spiegelten sich die umliegenden Hänge im kristallklaren Wasser des Bergsees, der wie ein Kratersee geformt ist, weshalb man den Mangerton lange Zeit für einen erloschenen Vulkan hielt. Doch das Seebecken, Relikt eines kleinen Gletschers, stammt aus der Eiszeit. Und ganz unten versteckt sich noch Eiswasser, original Eiszeitwasser, in dem die Schwester von Nessie hockt, denn Nessies mögen Eiswasser, deshalb tauchen sie so selten auf...

Nun lag das Punschglas des Teufels ganz vor uns, ungefähr dreihundert Meter lang, einhundert Meter breit. Und sehr tief. Grundlos tief, wie einige ältere Iren aus Killarney wissen. Denn als damals zwei Freunde hier badeten, tauchte der eine irgendwann nicht wieder auf. Alle Suchaktionen blieben erfolglos. Als man genug Messen für den armen Ertrunkenen gelesen hatte, der Vorfall schon fast vergessen war, erhielt der Freund eine Postkarte aus Australien.

«Mir geht es gut», schrieb der junge Mann, «es wäre nur schön, wenn ihr mir trockene Kleider schicken könntet.»

Immerhin wurde hier bereits die Kugelgestalt der Erde akzeptiert und nahezu bewiesen. Noch nicht wissenschaftlich gesichert war das Phänomen der Fruchtbarkeit. Frauen, hieß es, deren Kinderwunsch unerfüllt geblieben war, mussten an hellen Vollmondnächten des Mai im Teufelswasser baden, allein oder zu mehreren – am besten auch mit Männern, ist man geneigt hinzuzufügen –, dann würde ihr Wunsch sicherlich in Erfüllung gehen. Es gab Leute, die Leute kannten, die neben Leuten wohnten, bei denen das fruchtbare Wasser des Teufelspunsches die entsprechende Wirkung gehabt haben sollte. Fallbeispiele genug also für Naturwissenschaftler aus Dublin.

Ruhig lag der See in der Sonne, spiegelglatt. Nein, hier ging es irisch gesittet zu, da hatte der Teufel nicht aufgepasst: Ein Land, in dem immer noch der Schnaps in Tüten gewickelt wird! Ein Land, in dem um zehn Uhr abends in manchen pubs weiterhin die Vorhänge zugezogen werden, damit niemand den Säufern beim Saufen zusehen muss. In Wirklichkeit, behauptet die Sage, trinken die Irinnen nur vom Wasser des Sees, um fruchtbar zu werden. Doch ganz so verschlafen scheint der Teufel nicht mehr zu sein, denn allen Bischöfen zum Trotz hatten wir häufig eins der verteufelten Kondome am Straßenrand oder auf Parkplätzen liegen sehen.

Beim Abstieg war dann alles so wie im Reiseführer beschrieben, sogar die Bucht von Castlemaine war zu sehen und die Slieve Mish Mountains am Anfang der Dingle Halbinsel, über die wir uns bei Regen und Nebel gequält hatten. Jetzt lag alles im heitersten Sonnenschein. Wir stiegen durch Heide, die zu blühen begann, durch Gräser, Torf und Farn, durch ausgeblühte Ginsterbüsche abwärts, über steinige, ausgetrocknete Bachbetten und morastige Grassoden, begleitet von den Rufen der Lerchen und dem Brummen von Hummeln, die auf uns prallten. Und bei einer Pause am Fuß des Berges, wo Ilse ein Bild malte, zerstachen uns die Mücken.

Das war unser Croagh Patrick!

Brücke bei Milltown

... und dieser heutige Morgen ist ah! so ein Morgen, wie du ihn noch nie gesehen hast, so frisch und süß und unvorstellbar bunt – der Himmel auf Erden. Es herrscht eine gewaltige Stille, die durchbrochen wird einzig vom fernen Murmeln des Pazifiks und dem Gesang eines einzelnen Vogels. Die Welt scheint mir wie neu geboren.
Robert Louis Stevenson (1850–1894), Samoa, 1893

Vor langer Zeit schon musste der verrostete Kutter am Kai in Dingle abgesoffen sein; schräg lag er im Wasser, das Deck wirkte glitschig und gefährlich, ein tangüberwuchertes Netz hing an der Bordwand hinunter und verschwand im Schlick. Hatte die hölzerne Hand vom Ballymacadoyle Hill, die den Schiffen früher einmal den Weg wies, versagt? Auch der kleine Leuchtturm außerhalb der Hafenstadt warf sein Linsenlicht nicht mehr in die Runde, war abgelöst worden durch unscheinbare Leuchtzeichen an den Enden der Bucht. Oder war ein Fischer den mörderischen Fangquoten und den Preisen für Dieselöl nicht mehr gewachsen gewesen, hatte sein Boot auf Grund gesetzt und die Flucht nach Großbritannien vorgezogen?

Dingle Harbour

Rote Dreiecke knallen im Wind
Blauer Kiel gleitet über die Schräge
Hart klirren Falle

Dumpf dröhnen die Diesel
Für die Möwen Fischköpfe im Netz
Die Wolken ziehn nach Kerry
Die Berge bleiben stehn

Die Sunshine Morning fährt
Touristen zum Delphin
Der pünktlich zur Stelle ist
Und elegante Bögen springt

Der Bootsführer kassiert mit der Mütze

Der Blick versuchte den Dunst über dem Wasser bis zum
Ausgang der Bay zu durchdringen, Sehnsüchte wehten über
die Katzenköpfe, Kathleen ni Houlihan, du Meermaid, bist
nur erreichbar für Fungi den Delphin, der unsichtbar in seinem Element jagte, keine hölzerne Hand brauchte und kein
Leuchtzeichen, mit dem man schwimmen und tauchen
konnte, über den es Filme gab. Fungi, das Pilzchen, oder auch
Fungie, the Deilf an Daingin, ohne den der Ort Dingle längst
nicht das wäre, was er heute ist. Wenn Fungi nicht von selbst
gekommen wäre, hätte man ihn holen müssen. Denn die
Arbeiten am Film Ryan's Daughter waren schon lange, lange
vorbei. Im Jahr 2000 wurde feierlich eine Bronzeskulptur des
Fisches am Pier von Dingle eingeweiht. Wer bekommt schon

zu Lebzeiten ein Denkmal! Bald wird das lebende Vorbild dreißig Jahre alt sein, so schätzt man. Und hofft, dass er noch lange lebt. Oder ist er schon längst ein anderer? Das wäre eine Glanzleistung der Iren und des Delphins. Zuzutrauen wäre es ihnen. Wissenschaftler wundern sich, dass Frauen besonders anziehend auf das Tier wirken. Dabei ist die Sachlage doch ganz einfach: es handelt sich um ein Männchen.

An der Bay of Ryans's Daughter vorbei, wo die Filmemacher damals ihr Standquartier aufgeschlagen hatten, ging es zum Slea Head, zur schräg geplatteten Starre der Felsen, die steil abfallen in die tosende Gischt und in einem Herbststurm dem Frachter Ranga zum Verhängnis wurden. Einige Jahre lang hing der große rostende Schiffskörper auf den Spitzen der Steine, wurde zum Ziel vieler Besucher und Touristen. Als ihn endlich in einem Winter das Element, das ihn dort aufgespießt hatte, auch wieder entfernte, die Stahlreste in den ewigen Schlund fegte, war man traurig an diesem Ende der Welt.

Kurz vor der Halbinselspitze bei Dunquin, gegenüber der Great Blasket Insel, harrt am Wegesrand – ein weiterer Grund zum Traurigsein – ein steinernes Denkmal mit einem Abschiedsgedicht für alte irische Maße. Steinern, damit es wohl alle modernen Regelungen, CDs und DVDs und wasauchimmer, überdauern wird. Dear Inch, ist da eingemeißelt, must I leave you, I have promises to keep perhaps miles to go to my last sleep. Abgesehen vom Kummer um das Längenmaß, beabsichtigte der Schreiber dieser Zeilen anscheinend, ein wenig Zeit herauszuschinden bis zu seinem letzten Tag, denn die entsprechenden alten Meilen würden einen viel längeren Weg bedeuten als die modernen Kilometer. Doch wollten wir nicht an den last sleep denken, entdeckten stattdessen die

Brücke bei Milltown und eine steinige, verwunschene Bucht, die zum Träumen einlud. Am Anfang der Bai schlängelte sich ein Bach durch Geröll und Sand und versuchte, die Reste seines spärlichen Süßwassers dem Salz des Meeres zu opfern. Die kleine Brücke aus hellen, grob behauenen Steinen überwand den Wasserlauf und bot trockenen Fußes Zugang zur Bucht. Auf den niedrigen Begrenzungsmauern ließ sich gut sitzen und in die Sonne blinzeln, wenn sie denn schien, was sie selbst in diesem Jahr der Jahrhundertstürme manchmal tat.

Brücke bei Milltown

Sanft gleitet die Prau über den Spiegel der Bay
am niedrigen Ufer Büsche wie Mangroven
Urwald krönte einst
die Tatzen der Felsnasen

Brennend bohrt die Sonne
ihre Strahlen in den Sulawesi-Sund
langsam gleitet die Zeit, endlos
wie Fangarme tödlicher Schlingen

Klagende Schreie der Möwen –
zurück aus den Seemannsgeschichten
zum Steinstrand der Wirklichkeit
Milltown Bridge in nördlichen Breiten

Die Sonne brannte, endlich konnte man blanke Haut zeigen, sogar ins Wasser gehen. Ein kleiner Zweimaster, ein Holzkutter, schonergetakelt mit dunkelroten Segeln, wie es sie in Holland auf dem Ijsselmeer gibt, zog langsam durch die Bucht und verschwand um eine Felsnase. Wie ein Zeichen aus einer vergangenen Zeit erschien das Schiff, ließ Gedanken und Fantasien entstehen, an einsame Inseln in riesigen Meeren, an Sunde und Korallen, an Sünde und andere Welten. Auszog der Maler seinerzeit aus dem engen Europa, schuftete halbnackt vor den heißen Kesseln der Dampfer, die ihn zu seinem Ziel im Pazifik brachten, nach Tahiti und Hivaoa, dem Noanoa, dem duftenden Land mit den schönen, braunen Frauen, die er fortan malte. Wo er seine Lieben fand, unter Palmen und in luftigen Hütten, bei den Mädchen, die nicht viel sagten, die Blicke auf ihn hefteten, die er nicht deuten konnte, zu verschieden waren die Kulturen. Doch vielleicht gelang es ihm mit Pinsel und Farben ein wenig von der Seele dieser Menschen festzuhalten, von ihrer Welt, die dabei war unterzugehen dank der weißen Menschen von der anderen Seite der Erde.

Das Schweigen in der Nacht in Tahiti ist noch seltsamer als alles übrige. So etwas gibt es nur hier. Kein Vogelschrei durchbricht die Ruhe. Nur hier und dort fällt ein großes, trockenes Blatt zur Erde. Aber auch das hört sich nicht an wie ein Geräusch, eher wie das Vorüberschweben eines Geistes.

Gauguin lebte mit der dreizehnjährigen Taha'amana, seiner Vahine, zusammen, die ihn bat, sie zu schlagen, um seine Liebe zu beweisen. Er liebte ihre stille Art, er liebte sie, weil sie oft schwieg, ihn nicht störte bei seiner Arbeit, er liebte auch eine andere, Titi, deren Name Busen auf tahitisch bedeutet.

Obwohl das Leben bei den Antipoden der Südsee auch damals schon nicht so paradiesisch anmutete, wie es sich Europäer gern vorstellen, genoss der Maler die andere Welt, die so andere Liebe der Mädchen, zeugte Kinder und malte wie ein Berserker. Andere Farben, andere Formen erscheinen auf seinen Bildern. Während seine Frau in Europa, Aline, ziemlich hochgeschlossen trägt und skeptisch blickt, scheint die tahitische Vahine mit ihren entblößten Brüsten an uns vorbei zu schauen; Alines schmale Nase ist nicht zu vergleichen mit der kräftigen des Mädchens mit dem Fächer oder den Nasen der Mädchen mit den Mangoblüten; ganz anders als manchmal der Mund. Malte der Maler hier unbewusst zu ähnlich oder suchte er Ähnliches?

Er wurde berühmt, auch im Folkwang-Museum in Essen hängen zwei seiner Bilder. Das Gauguinmuseum in Papeete hingegen enttäuscht die Besucher, natürlich haben die Europäer alles an sich gerissen und den dortigen Menschen nur Kopien gelassen. Ein schwieriges Künstlerleben zeigt sich, wenn man die Biographien verfolgt, äußerlich und innerlich, doch irgendetwas trieb Gauguin, seinen komplizierten Weg zu gehen, und dank seines zärtlichen Traumes, des Nave nave Moe, schuf er Großes, dort im wohlriechenden Land, im Land der duftenden Frauen, im no'ano'a.

Heiß und drückend war der Tag, ließ träge werden und doch das Blut hitzig durch die Adern treiben, drängte zum Meer, zu den Steinen, zum Sand, zur Einsamkeit, zur zweigeteilten, wo nur dürrer Strandhafer aufragte und vor fremden Blicken schützte, im Sonnendunst, wo sie wie die Tiere aufeinander fielen, ungeduldige Hände den Stoff rissen, nackte Haut sich an feuchte Lippen presste, Körper in den Sumpf glitten bis zur Neige. Felsbrocken wie geschleudert verbargen die ver-

wunschene Bucht, wo türkis das Dreieck auf brauner Haut
glänzte wie die Strömungslinien im blauen Meer. Sanft
gerundet wellten sich sandige Formen, weich und hart
zugleich, und einsam klopfte die Sehnsucht über die Weite
des Wassers, bis empor schoss die Flut, die Haut und Sand
benetzte, Feuchte, die in die Höhlen drang.

No'ano'a

Abfallende Sandfläche
türkisgleitendes Wasser
dunkle Streifen vor violetten Bergen
Einschnitte wie Vulkanöffnungen
darüber das Kobaltblau
und die schneeweißen Ballen

Wind von weit her
streift nackte Haut
exotische Blüten in rot und blau
kelchen über uns
in der Bucht ein Zweimaster
wie Besuch aus der anderen Welt

Malte der Maler hier
im duftenden Land
die dunkelhäutigen Frauen
auf der Flucht vor dem Alltag –
wenig ist so wie die Seele erhofft
nur Sekunden dauert das Glück

*In der Stille der Nacht war mein Herzschlag zu hören. Das aufge-
reihte, auseinanderstehende Schilfrohr vor meiner Hütte mit seinen
Zwischenräumen wirkte von meinem Bett aus im Filter des
Mondlichts wie ein Musikinstrument. Pipo, le pipeau, die Flöte,
heißt es bei unseren Vorfahren, Vivo bei ihnen – aber still, durch
Erinnerungen spricht die Nacht. Ich schlief bei dieser Musik ein.
Über mir das große hohe Dach aus Pandangblättern, in dem die
Eidechsen wohnten. Ich konnte mir im Schlaf diesen Raum über
meinem Kopf vorstellen, das himmlische Gewölbe, kein Gefängnis,
in dem man erstickt. Meine Hütte, das war Raum, war Freiheit. Von
dieser völligen Harmonie mit der Natur, die uns umgab, gingen eine
Schönheit und Duft, noanoa, aus, die meine Künstlerseele entzückten.
Diese Freundschaft, die durch die wechselseitige Anziehung des
Einfachen und des Differenzierten gefestigt war, ließ Liebe in mir
wachsen.*

Still lag ich in der Nacht, schlaflos, voll des Erlebten und reich
an Sehnsucht und dem Traum von Liebe, wo war die Freiheit,
die wir erhoffen, von der wir uns einbilden, es gäbe sie, ob
unter dem Kreuz des Südens oder hier, am Steinstrand der
Wirklichkeit. Wo ich trotz des herben Wetters in der Sonne
träumen konnte, denn der Himmel war klar und der Wind
erträglich. Und der Wollpullover dick. Wo der Atlantik seine
kräftigen Wellen zum Überschlagen brachte, weiß schäu-
mend die Kämme brachen und die jeweils nächsten bildeten
bis zur Trennlinie zwischen Wasser und Land, wo die Zungen
des unruhigen Wassers den steinigen Strand leckten und
dunkel färbten. Wo das nagende Wasser zurückgeworfen
wurde, und man sehen konnte, dass es im Laufe der
Millionen Jahre Sieger geblieben war. Rechts und links ragten
zerklüftete Felsnasen ins Meer, die eine Schräge bildeten,
unterbrochen von aufsteigenden Steinzacken. Wo das Meer

zurückging, lagerte es Tangreste ab, wie schwarze Schlangen vor den dunkelgrünen Matten, die sich im Halbrund zwischen den Felsnasen zum Land empor schoben.

Von dieser Harmonie mit der Natur, von deinen Bildern und Texten in meinem Kopf, ferner Freund, gingen Schönheit, Klänge und Düfte aus, die auch meine Seele entzücken, denn immer noch spuken die Bilder dieser Inseln in unseren Köpfen, in meinem Kopf, herum, die auch dich dorthin gelockt und (nicht immer) enttäuscht haben. Noanoa. Doch einige der Träume können Wirklichkeit werden, wie du es erlebt hast. Und wie auch wir es heute, einhundert Jahre später, trotz Kolonialismus, trotz Tourismus und trotz der US-amerikanischen und französischen Atombombenversuche vielleicht noch erleben können. Wenn unser Inneres dafür offen ist. Offen für die Menschen, offen für die Landschaft. Für die uns verrückt machenden Dunkelblau-, Violett- und Türkistöne des durchsichtigen Wassers bei den dreiunddreißig Inseln des Glücks von Kiribati, das mit einer weißen wilden Zickzacklinie den Strand berührt. Inseln, die so niedrig sind, dass von dort in unserer Zeit die Menschen evakuiert werden müssen, weil sie die Folgen der Klimaveränderungen erleben. Oder das dichte grüne Blätterdach des tropischen Regenwaldes auf Hawaii, das von gelben und roten Blütenfarben durchzogen ist; auch die Stille in der Nacht auf einer der Marquesa-Inseln, die uns nachdenklich machen sollte. Doch liegt das Glück, mein Freund, nicht immer anderswo und weit fort, manchmal vielleicht in Milltown. Am Steinstrand der Wirklichkeit.

NORA, LYNCH UND LODEMANN

Auf die Gefahr hin, dass der Lodemann uns vielleicht lynchen möchte, haben wir auch etwas über Galway, über ihn und seine Bücher, über Lynch und das Mittelalter, über Nora Barnacle sowie über die versuchte Entführung von Lisbeth II geschrieben. Das ist alles ziemlich wild und war gar nicht so leicht unter einen Hut zu bringen!

Wenige Tage vor der Entführung der britischen Königin im Ruhrgebiet fiel ein Lichtstrahl in Rudolf Langensiepens Wohnkeller.
Mit diesem ersten Satz aus einer Frühfassung von Jürgen Lodemanns Roman Noras Methoden wird die Entführung Elisabeths der Zweiten im Jahr 1980 angedeutet. Wir erwähnten diesen Satz bereits im Kapitel über die irische Kröte, sorry, Piratin, sorry, Clanführerin. Beide, der erste Satz und der Titel, haben sich bis zur Drucklegung des Romans und dieses Textes verändert, wir kennen ja unseren Lodemann, er ändert sogar ganze Romane immer wieder, von Siegfried und Kriemhild gibt es mindestens drei veröffentlichte Fassungen, der genannte erste Satz lautet in der Ausgabe von 2006 mit dem Titel Nora und die Gewalt- und Liebessachen, erschienen beim Asso-Verlag in Oberhausen:
Am zwölften Juni 1980, wenige Tage vor der Entführung von Queen Elisabeth, fiel in Rudolf Langensiepens Wohnkeller ein Lichtstrahl.

Ein Roman über Nora, die geheimnis- und liebevolle Nachbarin des ehemaligen Kommissars und *Rauskriegers* Langensiepen, die ihm das Leben beibringt und noch andere Sachen, Nora, deren Name zusammengesetzt ist aus NO RA, No Republican Army oder No Royal Army, was auf deutsch heißen kann: Nie ohne radikale Aufklärung. Nora, die auch Nora Barnacle ist, die Frau des irischen Autors James Joyce. Noras Methoden, die bedeuten sollen, auf friedlichen Wegen gegen das menschenfeindliche System des Kapitalismus vorzugehen. Mit Gewalt gegen Gewalt zu kämpfen, verstärkt nur das mörderische System. So wird auch erklärlich, weshalb der Westen Angst vor ,dem Russen' hatte: nicht vor den Raketen und Atombomben, die hatte man, wie sich zeigte, in viel größerer Zahl selbst, sondern vor der Idee des Kommunismus, denn sie würde für die Herrschenden das Abgeben der Pfründe und Privilegien bedeuten.

Abgesehen davon folgte Jürgen Lodemann großzügigerweise unserer Schnapsidee und stellte bereits vor der Veröffentlichung seines Romans den ersten Satz kostenlos zur Verfügung, abgesehen davon wird in diesem Kapitel ein wenig über Nora berichtet werden, weil keine fünfundzwanzig Schritte von Noras Elternhaus entfernt, wo heute ein kleines Museum eingerichtet ist, der Autor sich einige Jahre lang eine Ferienwohnung zugelegt hatte, dort in Galway, am Corrib, der hinter dem Haus herbraust, im Bowlinggreen auf der Fisherman's Warf. Jürgen und Sybille, die dazu gehört, wohnten dort, und wir durften sie besuchen. Das hatte ich mir vorgenommen, denn im Jahr 1977, als wir uns auf Achill Island aufhielten, hatte ich mich nicht getraut, das Haus Heinrich Bölls auszukundschaften. Vielleicht wäre er ja da gewesen. Aber ich habe doch noch so gut wie nichts geschrieben!, dachte ich. Welch ein Blödsinn, auch wenn, hätte ich doch nicht gegen Heinrich Böll anstinken können. Und es wäre auch nicht um eine Examinierung gegangen, im Gegenteil, riesig gefreut hätte er sich wahrscheinlich und uns mit Unmengen Kaffee oder Tee traktiert. Und wir hätten zusammen eine rauchen können, denn damals rauchte ich noch. Nun denn, nicht gewagt und schon verloren. Erlebt hatten wir Heinrich Böll dann 1981 bei der großen Friedensdemonstration in Bonn, auf der er eine faszinierende Rede hielt, die uns beinahe den Bus für die Rückfahrt verpassen ließ. Zum zweiten Mal wollte ich den Fehler der Mutlosigkeit nicht begehen, und so hatten wir uns von Clifden aus zu einem Besuch in Galway angemeldet. Dass sie zum rechten Zeitpunkt dort sein würden, hatten wir vor unserer Reise abgeklärt.

Dat is den Gürgen, sagt man bei uns im Ruhrgebiet. Das ist der Jürgen. Gemeint ist Jürgen Lodemann, der Schriftsteller, wortgewaltig und aufrüttelnd (er trotzt der Ruhe an der Ruhr), der Filmemacher, der Eisenbahnreisende in den USA und der Türkei, wo er die Krupp-Embleme noch fand an den Schienen der Bagdad-Bahn, die mit Hilfe des deutschen Kaisers gebaut wurde und im Endeffekt Berlin mit Bagdad verbinden sollte. Deutschland und das Osmanische Reich als Weltmacht? Das gelang nicht, der erste Weltkrieg sorgte für das Gegenteil, und heute ist am Stacheldrahtzaun zwischen der Türkei und Irak Schluss. Aber in der Türkei fährt sie, die Bagdad-Bahn, und transportiert die Menschen billiger als der Bus über Berg und Tal und durch die staubigen Ebenen, und manchmal hängt die NATO ihre Waffentransporte an, sodass die abgekämpften Dieselloks ins Schnaufen kommen oder stehen bleiben.

Jürgen Lodemann, der war als Schriftsteller schon längst berühmt geworden durch den Roman Anita Drögemöller und die Ruhe an der Ruhr und den Folgeband Essen Viehofer Platz, durch seine Familienferien im Wilden Westen. Bekannt auch durch seine Bestsellerliste beim Südwestfernsehen, die so gut war, dass die oberen Gralshüter unserer öffentlichrechtlichen Informationsfreiheit sie erst verdrängten und dann absetzen ließen, der war also bekannt und berühmt und schwebte für mich in unerreichbaren Höhen. Doch dann gab es eine Lesung in der Heinrich Heine-Buchhandlung in Essen, natürlich war ich da, saß in der ersten Reihe. Nach der Lesung ging der engere Kreis mit ihm ,auf'n Bier' in die nächstgelegene Kneipe. Das Schicksal war mir wohlgesonnen. Erhard Schütz, ebenfalls anwesend, damals Professor für Literaturgeschichte an der Universität Essen, von dem Jürgen Lodemann behauptet, wer bei ihm (Schütz) promoviere, müsse etwas auf dem Kasten haben, bei dem ich Examen gemacht hatte, Erhard Schütz sagte, während er auf mich zeigte: der geht aber mit. So saß ich dem Schriftsteller dann gegenüber, zwischen uns nur der Wirtshaustisch und zwei volle Biergläser. Prost! Buchhändler, Schriftsteller und Professor unterhielten sich über die Postmoderne, ich schwieg scheinbar allwissend und klugerweise.

Keine Lesung Lodemanns in Essen ließ ich danach aus, und irgendwann, ich glaube, es war im Kiepenkerl nach einem seiner Auftritte in der Zentralbibliothek, saßen wir uns wieder einmal gegenüber am Kneipentisch, jeder ein Bier in der Hand, und er bot mir das Du an. Und erzählte von seinen neuesten Plänen, von Lynch und dem Mittelalter, von Galway, wo er sich eine Ferienwohnung kaufen wollte. Mensch, Irland, sagten wir gleichzeitig. So kam dat mit dem Gürgen, und auf einer Fahrt in den Süden besuchten wir ihn und seine Lebensgefährtin Bille in den Bergen oberhalb Freiburgs. Zwei kritische und geistig anspruchsvolle Menschen, bei denen man tunlichst seine grauen Zellen auf Zack bringen sollte. Was zu beweisen war, als wir in der Speisenkarte des abendlichen Restaurants ein Zitat entdeckten, das Hemingway zugeschrieben wurde. Nein, nicht

Hemingway, stellten wir fest, Mark Twain! Der war seinerzeit einmal auf Deutschlandtour gewesen, der andere hatte es nur bis zu den Pferderennen in Paris gebracht und war dann auf seiner Fiesta in Pamplona versackt. Doch jetzt sind wir ungerecht, auch er war, wenn auch kurz, einmal im Schwarzwald. Entschuldige Papa, an dir liegt es nicht, wenn falsch zitiert wird, und außerdem warst du ein brillanter Reporter während des so genannten spanischen Bürgerkriegs, der kein Bürgerkrieg war, sondern ein Putsch der frankistischen Mörder und Faschisten gegen die legal gewählte amtierende Regierung.

Wir sahen uns seitdem ab und zu, und der Jürgen schrieb zunächst ein Vorwort für das allererste Buch, das im ARKA Verlag in Essen erschien, verfasste einige Jahre später ein kluges Nachwort für die Anthologie, die dieser Verlag aus Anlass der Criminale 2000, die in Essen stattfand, herausgab. Und stellte dann ein beeindruckendes Nachwort für ein gewisses Irlandbuch zur Verfügung – aber jetzt greife ich vor.

Eigentlich sollten wir uns an die Reihenfolge halten: Nora, Lynch und Lodemann. Wer war Nora? Wer ist Nora in Lodemanns neuestem Roman Nora und die Gewalt- und Liebessachen? Lasst uns nachsehen in dem gewaltigen Konvolut der Brenda Maddox über das Leben der Nora Barnacle, der Lebensgefährtin eines gewissen James Joyce, die mit ihm aus dem katholischen, bigotten und erzkonservativen Irland flüchtete.

Am Abend des 8. Oktober 1908, einem Samstag, um kurz vor neun ging eine große, junge Frau in auffallend gerader Haltung die Gangway der Nachtfähre von Dublin hinauf. Sie hatte dichtes rotbraunes Haar, hohe Backenknochen und dunkelblaue Augen, die von

schwarzen Wimpern und dichten schwarzen Brauen eingefasst
waren. Ihr üppiges Haar war über die Ohren gezogen und mit lan-
gen Nadeln festgesteckt, damit es besser unter ihren breitkrempigen
Hut passte. Ein geliehener brauner Mantel schützte sie gegen den
kühlen Oktoberwind.

Einige Schritte entfernt verabschiedete sich ein junger Mann,
der so tat, als sei er allein und kenne niemanden auf der
Fähre, von seinen Verwandten. Der noch unbekannte James
Joyce. Die gläubige Katholikin lebte siebenundzwanzig Jahre
lang mit diesem Kerl, den man Jim nannte, in so genannter
wilder Ehe, bevor sie heirateten, ließ die zwei gemeinsamen
Kinder nicht taufen. Sie teilte seine sexuellen Vorlieben und
sorgte für die deftigen erotischen Ausdrücke und Absätze in
seine Büchern (ohne Nora wäre auch der Monolog der Molly
Bloom nicht entstanden), drohte häufig, ihn zu verlassen,
wenn er wieder einmal sturzbetrunken nach Hause kam, und
hielt doch bis an sein Ende bei ihm aus, der zunächst überhaupt nichts war, vor allem kein anerkannter Schriftsteller,
der seine Familie mühsam mit Stundengeben und Schnorren
über Wasser hielt, in Triest, in Zürich und später in Paris,
denn der Ulysses, der Joyces Ruhm begründete, erschien
nach langer Schreiberei erst 1921.

Zwischen Clifden und Galway ist eine typisch irische
Angelegenheit zu besichtigen. Für gewöhnlich gut unterrich-
tete Kreise lassen verlauten, man könne dort sogar mit dem
Auto vorfahren, was wir aber nicht fördern wollen. Von erha-
bener Stelle grüßt in Atlantiknähe ein Denkmal, eine archai-
sche Säule, wie berichtet wird, deren Inschrift lautet:

,Hier, an dieser Stelle geschah am 18. August 1888 absolut
nichts – absolutely nothing!'

Wir vermuten, dass nicht nur die Christianisierung Europas von Irland ausging, sondern auch der Anfang des Dadaismus. Well done!

Gegen Abend erreichten wir von Westen kommend Galway, waren bei Maam Cross abgebogen, rollten an langen Strandpromenaden vorbei, während die Sonne schien und alles hell und mediterran wirken ließ. Gerieten in die rush hour und hatten einige Mühe, die kleine Straße Bowlinggreen zu finden, drehten ein, zwei Ehrenrunden, bis wir in der Nähe einen Parkplatz ergatterten und den Rest zu Fuß absolvierten. Auf einigen Straßen hatten wir schon die Menschenmengen, das quirlige Leben der Stadt entdeckt, was den mediterranen Eindruck verstärkte. Wir dürften kommen, hatte Bille am Telefon gesagt, als wir uns von Clifden aus angemeldet hatten. Mit großer Geschwindigkeit und reichlich Wellen rauschte der Corrib durch die Stadt, am Fisherman's Warf vorbei; wir fanden die Gasse und suchten die Hausnummer oder das angekündigte große eisengittrige Tor, als aus einem Fenster im ersten Stock jemand rief. Der Jürgen. Das Gittertor öffnete sich wie von Geisterhand und dann waren wir da. Wurden freundlich aufgenommen, obwohl wir die beiden auf falschem Fuß erwischten, denn sie waren selbst erst zwei Tage vorher angekommen, hatten Probleme mit der Wohnung, mit dem Telefon, mit Nachbarn, die Hilfe benötigten. Dennoch ein Begrüßungsschluck und ein erster Gang durch die Stadt, über altehrwürdige Brücken mit Steingeländern, an der St. Nicholas Church vorbei, wo der bekannte Bischof herrschte, der Enthaltsamkeit und christliche Tugenden predigte, während er einer US-Amerikanerin ein Kind machte; vielleicht war sie nicht seine einzige Freundin, vielleicht hat er weitere Kinder gezeugt, Papst und Kirche wünschen sich möglichst viele davon:

Seid fruchtbar und mehret euch. Für wen, wenn nicht für die obersten Diener des Herrn, sollte dies zuvörderst gelten! Was die lange Zeit in Galway lebenden Jürgen Lodemann und Bille Haag zum Dichten anregte. Gemeinsam schufen sie folgendes Werk zum Thema:

Da war der Bischof von Clifden
Der ließ ihn sich liften
Da war's nur noch schlimmer –
Nun stand er ihm immer

Tja, wenn man vom Bischof zum Priapos wird, könnte das gewissermaßen einen sozialen Aufstieg zu göttlichen Weihen bedeuten. Wir verurteilen nicht die erotischen Ambitionen des kirchlichen Herrn, nein, auch er ein Menschlein nur, ein irisches, wir verurteilen die Doppelzüngigkeit seiner Institution, die viele Menschen, vor allem Frauen, in Irland und anderswo in Bedrängnis und Unglück gebracht hat. Also dort vorbei, am beeindruckend rauschenden Corrib entlang, auf schmalen Pfaden und Eisenplanken, zum lebhaften Markt, wo wir Gemüse und warme Socken kauften, irische handgestrickte, Pullover für die Füße. Am Rand des Marktes traktierte ein bärtiger Mann seine Gitarre, in kurzen Hosen und großer Baskenmütze, der uns an Charly erinnerte, der zu Hause auf einer Bank an der nahen Straßenkreuzung hockt, dem Akkordeonspiel eines Kollegen lauschend, hier in Galway der spielte Mundharmonika dazu, die ihm an einem Gestell um den Hals hing.

Man träfe sich in schummrigen Kneipen und mache Musik, schreibt ein Reiseführer aus Gräfelfing bei München. Sicher doch, Jürgen und Bille zeigten uns einige der berühmtesten Kneipen, die so voll und verqualmt waren (die

Raucherei sollte später gesetzlich untersagt werden), dass wir froh weiter zogen. Wir wanderten durch The King's Head, und dann durch eine der größten Kneipen, wenn nicht die größte überhaupt, kathedralenartig wirkte sie auf uns und symbolisiert wirklich, wie der Schriftsteller erklärte, eine umgedrehte Kirche, dank Guinness und Whiskey ein lautstarker Protest gegen die Übermacht der katholischen Institution.

«Iren wissen sich zu helfen», bemerkte Jürgen.

Und dann natürlich Lynch's Castle, ein mächtiger, turmartiger Wohnklotz, in dem sich die AIB Bank befindet, deren Schriftzug wesentlicher größer an der Hausmauer prangt als der Hinweis auf die Geschichte des Hauses.

teach an línsích. Built, early 16th century, Renovated 1930 when it was adapted as an branch of the Munster & Leinster Bank. The last surviving example of the stately buildings which made Galway one of the best built Irish towns. Among its sculptured decorations are the arms of Henry VII, the Lynches, and the Fitzgeralds of Kildare.

Immerhin ein kleiner Hinweis auf ‚the Lynches', auf die großartige, grausige und grausame Geschichte dieser Familie und der Stadt, die uns womöglich den Begriff des Lynchens hinterlassen hat. Worüber unser wissensvoller Stadtführer ein sinnenfrohes Buch geschrieben hat, das zu lesen unbedingt empfohlen werden kann.

Aber nun kehrten wir erst einmal zurück in die Wohnung, wo Bille ein Abendessen zauberte, das gerecht zu würdigen ich verschlampte. Auf beiden Seiten der Theke hockend, die als Esstisch diente, gerieten wir dank unserer Gastgeber in derart spannende Gespräche, dass ich das Lob der Götterspeise vergaß, Hühnchen mit Kartoffelpüree à la Cohn-Bendit, in Erinnerung an die kürzliche Verheiratung des wilden Roten Dany, der jetzt grün und (un)friedlich war, an welchselbiger Bille teilgenommen hatte, das Lob einer Göttinnenspeise mit einer superben Kapernsoße, auf welche die Köchin besonders stolz war, und diese Soße, ah, die anderen wischten sich verzückt die Mäuler mit den Servietten, vertilgte ich nicht einmal völlig. Zu allem Überfluss erklärte ich entschuldigend, was die Sache verschlimmerte, ich sei kein Soßenfreund. Nur der von den beiden Deutschen übernommenen irischen Gastfreundschaft war es wohl zu verdanken, dass ich nicht zur nächsten Frittenbude gejagt wurde, um mir Fish and Chips einverleiben zu müssen, oder gar dem Lynchen anheim gefallen wäre. Über den ebenso vorzüglichen französischen Rotwein vergab ich höchstes Lob, was die Gemüter einigermaßen besänftigte, und satt und zufrieden sanken wir später auf die harten Futongästebetten, was uns nichts ausmachte, denn wir waren Isoliermatten und dünne Luftmatratzen gewohnt. Immerhin seit langen Wochen ein Bett!

Am nächsten Tag besuchten wir das keine fünfzig Meter entfernte Geburtshaus Nora Barnacles. Ein winziges, zum Leben für acht Personen dienendes Gebäude, das sich heute grau verputzt, mit niedrigem ersten Stock, zwei unscheinbaren Fenstern und einer rotbraunen Haustür aus Holz darstellt. Die Einrichtung karg und spärlich: das einzige, kleine Waschbecken im Hinterhof draußen an der Wand, ihre kleine hölzerne Wiege, wenn sie's denn ist, in einer Zimmerecke, immerhin zeitgemäß; in einer anderen Ecke eine Madonnenfigur und verschiedene Votivgegenstände. Ein Infotisch im Erdgeschoss und eine freundliche Dame, die Handzettel verteilte. Auch einige andere Besucher. Jürgen und Bille waren bekannt und wurden herzlich begrüßt. Wir durften eine

Kleinigkeit spenden, womit wir Friends of the Nora Barnacle House wurden. Und der Literatur hoffentlich einen Dienst erwiesen haben.

Nora Barnacle wurde 1884 in Galway geboren. Sie wird zwar von angeblichen Kennern häufig als das Dummchen verschlissen, dass vom Genie aus unerfindlichen Gründen geheiratet wurde – ähnlich der Liason zwischen Arthur Miller und Marylin Monroe –, doch sie war beileibe nicht dumm, genoss die damals für Kinder aus armen Schichten mögliche Schulausbildung bis zu ihrem zwölften Lebensjahr. Seit ihrem fünften Lebensjahr erhielt sie Unterricht im Newtonsmyth-Kloster, unmittelbar hinter dem Bowling Green gelegen, wo schon ihre Mutter zur Schule gegangen war. Dort lernte sie Religion, Lesen und Schreiben, Grammatik, Geographie, Handarbeiten, Musik und Zeichnen. Brenda Maddox schreibt: Diejenigen, die Nora mit Molly Bloom gleichsetzen, sollten bedenken, dass Nora gute Noten in Orthographie und Schreiben hatte. Aber oft fallen auch Literaturwissenschaftler auf die Fiktion, auf die Literatur, herein, verwechseln sie mit Dokumentation. Molly Bloom stammt schließlich von James Joyce, welche Vorbilder und Phantasien auch immer den Meister beflügelten.

... wieso kann man einen Mann nicht küssen ohne gleich erst mit ihm aufs Standesamt man liebt eben manchmal zu wild wenn man spürt wie einem das so richtig schön durch den ganzen Körper geht da kann man gar nicht anders ... es geht doch nichts über einen Kuss lang und heiß geht einem runter bis in die Seele ja lähmt einen fast und dann kann ich diese ganze Beichterei auf den Tod nicht ausstehen wie ich immer zu Pater Corrigan gegangen bin er hat mich

angefasst Pater na wenn schon was ist denn dabei und er gleich
wo ...und hast du etwa auch ... und mit was für Worten er sich das
abgequetscht hat ... und dabei denk ich die ganze Zeit an den rich-
tigen Vater was braucht er das eigentlich noch zu wissen wenn ich
schon Gott gebeichtet hab er hatte eine hübsche fette Hand wo die
Innenseite immer feucht war ich hätt an sich gar nichts dagegen
gehabt die mal zu fühlen ...

Im Jahr 1901 lebte Nora im Haus ihrer Mutter im Bowling
Green Nummer acht. Nach Beendigung der Schulzeit wurde
sie zunächst Pförtnerin des Presentation Convents in der
Nähe. Eine Woche, nachdem ihr Onkel sie verprügelt hatte,
weil sie sich sehr selbständig bewegte, Freunde hatte und
zuletzt mit einem Protestanten ging, verschwand sie ohne
jede Verabschiedung nach Dublin und nahm dort eine Stelle
an in Finn's Hotel in der Leinster Street. Kurz darauf lernte
sie James Joyce kennen – oder er sie, jedenfalls sprach er sie
an, weil sie ihm aufgefallen war. Das war im Jahr 1904. Die
Geschichte nahm ihren Lauf. Ohne Nora hätte James Joyce
den Ulysses wohl nicht oder nicht so geschrieben. Sie bot
ihm nicht nur seine Inspirationen, sondern auch die Eigen-
schaften, die ihm außer seiner Arroganz und seiner Selbstein-
oder Überschätzung, ein genialer Schriftsteller zu sein,
fehlten: Stärke, Sicherheit, Leichtigkeit und Wärme.

Und die andere Nora, die aus Lodemanns Roman? Die kat-
zenhafte, scheinbare Leisetreterin, die Großes vor hat, mit
anderen zusammen, nämlich Queen Elisabeth die Zweite,
auf Besuch im Ruhrgebiet, dort wo Krupp und Kaiser sich
trafen, am Hügel, wo die Villa steht, die aussieht wie ein
Bahnhof um 1900, zu entführen, unblutig, ohne Gewalt, die

damit auf die Gewalt im nördlichen Irland hinweisen will und auf das Land, das ursächlich damit in Zusammenhang steht, nämlich England, oder ,Groß'britannien, das schon lange nicht mehr über die Meere herrscht. Die aufmerksam machen will auf das, was britische Soldaten in Nordirland angerichtet haben und ihre Helfershelfer. Um endlich Schluss zu machen mit dem unseligen Erbe der Schlacht vom zwölften Juli 1690, als Katholiken und Protestanten sich abschlachteten, und letztere mit Hilfe eines Oranierfürsten gewannen. Seitdem benennen sie sich nach ihm und paradieren am Jahrestag des Kampfes bis heute durch Belfast, mit Vorliebe durch katholische Viertel, was regelmäßig das Straßenpflaster in Bewegung bringt. Was wiederum Polizei und Militär auf den Plan ruft. Und so weiter und so fort, unselig die Abtrennung dieser Nordprovinzen, mit der die Schaffung der Republik Irland erkauft wurde. Doch damit soll nun Schluss ein; es sollte schon oft Schluss sein, auch die Roman-Nora schafft es nicht mit ihrem Plan, denn der Sender in Lisbeths Handtäschchen (wer hätte das gedacht) verriet die Fluchtroute der Abenteurer.

Da bleibt dem Langensiepen, dem ehemaligen Kommissar, der sich in der Nähe der Heimlichen Liebe in Essen, dem höchsten Punkt der Stadt, oberhalb des Baldeneysees, in einem Souterrain verkrochen hat, da bleibt der *Kellerassel*, dem Protagonisten des Romans, wie die Literaturwissenschaftler sagen, nur Nora die Liebevolle, ein undurchschaubarer aber angenehmer Lichtblick.

Die Iren haben uns zwei Begriffe beschert, die in den europäischen, wenn nicht weltweiten Sprachschatz eingegangen sind: das Boykottieren und das Lynchen. Der englische

Besatzungsoffizier und Gutsverwalter C.C. Boycott (1832–1897) hatte sich durch besondere Rücksichtslosigkeit hervorgetan und das Fass zum Überlaufen gebracht. 1880, fünfunddreißig Jahre nach der großen Hungersnot, An Gorta Mór oder The Great Famine genannt, sackten die Agrarpreise in den Keller und viele Pächter konnten ihre Abgaben nicht mehr zahlen. Die Grundbesitzer begannen, sie von ihrem Boden zu vertreiben. Die Not führte zur Gründung der Land-Liga, die sich über den Existenzkampf hinaus um die Loslösung von England bemühte. Charles Parnell, Protestant und Mitglied des englischen Parlaments, und William Gladstone, Premierminister unter Queen Victoria, versuchten durch die Verbindung der Land-Liga mit der Home Rule-Bewegung, der Liga für Selbstverwaltung, die irischen Landadeligen zu schwächen, um Irland zu befrieden und eine gewisse Selbstbestimmung zu erreichen. Die Bemühungen dauerten, inzwischen griffen die Iren zur Selbsthilfe, indem sie Mister Boycott völlig ignorierten, ihm nichts mehr lieferten. Angestellte, Arbeiter und Bauern verschwanden, ließen ihn und seine Familie allein und hilflos auf dem Landsitz zurück. Boycott gab genervt auf und soll mit seiner Kutsche in einer Tour bis zum Hafen von Dublin durchgefahren sein, um ein Schiff nach England zu besteigen.

Bei uns ist diese Methode zur Zeit anscheinend völlig in Vergessenheit geraten, sonst würden wir die Ackermanns, Breuers, Essers, Hundts und Schremps mitsamt ihren willigen Vollstreckern, den konservativen Politikern aus CDU, SPD, FDP und Grünen, schon längst zum Teufel gejagt haben. Das würde bedeuten, sie hätten ab sofort mit Bus und Bahn zu fahren und jeden Morgen bei Wind und Wetter im Staubmantel, die Aktentasche unter dem Arm, ihrem Job als kaufmännische Angestellte oder als Hilfsarbeiter auf einem

Bauernhof entgegen zu fiebern. Entlohnt mit einem Durchschnittsgehalt oder einem Lohn in Höhe von 400 Euro, bei dem Preissteigerungen oder Mehrwertsteuererhöhungen ihnen und ihren Familien sehr weh tun würden; auch die nächste Urlaubsreise wäre möglicherweise gefährdet oder fände nicht mehr statt.

Der zweite Begriff ist das Lynchen. In neueren Lexika fehlt ein Eintrag über Walter Lynch, der um 1550 herum Bürgermeister, Richter und Kaufmann in Galway war. Lediglich Lynchjustiz taucht auf, die als gesetzwidrige, sich unmittelbar an die Tat anschließende Bestrafung vermeintlicher Täter durch eine Menschenmenge interpretiert wird. Besonders angemerkt wird der Süden der USA, wo seit den Sezessionskriegen bis in die heutige Zeit Tausende von Farbigen Opfer von Lynchjustiz wurden, die häufig – im Gegensatz zu der genannten Definition – geplant wird. Ältere Lexika, wie zum Beispiel der Brockhaus von 1902, verweisen ebenfalls auf die USA, schwelgen geradezu in Einzelheiten, sprechen von Teeren und Federn und Aufknüpfen, nicht nur bei Farbigen, sondern auch bei weißen Pferdedieben, Kupplern und anderen Gaunern. Der Begriff des Lynchens soll von John Lynch herstammen, der gegen Ende des 17. Jahrhunderts in Nordcarolina wegen unzureichender Kolonialgesetze mit unumschränkter Macht ausgestattet wurde, um gegen geflüchtete Sklaven und ‚andere Verbrecher' vorzugehen.

Wenn wir den Begriff auf Walter Lynch aus Galway zurückführen wollen, wird die Sache ein wenig komplizierter. Denn damals, um 1550 herum, als es der Stadt gut ging, als der Seehandel blühte und die Handelsbeziehungen mit Spanien florierten, kam von dort Besuch in die Stadt. Ein junger Mann, hübsch, mit edlen Gesichtszügen und dunklen, brennenden Augen, der Sohn eines der mächtigsten spanischen Handelsherren. Damit sollten die Geschäftsbeziehungen gefestigt, sollte Vertrauen hergestellt und gezeigt werden. Ein Gegenbesuch des Lynch-Sohnes Patrick war geplant. Das unglückliche Schicksal wollte es, dass sich der junge Spanier in die junge Frau verliebte, die dem jungen Lynch zugesprochen war. Irgendwann, vielleicht bei einem Fest, als der Wein in Strömen floss, kam es zum Zweikampf, nachdem Patrick Lynch die Affäre entdeckt hatte. Der Spanier starb. Der Ire gestand die Tat. Es war Totschlag im Affekt, wie das Gericht, das unter Vorsitz des Vaters tagte, feststellte. Außer einem sprachen alle Mitglieder den jungen Mann frei, doch das Votum Walter Lynchs als oberstem Richter setzte den Spruch der anderen außer Kraft. Sein Urteil lautete auf Tod durch Erhängen. Wie ein Lauffeuer ging die Kunde durch die Stadt, der Henker sprang auf's Pferd und flüchtete, Helfer taten sich zusammen, um den Jungen aus seinem Kerker zu befreien. Doch der Bürgermeister und oberste Richter der Stadt, einer in Ansätzen demokratisch regierten kleinen Republik, hielt das Gesetz für höher und wichtiger als Familienbande, er selbst soll die Schlinge um den Hals seines Sohnes gelegt und den Schemel fortgestoßen haben.

Die Mutter, Mary Lynch, so heißt es, habe den Tod ihres Sohnes nicht lange überlebt, Richter Lynch wurde nicht mehr in der Öffentlichkeit gesehen. Der Handel mit Spanien verfiel, und damit die Stadt. Spätestens unter der tyrannischen Herrschaft des Engländers Oliver Cromwell wurde Galway wieder zum Fischerhafen, an den noch heute die kleinen Boote mit ihren roten Segeln erinnern, Gleotogs oder Hookers genannt. Und war keine Konkurrenz mehr für London.

Andächtig schritten wir durch die Stadt, Jürgen in seiner flotten, dunkelbraunen Lederjacke, unverkennbar mit seinem wilden Haarschopf, ich in meiner Reisejacke aus hellem Tuch, beide bärtig, mit durchdringenden Blicken, offen für die Welt. Wir hielten uns schließlich für Wahrheitssucher! Fassten das Lynch Castle, an der Ecke Abbeygate und Shop Street, ins Auge, das trutzig und fest dort steht, der Wohnturm der Familie Lynch, mit der Inschrift, dem Familienwappen und dem Schriftzug der Vereinigten Bank von Irland, immerhin nicht die Bank von England. Und Jürgen erzählte von Lynch, von Galway, der Stadt, von Irland, von Deutschland, und wie das alles zusammenhing, und wie er sogar eine Verknüpfung herstellen konnte zwischen Irland und der Nibelungengeschichte, der Sage der Deutschen, der diutisk, der Menschen aus dem Volk, der Proleten.

Ob der Begriff Lynchen wirklich aus Galway stammt?

«Die Wahrheit heißt Mut und Respekt vor dem Unsäglichen», sagte Jürgen.

Ich nickte. Und wollte es gern glauben.

Unser Kurzbesuch in Galway endete mit einem gemeinsamen Besuch bei Kenny's Bookshop, einer der berühmtesten irischen Buchhandlungen und Galerien. Wir lernten den Besitzer persönlich kennen, fanden Jürgens Buch über Siegfried und Krimhild im Bestand und besichtigten die Ausstellung A Life In Colour des Künstlers Kenneth Webb. Dann kam der Abschied, kurz und schmerzlos, der uns dennoch traurig machte; Bille und Jürgen brachten uns zum Auto, und langsam tuckerten wir hinaus aus der Stadt, der Stadt von Nora, Lynch und Lodemann.

STURMWARNUNG

Warnungen soll man nicht in den Wind schlagen. Schon gar nicht am
Mizen Head, wo es ganz schön kräftig wehen kann. Bilder kann man
dann nicht malen und froh ist man, ins Auto klettern zu können, um
vielleicht über Kolumbus und seine drei kleinen Schiffe zu räsonie-
ren. Über den Admiral aller Meere – damals, als die Globalisierung
begann. Davor kann man nicht genug warnen.

Drei lange Felsenfinger ragen im Südwesten Irlands in die
keltische See, den Ausgang des Ärmelkanals, wo endgültig
der Atlantik beginnt. Den ersten Finger bildet die Beara-
Halbinsel mit ihren freundlichen Blumenreihen. Vorher aber
ging es über einen alpinen Pass – Moll's Gap – südlich von
Killarney mit seinen Seen. Sonne und Regen wechselten sich
ab, hohe Bergrücken begleiteten uns, die Macgillycuddy's
Reeks im Westen, der Mangerton Mountain mit seinen 840
Metern Höhe, den wir 1993 bestiegen hatten, auf der anderen
Seite. Nachdem wir den Moll's Gap überwunden hatten, roll-
ten wir nach Kenmare hinein, ein buntes, lebhaftes
Städtchen, das nur aus seiner Hauptstraße zu bestehen
schien. Viel Jugend war unterwegs, lungerte auf den
Parkbänken herum; die lockere Stimmung, die Farben der
Häuser – fast waren sie zu bunt – und die Sonne verlockten
uns, neuen Rotwein einzukaufen, portugiesischen, der war
am billigsten, schmeckte vorzüglich.

Dann am nördlichen Rand der Halbinsel entlang. Wir
durchfuhren Baumtunnel, deren Baumkronen streifige
Schatten über die Straße warfen. Fuchsienhecken begleiteten
uns, Fingerhüte, immer noch Ginster – und Palmen. Phasen
mit Sonnenschein erheiterten uns. Danach schoben sich
wieder Wolken über uns hinweg und versuchten, die Berge

zu überklettern. Weiße, langgezogene Formationen waren das, quer gelegte Streifen mit fast gerader, wie mit dem Messer abgeschnittener Unterseite, auch dunkle, ausfransende, bedrohlich aussehende Gebilde. Wieder Sonne. Beara erlebten wir zunächst bei eher freundlichem Wetter; es ärgerte mich nur, dass ich nachgegeben, den auf einem Hochplateau gelegenen Platz verlassen hatte, wo wir in Ruhe den Sonnenuntergang über dem Meer hätten beobachten können und, wenn es nach mir gegangen wäre, auch übernachtet hätten. Durch ein enges Tor, von dem nur die beiden Pfeiler übrig geblieben waren, hatten wir uns auf das Plateau gequetscht. Auf drei Seiten umgab uns Wasser. Doch die Malerin suchte ein Motiv, einen Leuchtturm am besten, keinen Sonnenuntergang, das hätte sie schon, sagte sie, das wirke häufig kitschig. Leuchttürme hätte sie ja noch nie gemalt, warf ich ein, hatte mit meiner Ironie mehr als Recht und erntete folgerichtig keine Antwort. So ging mir der Abend, wie ich ihn mir vorgestellt hatte, vor dem Bus im Klappstuhl und im Licht des untergehenden Gestirns sitzend, ein Guinness-Fläschchen in der Hand, durch die Lappen.

Wir fuhren weiter, und da wir lange nicht das fanden, was gesucht war, landeten wir unausweichlich auf der Ostseite der Halbinsel, der dem Atlantik und der Sonne abgewandten, was sich durch Wind und bedeckten Himmel bemerkbar machte. Die Malerin erwischte dann ein Leuchttürmchen, weit draußen auf einem Inselchen gelegen, kaum zu erkennen. Sie konnte nun nicht mehr zurück, kletterte mit ihrem Malhocker, eingehüllt in Pullover, Schal und Regenjacke, auf einen Felsvorsprung und malte bei zunehmender Dunkelheit. Ziemlich verbissen, wie ich meinte. Währenddessen saß ich bequem und windgeschützt im Bus, trank mein Guinness und hörte Radio. Der Untergang eines glutroten Sonnenballs über dem glitzernden Meer fehlte.

Dann der zweite dieser Finger, von Westen her gesehen. Wir nahmen den Sheep's Head Way zum Sheep's oder Muntervary Head. Ein Schild warnte: Water and ground in their extremity!

Vor Jahren hatten wir dort ein Unwetter erlebt, das nur eine halbe Stunde dauerte, die Welt zum Verschwinden brachte, um sie dann schöner denn je wieder hervor zu zaubern. Weit ragt die Halbinsel in das Meer hinein, kein Wunder, dass sie, die sich leichtsinnig vorwagt, häufig Dickes vom Atlantik mitbekommt. Auch damals fuhren wir bis zur Spitze, standen auf einer schmalen Felsfläche, zunächst bei gutem Wetter. Dann kam unmerklich Wind auf. Der wurde stärker, schien uns schließlich von der Felsnase fegen zu wollen. Der Bus schaukelte wie eine alte Fregatte auf hoher See. Ilse wollte sich am liebsten kardanisch aufhängen lassen, was ihr sonst nur auf Fähren einfiel. Die Sonne wurde von plötzlichen Regenschauern abgelöst, die wir über die Bantry Bay heranziehen sahen. Wir saßen im Bus, tranken Tee, sahen, wie das Wetter herankam, wie es sich über das Wasser wälzte, langsam, aber unaufhaltsam. War dann da, stieß nicht an, umhüllte den Felsen und uns mit grauweißer Watte, lautlos. Einzelne Böen brachten uns noch mehr ins Schaukeln, nichts sahen wir mehr, keine Anhaltspunkte. So als wollte das Wetter uns zeigen, was es konnte, ein kleine Kostprobe nur, eine Vorahnung von Wetterlagen, die es auf dem Meer gab. Ein Schauspiel, das wir sahen und fühlten, während wir uns wie im weichen Sessel des Theaters in Sicherheit wähnten.

Dann war es vorüber, Sonnenstrahlen durchzuckten wie Blitze das Dunkel, es wurde heller, das Wetter zog weiter, über den nächsten Wasserarm zur nächsten Halbinsel, deren Spitze Mizen Head heißt, wo sich ein Leuchtturm mit einer Wetterstation befindet, wo sie das Wetter machen. Wenn man im Radio Wetternachrichten hört, die von der Station am Mizen Head stammen, sollte man sich warm anziehen und die Sandsäcke vor die Haustür legen.

«Warum gibt es eigentlich mit hochmoderner Technik und viel Personal ausgerüstete Wetterstationen, die so oft falsche Voraussagen machen, wenn man doch hier einfach nur zu gucken braucht, was ist?» fragte Ilse.

Wir einigten uns darauf, dass in vielen Fällen ein mit einer Person besetzter Kombibus mit Mobiltelefon genügen würde, der sich jeweils am Ort des Geschehens befinden würde. Aber wo wäre das? Der Wächter könne sich ja beim Wetteramt erkundigen, warf ich ein, erntete damit allerdings zu Recht ein Tippen an die Stirn.

Das Wetter war damals über uns hinweg gezogen und hatte uns anschließend mit erneutem Sonnenschein getröstet.

Dieses Mal erlebten wir ein Unwetter, das nicht aufzuhören schien. Der Zeiger des Barometers wies strikt nach links, nach links unten, zeigte auf 976 Millibar oder Hektopascal, auf stormy weather, wenn man das überhaupt noch Wetter nennen wollte.

«Es kann ja besser werden», meinte die Optimistin neben mir.

«Das kann auch heiter werden», erwiderte ich.

«Das wäre gut», sagte meine Begleiterin.

Wir nahmen den Sheep's Head Way. An der Nordküste der dünnsten der drei langgezogenen Halbinseln im Süden Irlands entlang. Sehr schmale Fahrspuren bot der abenteuerliche Weg mit seinem zerklüfteten Belag. Wir holperten zwischen Rhododendronbüschen, Eichen und Fuchsienhecken entlang. Die angemessene Geschwindigkeit betrug höchstens vierzig – Kilometer, nicht Meilen. Weder Land- noch Seemeilen. Weder englisch-irische noch Kontinentalmeilen. Preußische Landmeilen schon einmal gar nicht. Die Bewölkung nahm nicht ab, im Gegenteil, es wurde dunkel und unheimlich. Die Straße schlängelte sich einen Berg hoch, wir gerieten in die Wolken. Erfreulicherweise herrschte wenig Verkehr, selten erblickten wir am Straßenrand ein Haus. Eins lag wunderschön an einem Abhang, stand, wie ein einfaches Holzschild verkündete, zum Verkauf.

«Hanglage, Meeresblick», meinte Ilse.

«Heute verkaufen sie das nicht», stellte ich fest. Niemand war zu sehen. Dann begann die Straße sich in der Mitte hochzuwölben, wirkte wie ein schmaler Damm, der sich durch nebeliges Moor zieht. Die Wolken warfen das Abblendlicht zurück, ich fuhr aufs Geratewohl in der Mitte, hoffte, dass ein Entgegenkommender sich genau so vorsichtig verhielt wie wir, erwartete am liebsten niemanden. An manchen Stellen schien die Straße so schmal zu werden, dass ich befürchtete, mit dem Wagenboden aufzusetzen, wenn wir mit den Rädern seitlich an den Graben gerieten. Ich erlebte ein déjà-vu, doch es war wohl nur ein Traum gewesen, der Wagen machte einen Satz über einen blind summit hinweg und landete auf einer Wölbung, die nach allen Seiten hin abfiel. Im Traum passierte nichts, oder er brach ab, jedenfalls konnte ich mich an nichts Schlimmes erinnern. In der Wirklichkeit ging auch alles gut, nach einer schier endlosen Anzahl von

Kurven erreichten wir das Head. Der Weg endete in einem Wendeplatz. Erst als wir ausstiegen, bemerkten wir, dass der Wind mit Sturmstärke tobte. Wir standen in den Wolken. Niemand außer uns hatte sich heute auf diesen Weg gemacht, es sei denn, sie hatten es versucht und waren umgekehrt. Was sollte man bei einem solchen Wetter am Sheep's Head? Der Sturm umtoste uns, als befänden wir uns mitten auf dem Atlantik, obwohl wir lediglich seinen Anfang erreicht hatten, dort, wo der Ärmelkanal, the Channel, seinen Trichter weit zum Ozean hin öffnet. Doch gerade diese Tatsache erzeugte bei West- oder Südwestwind eine Steigerung der Windstärken, denn dann wurde die Luft in den enger werdenden Trichter hineingepresst. Die irische Südküste hielt ihre dreifingrige Hand in diese Windwirbel hinein, als könne sie sie aufhalten. Doch eher rissen und zerrten Wind und See an diesen Halbinseln, die sich nur mühsam zu behaupten schienen.

«Was schätzt du?», fragte Ilse, die behauptete, nicht mehr an meinen Windstärkeangaben zweifeln zu wollen.

«Du kannst ja Radio hören, Meldungen vom Mizen Head, die haben's gut, unsere Halbinsel liegt vor ihnen, sie werden von uns geschützt.»

«Geschützt, von uns?», murmelte Ilse, zog die Augenbrauen hoch, versuchte vergeblich, im Wind ihre Jacke zu schließen. Unsere Hosenbeine flatterten wie Falle am Mast. Ich schätzte den Sturm auf Stärke neun, draußen auf dem Atlantik würde er bestimmt zehn erreichen. Bei neun werden Dachziegel abgeräumt (was einem Kapitän auf hoher See gewiss nur ein müdes Lächeln abringen würde, Dachziegel!), bei zehn werden Bäume entwurzelt. Diese Angaben gelten, wie man sieht, für Landratten.

Wir kamen zu einem mit Stahlseilen wie ein Zelt fest verrammelten und verschlossenen Verkaufscontainer, der Fritten und Eis anpries. Die starken Gurte waren über die ganze Bude gespannt und auf beiden Seiten in der Erde verankert. Hier konnte ein Sturm wohl mehr als nur Bäume entwurzeln. Ein Fußpfad führte weiter, verschwand nach wenigen Metern in der weißen Suppe.

Ilse schüttelte den Kopf, zerrte an der Autotür, die sich kaum öffnen ließ, stieg wieder ein und bedeutete mir, es ebenso zu tun. Ich winkte ab. So leicht geben Globetrotter nicht auf. Ich zog mir Regenjacke, Regenhose und Gummistiefel an, steckte den Fotoapparat ein (Ilse verkniff sich ein Lachen) und machte mich auf den Weg. Später gestand sie, sie hätte nach einer gewissen Zeit Angst bekommen um mich, der ich ins Ungewisse aufgebrochen war, der ich durchaus an fremder Felsküste hätte abstürzen können, den sie dann vielleicht gar nicht gefunden hätte, und Hilfe zu holen, wäre so schnell nicht möglich gewesen. Filme mit nachgestellten Szenen über authentische Abstürze gab es im britischen und irischen Fernsehen, einen hatten wir mal in einer Kneipe gesehen.

Doch wollte ich, wie üblich und so oft, nur nach Westen, so weit es ging, oder bis es nicht mehr weiter ging, wie die so genannten Entdecker, wie der große Kolumbus, einer der ersten Europäer im ausgehenden Mittelalter, der 1492 mit seinen Leuten eine bereits bewohnte, für sie neue Welt entdeckte. Ich hatte allerdings an diesem Zipfel Irlands kein Schiff zur Verfügung (St. Patrick sei Dank!), deshalb wollen wir kurz an irische wagemutige Wasserwüstenüberquerer erinnern. Es gab bereits zu Kolumbus' Zeiten Informationen von Ptolemäus seit dem antiken Griechenland und von dem italienischen Arzt und Mathematiker Paolo dal Pozzo Toscanelli, der 1482 starb, Angaben über den Erdumfang, die leider falsch waren. Der Italiener Zuane Pizzigano zeichnete im Jahr 1424 in einer Karte Inseln ein, die dort liegen sollten, wo sich die Karibik (Westindien) befindet. Auf ähnlichen Karten werden sie Brendans-Inseln genannt. Der historische Brendan wurde 489 im County Kerry geboren, war oft auf dem Wasser unterwegs, kreuzte bis Schottland und Wales, gründete dort und in Irland mehrere Klöster und starb hochbetagt im Alter von fast neunzig Jahren. Nach nicht näher zu ermittelnden Informationen durch jemanden, der behauptet hatte, drüben, im Westen, in einem anderen Land gewesen zu sein, wurde Brendan zu seinem wagemutigsten Abenteuer angestiftet. Mit vierzehn Gefährten soll er in einem größeren Boot, gebaut wie die irischen Curraghs, leicht, flach, aber schnell vor dem Wind, losgefahren sein, mit Proviant für vierzig Tage. Sie kamen nach sieben Jahren zurück, wobei die Angaben vierzig und sieben sicherlich dem Hang der Chronisten zu magischen oder heiligen Zahlen geschuldet sind, doch was im Prinzip im zehnten Jahrhundert auf Lateinisch in der Navigatio Sancti Brendani Abbatis berichtet und aufgeschrieben wurde, klingt nachvollziehbar. Sie kamen an eine Insel, die rau und felsig war, mit Glutöfen von Schmieden: Island? Sie entdeckten riesige, schwimmende Kristallblöcke: Eisberge vor Grönlands Küsten? Schließlich landeten sie an der Küste eines Landes, dicht bewachsen mit Bäumen, dort gab es keine Nacht und die Sonne schien immer: Neufundland?

Um 986 wurde ein isländisches Schiff bei Sturm vom Kurs abgetrieben und sichtete weit im Südwesten Land, um 1001 unternahm Leif Eriksson die erste Expedition in diese Richtung und entdeckte Inseln und Festländer, die er

Helluland (Steinland, Baffin-Insel), Markland (Waldland, Labrador) und Vinland (Weinland oder Weidenland, Neufundland) nannte. Weitere Expeditionen folgten, und mehrjährige Siedlungsversuche wurden unternommen. Europäer siedelten also in Amerika 400 Jahre vor Kolumbus.

Ähnlich wie der deutsche Segler Burkhard Pieske mit einem Schiffsnachbau die alten Routen der Wikinger mit Erfolg absegelte, gelang es dem englischen Segler und Geografen Tim Severin, der heute in Irland lebt, nicht nur Robinsons Spuren in der Karibik zu folgen, einer Geschichte, deren Abenteuern wir bereits im Kapitel ‚Das Gibtesnicht' ein wenig Aufmerksamkeit geschenkt haben, sondern auch die Seereise Brendans nachzuvollziehen. Severin startete 1976 am Brandon Creek auf der Halbinsel Dingle. Die Faröer Inseln, Island, Grönland, Eisberge, Walrücken, dann Neufundland: er fand alles, was Brendan berichtet hat. Inzwischen haben Forscher herausgefunden, dass bereits Steinzeitmenschen mit Fellbooten über den Atlantik gefahren sind, und wenn Thor Heyerdahl Recht behalten sollte, bestätigt dies auch Fahrten über den südlichen Atlantik und den Pazifik. Es gibt Belege dafür, dass die Phönizier im zweiten Jahrtausend vor unserer Zeitrechnung mit ihren Dreißig- oder Fünfzigruderern nicht nur Afrika umrundeten, was auch Herodot berichtet, sondern ebenfalls den Atlantik überquerten. Fahrten nach Britannien gehörten zu ihren Routineunternehmungen, was einer meiner Lieblingsspekulationen Nahrung gibt: vielleicht gelangte Odysseus, dessen Geschichte um 1.200 vor unserer Zeitrechnung spielt und von Homer um 800 herum aufgeschrieben wurde, auf seinem zehnjährigen Turn auch nach Irland! Oder historisch korrekter formuliert: der (oder die) Homer hätte/n Odysseus durchaus auch einen Abstecher nach Irland unternehmen lassen können!

Wusste Kolumbus von den Berichten über Brendan? Kolumbus, der im Jahr 1477 der Stadt Galway einen Besuch abstattete und dort sichere Hinweise fand, dass es Land jenseits des Atlantiks gäbe. Doch das besagt nichts, denn dass sie bei der längst anerkannten Kugelgestalt der Erde auf Land stoßen würden, war sicher. Geheimnisvoll klingt eine kurze Schrift, die Kolumbus in Galway hinterließ: *Wir haben bemerkenswerte Dinge gesehen.* Nun, wir wissen, der (portugiesische?) Jude aus Genua, in spanischen Diensten segelnd, entdeckte 1492 die neue Welt (und Menschen, die sie bewohnten), die später nach dem Abenteurer, Sklavenhändler und Journalisten Amerigo Vespucci benannt wurde, und zwar ohne dessen Wissen von den Kartographen Matthias Ringmann und Martin Waldseemüller, was wiederum erstmalig von Alexander von Humboldt nachgewiesen werden konnte. Ausgehandelt hatte Kolumbus in einem erhalten gebliebenen Vertrag, Vizekönig von Indien und Admiral der Meere zu werden, mit Pfründen und Einkünften, die zu vererben waren. Die einzige große Bedingung dafür war, den Seeweg nach Indien oder China, Cathay oder Zipanc, in westlicher Richtung zu finden. Kolumbus unternahm vier Reisen in die Karibik, die er Westindien nannte, und es gilt als sicher, dass er wusste, wo er sich befand, nämlich nicht in Indien. Das wäre jedoch ein Verstoß gegen den Vertrag gewesen, so hielt er gegen besseres Wissen aus finanziellen Gründen und wegen der Ehre an der falschen Vorstellung fest; starb krank, aber als reicher Mann auf seinem Gut in Spanien.

Im Jahr 1998 strengte eine Gruppe honduranischer Indianer einen symbolischen Prozess gegen den Admiral der Meere und Vizekönig an. Er wurde des Diebstahls, des Völkermordes, des Sklavenhandels und der Besitznahme fremden Eigentums angeklagt. Die honduranischen Bürgerrechtsorganisationen werfen Kolumbus und in seinem Gefolge den europäischen Eroberern und Siedlern vor, siebzig Millionen Eingeborene durch Kriege und eingeschleppte Krankheiten getötet zu haben.

Ruhe trotzdem in Frieden, Admiral! Denn du warst nur der Erfüllungsgehilfe der spanischen Herrscher und Kaufleute.

Kaum näherte ich mich der Inselspitze, erfasste mich der Sturm mit voller Wucht. Nur gut, dass er auflandig wehte, so konnte ich nicht über die Klippen gefegt werden. Die Kapuze rutscht bis unter die Nase – das macht sie immer gern, wenn es wichtig wird, etwas sehen zu müssen – doch hier meinte sie wohl, gäbe es gar nichts zu erkennen. Ich tappte weiter durch die weiße Watte und gegen den Sturm, den Fels hinunter, erst auf einem kleinen Pfad, dann über Geröll. Einen Leuchtturm sollte es hier geben, doch ich fand nichts, einmal glaubte ich, schemenhaft ein Gebäude zu erkennen, vielleicht war es ein Schafsstall. Kein ohrenbetäubendes Heulen von Nebelhörnern erklang, nur das unregelmäßige Brausen und Pfeifen des Windes, ein wütendes Geräusch, als stände ihm alles im Weg und als wolle er das alles wegdrücken, wegfegen. Keine Verhandlungen, keine Diskussionen, nein, diese Natur wollte Gewalt anwenden. Irgendwann wurde mir bewusst, wie allein ich war. Was wollte ich hier? Nach Westen, wozu? Ich fand keine Antwort, tappte noch ein Stück weiter durch den Nebel, blieb stehen, schaute (sah nichts), hörte (nur das Heulen des Windes), roch (das Salz der Luft), fühlte (mich unbehaglich), versuchte zu denken (vergeblich) und kehrte um. Schlagartig prallte der Wind nicht mehr wie eine feste Masse gegen mein Gesicht, es wurde stiller; langsam kraxelte ich den kaum zu erkennenden Felspfad wieder in die Höhe.

Mit den Worten «Im Westen liegt Land!» bestieg ich den Bus, zur Strafe drückte der Wind die Tür so kräftig zu, dass ich fast hineingeschleudert wurde. Mit «Herzlich willkommen, Herr Admiral!» begrüßte mich meine Expeditionsbegleiterin, die, mit beiden Beinen auf der Erde stehend, ohne in fernen westindisch-karibischen Gedankenländern zu schweben, das Naheliegende und Wichtige vorbereitet hatte, nämlich Brot mit Käse und Apfelstücken. Dazu gab es Rotwein. Ach, Kolumbus!

Am Sheep's Head

Wälzen Wogen sich
und dunkler Dunst heran
versinkt die Welt
wenn der Sturm brüllt zehn

Ein Haus schemenhaft
und ein schlagender Draht
Die Natur tobt
und Angst essen Seele auf

Vergessen ist alles
bei Sonnenschein und Softeis

Auf dem Weg zum Mizen Head, der Spitze des dritten Inselfingers – von Westen aus gesehen – passierten wir die Stelle, an der im Jahr 1985 ein Flugzeug der Air India abgestürzt war. Die Zahl der Namen auf dem Gedenkstein war schier endlos. Es schien sich um einen Jumbo gehandelt zu haben. Air desaster nannten sie das Unglück, obwohl es sich wohl eher um ein aircraft desaster gehandelt und einmal mehr gezeigt hatte, wie brüchig und anfällig Menschenwerk sein kann. Auf der Südseite der Halbinsel entdeckten wir einen Wasserfall, dessen Wasser vom Wind bergauf geblasen wurde. Es sprühte und spritzte und wehrte sich vor dem Absturz.

Das Wetter besserte sich, doch es blieb windig. Palmen säumten unseren Weg, Durchblicke zeigten Sandbuchten, in die das Meer in großen graugrünen, wie überlagert wirkenden Schichten hineinströmte. Drei kleine, unauffällige Ortschaften, Skull, Toormore und Goleen, waren zu durchqueren, dann erreichten wir the end of the Mizen Head Drive, Díreadh Slí Chairn Uí Néad, erblickten ein gut proportioniertes eineinhalbstöckiges weißes Haus mit rot umrandeten Fenstern und Türen. Ein ovales Bild oben am Giebel zeigte den Felsvorsprung mit dem Leuchtturm, im Vordergrund eine Möwe. Das Mizen Head Visitor Centre. Es war wegen Elektrizitätsproblemen geschlossen. Wahrscheinlich hatte der Sturm die Stromleitung erwischt. Am Leuchtturm, niedrig gesattelt auf den Dächern der Marine- und Wetterstation, tuckerte ein Dieselgenerator.

Dort wollten wir hin, die Malerin eh, und ich auch, zur berühmten Wetterstation Mizen Head. Wir kamen nur bis zur waghalsig über einen tiefen Felseinschnitt gespannten weißen Betonbogenbrücke, die wirkte, als sei sie ein sich im

Sprung befindliches Tier. Trafen dort einige weitere Besucher, die sich vor dem verschlossenen Tor gesammelt hatten. Gesperrt für Besucher, hieß es auf einem Schild. Also blieb uns der Blick aus der Ferne, der allerdings ein grandioser war. Wir ließen uns an einem Hang nieder und Ilse malte. Leuchtturm und Station hockten jenseits der Tiefe auf dem letzten Stück des Felszipfels, als würden sie beim nächsten Sturm ins Wasser stürzen oder sich auf den Weg nach Neufundland machen. Mehrere Felsnasen griffen weit ins türkis aufschäumende, anstürmende Wasser, an einigen Stellen des Hangs hatten sich Gräser, Sedumgewächse und Strandnelken festgeklammert, die ihre Köpfe im Wind schüttelten. Unterhalb des Leuchtturms fiel der graubraune Fels steil ab, franste an der Wasserlinie aus, es schien so, doch lag der optische Eindruck am aufspritzenden weiß schäumenden Wasser. Trutzig wirkte die Anlage, weiß, mit rot gestrichenen Türen und rot gestrichenen technischen Geräten. Antennen bogen sich. Eine Landfaust, die sich jedem Sturm, mochte er brausen wie er wollte, entgegenreckte, scheinbar in ihn hineinstrebte, wie ein Flugzeug im Auge eines Orkans aushielt und Messungen vornahm, Daten übermittelte, um Landratten und Seeleute gleichermaßen zu warnen, manchmal zu spät oder ohne Erfolg, denn was nützte es den Bewohnern dieses Eilands, wenn sich zwei Jahrhundertstürme über ihm trafen und es mit ihren Wassermassen zuschütteten, dass selbst die Sandsäcke vor den Haustüren kaum schützten.

Mit rotem Fleecepullover und Windweste hockte Ilse am Hang, hinter ihr ein Zaun mit rotem Handlauf, beide perfekt im Styling der nautischen Gebäude. Eigentlich hätte sie allein deswegen eine Sondergenehmigung zum Betreten der Anlage erhalten müssen (wie sie es später beim Old Head of

Kinsale nach halbstündiger Überredungskunst schaffte). Die gibt es manchmal, nur kann es sein, wie beim Leuchtturm am Loop Head an der Westküste, dass man aufgefordert wird, diese permission in Dublin abzuholen. Der Regen setzte ein, als Ilse den Malblock zuklappte.

Verschlossenes Tor

Komm zum Mizen Head
wo das Wetter gemacht
und die Sonne versteckt wird

Schon gestern gab's Sturm
und immer schlägt das Meer
Wunden in das Land

Horizonte im Dunst
wo die Wasser dampfen
für die Kreise des Lebens

Blaue und rote Punkte
wollen über die Tiefe zum Head
doch versperrt ist der Weg

Südöstlich vom Mizen Head mitten in der Wasserwüste erhebt sich ein Leuchtturm auf dem berühmten Fastnet Rock. In Erinnerung an manche Desaster bei der bekannten Segelregatta von England aus, für die er den Scheitelpunkt bildet, an ein besonders stürmisches Jahr, in dem etliche Segler ertranken und der ehemalige britische Premierminister Ted Heath im letzten Moment gerettet werden konnte, begnügten wir uns mit der gleichnamigen Kneipe in Skibbereen, wo man uns ein leckeres Beamish zapfte. Auf dein Wohl, Cristofero Colombo!

DRITTER BRIEF AN HEINRICH BÖLL

Weil der H.B. ja jetzt auf seiner Wolke sitzt, vielleicht neben Flann O'Brien und Dylan Thomas, erzählen wir ihm einiges darüber, was heutzutage in Irland los ist. Die Probleme in Nordirland sind natürlich noch nicht gelöst, auch dank der beiden christlichen Fraktionen, aber das Nelson-Denkmal in Dublin ist fort. Eine historische Leistung der Iren, die lange auf sich warten ließ, sehr lange. Aber ...
(s. Vorspann übernächstes Kapitel).

Essen, im Frühjahr 2006

Lieber Heinrich Böll, dear Henry,

ist es nicht toll, dass das Nelson-Denkmal in Dublin fort ist? Damals überlegtest du, ob die Iren es wohl irgendwann einmal schaffen würden, den englischen Helden zu stürzen. Sie haben es vollbracht, der Admiral wurde nicht einmal durch eine Statue der ‚Mutter Gottes' ersetzt, sondern durch eine stählerne spitz zulaufende Säule. Keiner weiß, an wen oder was diese Säule erinnern soll, unser Kollege Hugo Hamilton will gehört haben, sie stelle eine Spritze dar als Denkmal für die vielen Junkies in Dublin. Very likely – schon möglich.

Zum vierten Mal sind wir in diesem Irland gewesen, doch das muss nichts bedeuten, ob wir nun ein wenig mehr Ahnung haben, möchte ich dahin gestellt sein lassen. Es hat sich verdammt vieles verändert, und nicht alles ist zu begrüßen. Wir meinen, deine Denkweise einigermaßen aus deinen Büchern und Interviews zu kennen, und so würdest auch du bestimmt über einige Neuigkeiten schmerzlich erstaunt sein – und hättest mal wieder oder immer noch genügend *Zähne zu ziehen*, wie du es in deinem Irischen Tagebuch beschrieben hast.

Ich möchte nach langer Zeit wieder über Irland berichten. Ich hoffe, meine anderen Briefe haben dich erreicht, obwohl für den zweiten Brief bereits weder die Bundespost – jetzt Deutsche Post AG – zuständig noch deine genaue Adresse bekannt war, denn ich stelle mir vor, angeregt durch Mark Twain, dass du, nachdem du aufgefahren bist zum Heiligen Federkiel, dort auf deiner Wolke sitzt, vielleicht direkt neben Flann O'Brien oder Dylan Thomas oder Liam O'Flaherty, dem alten Stromer, und dass ihr euch herrlich amüsiert über unseren Betrieb hier unten, den wir versuchen mehr oder weniger gut, oder schlecht und recht, wie man so sagt, in Gang zu halten.

Zunächst das Positive. Wir waren mal wieder in Westport gelandet. Die Stadt hatte immer noch ihren typisch irischen Reiz. Die dreibogige alte Brücke über den Fluss war weiterhin umrahmt von Bäumen gewesen, man konnte ihr mit den Händen über die Vertrauen erweckenden rundgemauerten Begrenzungen streichen und auf der anderen Straßenseite O'Donnans Laden erkennen, dessen Fenster- und Türumrahmungen in dunklem Weinrot gestrichen waren. Gegenüber erstreckten sich die Select Bar und das gelbe Hotel von John J. O'Shady mit der großen Guinness-Reklame und seinen breiten Schornsteinen, aus denen sich jeweils vier Metallröhren emporreckten. Schilder in dunklem Grün und dunklem Rotbraun mit weißer Schrift wiesen nach Dublin, Inishbofin Island, nach Cleggan und zu den Killary Cruises, nach Castlebar und ins Town Centre. Die Häuser in grellen Farben, du kennst das ja, frisch gepinselt jedes Jahr. In knalligem Gelb eine Sandwich Bar, ein kräftiges Blau beinhaltete einen

Antiquitätenladen und in hellem Grün leuchtete der Barber Shop. Das Teach na Nōl lockte mit Geigen- und Akkordeonspielern auf bunten Plakaten neben dem Eingang, leider war in der berühmten Kneipe Matt Molloy's vorübergehend nichts los. Wir landeten am Abend in J. Geraghty's Bar, wo man etwas zu essen bekam und wo nach zweiundzwanzig Uhr weder jemand die Vorhänge zuzog noch das Zapfen einstellte. Im Gegenteil, um diese Zeit ging es erst richtig los, wandernde Musiker kamen vorbei, spielten einige Stücke und zogen weiter zur nächsten Kneipe, das hat sich hier so eingebürgert, wie wir in Erfahrung brachten. Ilse zeichnete blitzschnell einige Skizzen von den Musikerinnen und Musikern und erntete großes Interesse und Lob, als sie ihnen und unseren Tischnachbarn die Bilder zeigte. Genauso wie Hundebesitzer über ihre Tiere miteinander ins Gespräch kommen, so wird durch Ilses Bilder und Zeichnungen oft das erste Eis gebrochen.

So schön sich das Städtchen auch gebärdete, Menschen eilten zu ihren Einkäufen, alte Männer hockten auf Mauervorsprüngen, mancher fragte uns, ob er helfen könne, Trinker hatten sich um eine Parkbank geschart, also alles ganz normal, wurde die Idylle inzwischen gewaltig gestört vom sich unablässig durch die Straßen zwängenden Autoverkehr. Damit ist Irland in Europa angekommen, neben den wirtschaftlichen Schwierigkeiten, die sich nach einer Zeitspanne des Aufschwungs ergeben. Im Norden, in Mayo oder Donegal, ist die Verkehrsdichte noch erträglich, vor allem, wenn wir sie mit Deutschland oder dem Ruhrgebiet vergleichen (bei uns im Stadtteil ist jeder freie Quadratzentimeter mit parkenden Autos besetzt, und über die nahe Bundesstraße donnern pro Tag über sechzigtausend Fahrzeuge), aber in

Irlands Städten, in Galway, Cork oder Dublin und nun auch in Westport, ist der Teufel los. Fahrzeuge über Fahrzeuge, ein ununerbrochener Run, wie bei uns und wie ihn William Faulkner in den fünfziger Jahren bereits in seiner Trilogie *Das Dorf, Die Stadt, Das Haus* beschrieben hat, was ich mir damals nicht recht vorstellen konnte oder wollte. Die Schlangen der Autos, der Lärm und der Gestank der Abgase zerstören den Eindruck des schönsten Ortes, das gilt natürlich für ganz Europa, und man möchte in die Umgebung flüchten. Nun hatten wir erfreulicherweise reichlich Meeresküsten und Landschaft getankt, sodass wir es eine ganze Woche in Westport und Umgebung aushielten.

Tja, es gibt dieses dein Irland manchmal immer noch, lieber Heinrich, obwohl wir häufig es zu sehr zu verklären Gefahr laufen, aber wir brauchen Dinge, Ereignisse, Erfahrungen, an denen wir uns festhalten können, gerade jetzt, in den ersten Jahren des 21. Jahrhunderts, im globalisierten Medienzeitalter, bei der rasant zunehmenden Datentechnik mit ihrer virtuellen Welt. Und bei dem entfesselten Kapitalismus, der seit dem Zusammenbruch des Ostblocks, den der Westen gezielt betrieben hat, keine Hemmungen mehr zeigt. Staatliche Institutionen, sogar Krankenhäuser, Gefängnisse und Stadtverwaltungen, werden privatisiert, Konzerne schließen sich zusammen oder werden ‚feindlich' übernommen; die neue Währung Euro gilt in Irland auch, im Gegensatz zu Großbritannien (die Europäische Union hat jetzt fünfundzwanzig Mitgliedsstaaten, unter anderen Polen und die baltischen Länder, Kaliningrad/Königsberg ist wieder Enklave und die russischen Menschen brauchen ein Visum, wenn sie über die Grenze wollen). Ab 2007 werden Rumänien und

Bulgarien dazukommen, das kannst du dir wahrscheinlich als Redner auf den Friedensdemonstrationen während des so genannten kalten Krieges gar nicht vorstellen!

Häufig werden Politiker und leitende Manager, die den Begriff freie Marktwirtschaft missverstanden haben müssen (oder richtig?), bei krummen Touren und Selbstbereicherungen erwischt, ganze Belegschaften der Bauämter unserer Städte sitzen in Untersuchungshaft, auch der Vorstandsvorsitzende der Deutsche Bank AG steht vor Gericht.

Die Computer – fast jeder besitzt inzwischen einen – sind bereits eine Woche nach dem Kauf veraltet, Briefe versendet man per elektronischer Mail (hast du auch schon eine e-mail-Adresse, vielleicht h.b.wolkezehn@t-online.de?), und wenn ich im Internet bei google deinen Namen eingebe, erscheinen auf dem Bildschirm so viele Seiten mit Hinweisen, dass ich Tage brauchen würde, um alles nachzulesen.

Aber zurück nach Irland. In Nordirland ist es zur Zeit ruhig, die IRA hat verkündet, ihre Waffen abgeben zu wollen, aber ‚Reverend' Ian Paisly von den Unionisten, der alte Hetzer, hat verlauten lassen, er könne seine Kämpfer zu einem solchen Verhalten leider nicht bewegen. Irland hat zwischen 1994 und 2002 einen wirtschaftlichen Aufschwung erlebt und wurde der keltische Tiger genannt, in Anlehnung an die jungen asiatischen Staaten, die ihren Wirtschaftsaufschwung vorantreiben und den Europäern Angst einjagen, ganz abgesehen von China, das jetzt anfängt, für seine Milliarde Menschen die modernen Zeiten einzuführen. Als erstes kauften sie weltweit den Stahl weg (Deutschland konnte gar nicht so viel liefern, weil unsere Industrie in weiser Voraussicht die meisten Stahlwerke dicht gemacht hatte), als zweites stellte man fest, dass eine solche Masse Menschen, wenn sie beginnt

Auto zu fahren, welche wir ihnen ja gern verkaufen, Öl braucht. Auch auf dem Sektor kaufen sie viel auf, und das Benzin wird teurer und die Europäer jammern, als hätte man ihnen etwas weggenommen, was ihnen, und nur ihnen, gehörte.

Dank des Zuzugs der mit Steuervergünstigungen und niedrigen Löhnen angelockten US-amerikanischen Investoren, die das englischsprachige Irland als Basis für den europäischen Markt nutzen konnten, gelang es dem Land zum ersten Mal in seiner Geschichte, für einen größeren Teil der Bevölkerung eine Einkommensbasis und einen gewissen abgestuften Wohlstand zu schaffen. Natürlich mit allen Folgeproblemen, der Autolawine, den Umweltschäden, der steigenden Kriminalitätsrate, den steigenden Kosten, vor allem den steigenden Mieten und Wohnungspreisen. Und erstmals seit langer Zeit wanderten keine Iren mehr aus, im Gegenteil, sie kehrten reihenweise aus dem Ausland in die Heimat zurück. Migranten und Asylbewerber aus Ländern, für die Irland bisher ein Fremdwort war (und deren Ländernamen für die Iren), kamen, und die Einwohnerzahl stieg auf weit über vier Millionen, eine Zahl, die das Land seit der großen Hungersnot vor einhundertfünfzig Jahren nicht mehr aufweisen konnte. Übrigens, wahrscheinlich weil die Iren die große Hungersnot nicht vergessen können, holten sie kurz nach Beendigung des zweiten Weltkrieges im Jahr 1945 über eintausend hungernde, elternlose Kinder aus Frankreich und Deutschland nach Dublin, päppelten sie mit Schonkost wieder auf und gaben sie dann für drei Jahre in die Obhut von Familien. Operation Shamrock nannte sich die Aktion. Etliche der Kinder sind für immer in Irland geblieben. Nach einem knappen Jahrzehnt Rekordwachstum begann das Wirtschaftswunder Anfang des neuen Jahrtausends zu bröckeln, der Tiger wurde lahmer und zahmer. Das sei nicht vorauszusehen gewesen, tönte es aus der Politik. Doch, das war vorauszusehen, weil es immer so geht (Portugal lieferte dafür zuletzt ein Beispiel), aber jedes Mal glauben die Beteiligten, das Wachstum könne wunderbarerweise ständig weiter gesteigert werden. Als ob nicht andere auch eine Scheibe vom Kuchen haben möchten! Und dann Konkurrenten werden. Die Inflationsrate kletterte mit dem Wachstum, dann gab es in der Informationstechnikbranche eine Flaute (man hatte hauptsächlich auf ein einziges Pferd gesetzt, wie bei uns auf die Autoindustrie), damit platzte einmal mehr der Traum vom ewigen Wirtschaftswachstum. Dabei hätte man es bei Marx und Engels nachlesen können, du kennst die Aussage sicher, dass es im Kapitalismus Wellenbewegungen gibt, ein Auf und Ab im Wechsel von jeweils ungefähr zehn Jahren. Aber wer liest schon Karl Marx, diesen alten Nörgler. Die so genannten Wirtschaftsexperten wollen nichts von ihm wissen und die Bevölkerungen auch nicht, denn die Medien sorgen dafür, dass auch moderne Wissenschaftler, die auf diese Dinge nüchtern hinweisen, schlecht gemacht oder nicht veröffentlicht werden. Selbst den Herrn Keynes mag man bei uns nicht, und dieser intelligente Mensch war ja nun beileibe kein Marxist. Im Jahr 2003 verkündete der irische Finanzminister McCreevy, der daraufhin prompt Mac the Knife genannt wurde, drastische Sparmaßnahmen und vorrangig Einschnitte bei Investitionen und im Sozialbereich. Wie es in solchen Fällen üblich ist. Tja, obwohl es mit dem Tigerlein also abwärts geht, ist die High Street in Galway an manchen Abenden so überfüllt, dass man sich an die Drosselgasse in Rüdesheim erinnert fühlt, haben Martin und Gertrude Degenhardt erzählt. Was wird vom ‚Irischen' bleiben? Noch habe ich ja einiges gefunden, obwohl klar ist, dass nirgendwo mehr die ‚alten Jahre' vorhanden sind und wohl auch nicht sein sollen, das ist sicher im Sinn der Iren. Aber vielleicht gibt es eine Ausnahme: die Insel Inishbofin. Du erinnerst dich sicher, sie liegt ungefähr acht Kilometer vor der Küste bei Cleggan.

Einhundertachtzig Menschen leben dort noch und versuchen, der endgültigen Globalisierung zu trotzen. Was natürlich nicht so einfach ist. Anfang der neunziger Jahre des vorigen Jahrhunderts bekamen sie für zweieinhalb Millionen Pfund eine neue Hafenmole, du kannst dir vorstellen, was für ein Mordsding das geworden ist. Völlig unverhältnismäßig und für ein Wachstum vorgesehen, das nur in den wirren Köpfen etlicher spinnerter Politiker existiert. Das erinnert uns an Hafenneubauten in Portugal (Nazaré) oder im Südosten von Sardinien bei Villaputzu, durch die mehr zerstört als geschaffen wurde, vor allem kein entsprechendes Wachstum. Und dann kam Strom nach Inishbofin. An sich keine schlechte Sache, niemand kann es übel nehmen, wenn selbst irische Menschen auf einer kleinen Insel im 21. Jahrhundert mit Strom leben möchten. Prompt gab es aber binnen Kurzem keine Kühe mehr auf der Insel. Wie das? Man kann heutzutage alles auf Inishbofin bekommen, was das Herz begehrt, natürlich auch – abgepackt in Kunststoffumhüllungen, die dann später im Hafenwasser schaukeln – Dinge, die früher auf der Insel selbst hergestellt wurden. Inishbofin ist inzwischen völlig abhängig geworden von den Großkonzernen wie wir alle. Die Milch kommt nicht mehr aus der Kuh, sondern in gewachsten Kartons aus Galway. Die Eier kommen aus dem County Monaghan (also sind auch Hühner nicht mehr nötig), Käse, Butter und Speck werden von Cork herangekarrt. Alles wird per Lastwagen auf den neuen breiten Straßen angeliefert und (noch) mit dem Motorboot zur Insel geschafft. Doch vielleicht bezahlt Brüssel ja demnächst eine Brücke, damit die Konzerne noch einfacher noch mehr Geld verdienen können. Da man jetzt strombetriebene Kühlschränke hat, kann man die Milch aufbewahren und in Ruhe auf die nächste Fähre warten. Eigene Kühe sind nicht mehr notwendig. Früher hat Inishbofin Eier und Butter ,exportiert'! Es ist noch nicht ganz hundert Jahre her, dass dort der gesamte Bedarf an Kleidung selbst hergestellt wurde. Man konnte fast autark leben.

Heute sind die meisten Inselbewohner abhängig von Rentenzahlungen, Arbeitslosenunterstützung oder Sozialhilfe, so genannten Transferleistungen (ein schöner Euphemismus für Armut), berichtet das irland-journal. Ein eigener Schlachthof für Schafe, der auf der Insel von den Einheimischen geplant war, wurde verboten, weil er zu klein gewesen wäre und damit den EU-Bestimmungen nicht entsprochen hätte. Also wird heimlich hinter dem Haus geschlachtet. Doch es gibt auch Positives zu berichten. Margaret Murray betreibt das Day's Hotel und versucht, den Tourismus anzutreiben; eine Genossenschaft wurde gegründet, um Lebensmittel preiswerter auf die Insel zu holen. Immer wieder gibt es Gerüchte, die Regierung wolle Inishbofin (und auch Inishark) aufgeben, so wie einmal die Blasket Islands und andere aufgegeben wurden. Doch die Inselbewohner kämpfen, obwohl schon viele gegangen sind, nicht weil ihnen woanders die Lebensbedingungen besser gefallen, sondern weil ihre ureigenen Lebensbedingungen auf Inishbofin durch das von Gott gegebene, alleingültige und selig machende kapitalistische Wirtschaftssystem zerstört wurden.

Lieber Heinrich, so war es zu deinen Lebzeiten und so ist es auch heute noch, obwohl man damals in Deutschland vom rheinischen Kapitalismus sprach, der ein wenig sozialer und nachgiebiger zu sein schien als der echte, der Raubtier- kapitalismus. Aber damals drohte das Korrektiv des real existierenden Sozialismus und man wollte zeigen, dass man die Bevölkerung auch im Kapitalismus ruhig halten konnte. Man bestach sie mit Autos und Fernsehern, Waschmaschinen und Pseudofreiheiten.

Lieber Heinrich, hoffentlich langweile ich dich nicht mit die- sen sachlichen Angaben, aber es gehört dazu und ich bin gerade so schön in Gang (Ilse ist nicht da, um mich zu brem- sen). Noch ist die Arbeitslosenrate in Irland im europäischen Vergleich niedrig, sie liegt bei etwa fünf Prozent, aber zuneh- mend machen sich die Investoren aus dem Staub, was sich in den nächsten Jahren auswirken wird. Der derzeitige Taoiseach, Regierungschef Bertie Ahern, spricht von einer kurzen Durststrecke, aber wir wissen ja, was derlei Gerede bedeutet, und zuletzt hat er gesagt, ein Tigerlein sei immer noch besser als gar keiner. Oh, du mein Kelte! Der Topf mit dem Zaubertrank ist leer.

Und überhaupt kommen zur Zeit manche Leute auf Ideen, die uns nur den Kopf schütteln lassen. Wir haben zwar kein Auto mehr, auf dem ein irisches Kleeblatt prangt wie 1977 (wir haben schon lange überhaupt kein eigenes mehr, doch das nur nebenbei), aber ich könnte glatt wieder ein shamrock aufmalen, weil die irische Tourismusbehörde aus Werbegründen das grüne Ding abschaffen will! Es ist ihnen nicht mehr zeitgemäß genug. Ebenso ergeht es der Harfe, den Eselskarren und den strohgedeckten Hütten. Nun, dass es jetzt bessere Häuser gibt und weniger Krankheiten ist eine gute Sache. Aber die Harfe? Die ist doch aus der Musik nicht wegzudenken und außerdem ein Guinness-Emblem, und ein paar kluge Esel sollte man sich verwahren, wenn der Torf einmal alle ist und das Benzin nicht mehr bezahlbar. Doch gibt es bereits Widerstand durch die Gruppe S.O.S. (Save Our Shamrock). Die neuen Leader des Landes haben wohl vergessen, dass in Irland das Boykottieren und vielleicht auch das Lynchen erfunden wurde.

«Wer heute ein ‚Irisches Tagebuch' verfassen würde», schreibt Peter Nonnenmacher, «der müsste von Dublins neuen Cafés berichten, vom Ende der Tabus in der irischen Politik, von Kondomläden und von Schwulenclubs, von Kleinfamilien und Karrierefrauen, von einer Feministen-Präsidentin namens Mary Robinson, von Eurovision und Euro-Subvention, von Kerrygold und Riverdance...».

Von Mary Robinson, die dann zur UNO ging, hatte ich dir schon 1996 berichtet. Aber noch nicht von der Fluggesellschaft Ryan Air, möchte ich hinzufügen, die vom aufgegebenen Militärflugplatz Hahn bei Frankfurt für manchmal neun Euro oder sogar für einige Passagiere kostenlos nach Dublin und anderswohin fliegt. Das ist natürlich pervers, aber unser System lässt das zu, und die Umwelt interessiert nicht. Bis auch hier vielleicht Hurrikane und Tornados entstehen wie in den USA, die uns Hören und Sehen vergehen lassen. Windiger geworden ist es schon, inzwischen gibt es immer öfter im Mai oder im Juli Stürme, die viele Bäume umstürzen, weil sie mit ihren Blättern größeren Widerstand leisten. Im Herbst würden sie solche Stürme überstehen. Wer nicht hören will, muss fühlen, hat man uns früher gelehrt. Ja, das Bildungsniveau in Irland ist stark angestiegen, das Land hat sich von einer Agrargesellschaft in eine urbane gewandelt, mit Wohlstand für einige, längst nicht für alle, mit Arbeitslosigkeit, Wohnungslosigkeit (trotz Arbeit!), mit Drogenmissbrauch und sozialem Verfall. Aber auch die Kultur hat sich bei diesem ‚gewitzten

Völkchen', wie mal jemand gesagt hat, weiter entwickelt. Warum sollte sie auch nicht. Junge irische Autoren und Autorinnen schreiben längst nicht mehr nur über Irland, der Dichter Seamus Heany errang vor einigen Jahren den Literaturnobelpreis, der Schriftsteller Roddy Doyle schreibt ernste und auch locker-flockige Romane und Theaterstücke, aus denen auch Filme entstanden sind, die durchaus das ‚Irische‘, wie wir es kennen und lieben, aufzeigen. Diese irische Mentalität existiert weiterhin, und ich glaube, diese Gewitzten werden sich nicht unterkriegen lassen und ihre Identität bewahren – sie würden niemals die deutsche Sprache in dem Umfang annehmen, wie es zur Zeit bei uns mit dem Englischen geschieht, wenn zum Beispiel eine ganze Seite Werbung für eine Textilfirma nur in Englisch in der Zeitung erscheint, sogar mit Öffnungszeiten in a.m. und p.m., wobei ich sicher bin, dass weder die Kunden noch die Werbefritzen genau wissen, was das heißt und aus welcher Sprache es kommt. Wichtig ist, was David Quinn, Gründer und Direktor des Punchbag Theaters in Galway meint, dass es nämlich eine neue Generation gäbe, die erste liberale in Irland. Die erste, wenn man so wolle, frei geborene Generation, die nicht mehr alles daran messe, was Großbritannien tue, und die nicht mehr in der Angst vor der katholischen Kirche lebe. Damit haben die Iren zwei ziemlich schwere Pakete gestemmt, die ihnen bisher wie Klötze an den Beinen hingen. Ein Drahtseilakt zwischen Tradition und Moderne. Wir wollen es uns gefallen lassen, wenn sie bloß nicht alles abreißen oder abschaffen, was wir an diesem Land so lieben, denn wie Adorno in seinen Minima Moralia sagte, ist Modernität eine Sache der Qualität und nicht der Chronologie.

Was gibt es noch? Das letzte Torfkraftwerk in Bellacorick, Mayo, ging im Jahr 2005 vom Netz, dafür wurde dort schon

1992 Irlands erstes kommerzielles Windkraftwerk in Gang gesetzt. Und die irische Regierung kämpft seit Jahren, zuletzt sogar mit einer Klage vor der UNO, gegen die englische Atomschleuder Sellafield, die früher einmal Windscale hieß. Diese Verbrecher versauen die irische See und die ganze Welt mit Radioaktivität. Wesentlich mehr als es durch den GAU von Tschernobyl geschah. Da kann Tony Blair, dessen regierungsamtliche Tage wohl gezählt sind, so viel lachen wie er will.

Zu vermelden habe ich noch, dass die schon erwähnte vormalige erste weibliche Präsidentin Irlands, die nachweislich ein Frau ist, Mary Robinson (inzwischen ist eine andere Frau Präsidentin geworden: Mary McAleese), von 1997 bis 2002 UN-Hochkommissarin für Menschenrechte, auf Betreiben der USA ihr Amt vorzeitig an einen Brasilianer abgeben durfte. Sie hatte sich vehement gegen die Blockadehaltung der USA im Zusammenhang mit dem Internationalen Staatsgerichtshof eingesetzt und scharf die Einschränkung der Bürgerrechte in den USA kritisiert. Besser eine mutige Löwin als ein verschrecktes Tigerlein, kann man da nur sagen.

Lieber Heinrich, ich glaube, ich muss nun schließen, aber drei Sachen fallen mir noch ein. Kannst du dich daran erinnern, dass ich dir 1996 von einem Trecker mit wackelnden Vorderrädern und, unabhängig davon, von einer kleinen eisernen Brücke bei Killarney berichtet habe, die mit einem Holzbrett geflickt war? Nun, diese reparaturbedürftigen Trecker gibt es nicht mehr, stattdessen begegneten uns mächtige Traktoren von John Deere, erfreulicherweise immer noch grün lackiert, oder wuchtige Maschinen von Massey Ferguson, die mit halsbrecherischen Geschwindigkeiten durch die Dörfer brausen, sodass selbst die Hunde hinter jede erreichbare Mauerecke flüchten. Und hättest du geglaubt, dass irische Bauern jemals mit äußerst eleganten Treckern de luxe mit abgerundeten windschnittigen Schnauzen der italienischen Firma Lamborghini, die sonst Sportwagen baut, unterwegs sein würden oder dass es solche Fahrzeuge überhaupt je geben würde? Tempora mutantur, das Brückchen haben wir nach zehn Jahren erneut begutachten können: die schmale Überführung mit ihren ziselierten Eisengeländern war perfekt geteert, parallel dazu eine neue, breitere Betonbrücke im Bau, die sich mit einem eleganten Schwung über das Flüsschen schwingen wird. Natürlich gut brauchbar für Autos. Die Zeiten sind so. Apropos Autos. Da fallen mir doch glatt die Schafe ein und ihre Repräsentanz auf den Straßen. Natürlich liegen sie in den ländlichen Gebieten weiterhin am Rand der Wege auf dem warmen Asphalt. Aber auch sie haben sich emanzipiert und urbanisiert, wie die Soziologen sagen. In Kilcar trotteten eines frühen Nachmittags zwei mutige Ausgaben dieser Spezies einträchtig nebeneinander die mainstreet hinunter, als sei das trotz Autoverkehr hier selbstverständlich und immer so. Im Gegensatz zu den Autos benutzten sie die Mitte der Straße.

Uns hat es dieses Mal wiederum gut gefallen in dem Land da oben links außen, beim keltischen Tigerlein, denn die Menschen bleiben Menschen, auch wenn es mühsam ist, mit dem Auto oder der Eisenbahn und den Fahrrädern dorthin zu gelangen, aber damit berichte ich dir nichts Neues. Eine deiner schönsten Erzählungen handelt von eurer ersten Eisenbahnfahrt durch Irland, und kaum irgendwo anders erkennt man so viel von der irischen Eigenart wie in dieser Geschichte.

Es grüßen dich und werden dich nie vergessen

U.S. und I.S.

P. S.: Im Jahr 1996 war Irland das Schwerpunktthema auf der Frankfurter Buchmesse, und unser Irlandbuch ‚Zwischen Wind und Wetter' stand wahrhaftig in den Schaufenstern mancher Buchhändler neben Ralph Giordanos ‚Mein Irisches Tagebuch' und – neben dem Irischen Tagebuch eines gewissen H.B. Und jetzt arbeiten wir an einem neuen Irlandbuch mit einem Arbeitstitel, der dir bekannt vorkommen dürfte: Es gibt dieses Irland …

DIE MADONNA VON CLIFDEN

Eigentlich glauben wir nicht an Madonnen, auch nicht an die Popdame aus den USA, obwohl das eine recht kluge Frau ist, die sich bestens verkaufen kann. Nein, eher meint man mit diesem Begriff die Mutter jenes Knäbleins, das später zu(m) Gott aufsteigen sollte. Deren Darstellung häufig unter kleinen Überdachungen am Wegesrand auftaucht. Auch Fatima in Portugal berührte uns nicht besonders (im Gegensatz zu vielen Portugiesen), doch in Irland geschah etwas ...

Weiter ging es nach Clifden, wo sich der Fruit & Veg Market ein kräftiges Rostrot zugelegt hatte, an einer Tankstelle vier Jugendliche auf einem Bruchsteinmäuerchen hockten und sich langweilten. Während O'Tooles Bar mit großen dunkelblauen Versalien ihren Schornstein und die Giebelseite verschönt hatte, damit über alle Dächer hinweg auf sich aufmerksam machte, lockte das Ben View House mit einem ellipsenförmigen Nasenschild zu B & B mit Rooms en Suite. Aber unübertrefflich zeigte sich eine Toreinfahrt, die überschrieben war mit Goldens Animal Health Centre, überragt von einem der üblichen Henkelgläser mit einem pint of Guinness Stout. Bedeutete das nun einen weiteren Qualitätsnachweis für das genannte Getränk, weil auch Tiere mit dieser Medizin geheilt werden konnten, oder war das Gebräu zur Tiernahrung degeneriert und wir würden aufpassen müssen?

Ein Wohnmobil in der Nähe hieß Genius. Obwohl der Besitzer nicht unbedingt so aussah. Aber das musste nichts zu bedeuten haben. Wenn ein Mensch nachdenkt, bekommt er einen dümmlichen Gesichtsausdruck, weil der Geist sich nach innen zurückzieht. Das behauptete jedenfalls Karl May in Durch die Wüste. Nun wollten wir dem Besitzer des Genius (wir besitzen ein solches Gefährt nicht) Gerechtigkeit widerfahren lassen. Vielleicht saß er im Genius und schrieb ein Gedicht. Das sollte Ansporn sein für ein Mitglied des Volkes der Dichter und Denker, wobei mich die Befürchtung überkommt – rein semantisch gedacht –, dass bei dieser Aufzählung das eine das andere ausschließen könnte oder müsste. Dichter und Denker sind demnach zwei verschiedene Gattungen, anders ausgedrückt: Dichter sind keine Denker. Das wäre logisch und der übliche Spruch demnach unlogisch, was wiederum nicht sein kann, denn deutsche Denker denken logisch. Was mich beruhigt ist die These, deren Fundstelle ich nicht mehr angeben kann, es habe ursprünglich Das Volk der Dichter und Kritiker geheißen. Das wäre logisch, auf der einen Seite die Produzenten, auf der anderen Seite Rezipienten und Rezensenten. Wie so viele Sprichwörter könnte auch dieses im Lauf der Geschichte und der Verballhornungen (Verbal-Hornungen?) seine Bedeutung gewechselt haben. Dichter sind keine Denker? Fort ihr trüben Gedanken! Wandern wir zur Stadt auf der Suche nach den Engeln und lassen uns dort vom genius loci inspirieren, der in Irland durchaus durch ein gut gezapftes dunkelbraunes stout mit gelbschaumiger Krone hervorgelockt werden kann, wobei ein kleiner Paddy oder Tullamore nicht schaden dürfte.

Diese Stadt schickte uns einen Engel, dem es gelang, unsere wegen des Autoverkehrs und Ilses verstauchten Fußes zerknitterte Seelen zu glätten. Der Hinweis auf Heilungsprozesse bei Tieren mit Guinness Stout ließ uns hoffen; ähnlich stur wie die Iren hatten wir uns am Abend vertrauensvoll in E. J. Kings Bar & Restaurant The Square begeben. Aufgeklärt wurden wir auf Speisekarten und Bierdeckeln darüber, dass

E. J. Kings Etablissement *Internationally renowned* war *for its Fresh Food, Oysters, Crabmeat, Seafood Chowder and Wild Irish Salmon.* Und *Upstairs* hieß es für die Besucher, dass dieses Restaurant sich spezialisiert hatte auf *Tradional Irish Dishes.* Und zu allem Glück wurde auch noch von *Traditional Irish Music* gemunkelt. Abgesehen von unserem Hunger also reichlich Gründe, uns auf einem der dunklen Ledersofas an rotbraunen niedrigen Tischen niederzulassen. Ein Blitzlichtfoto, das ich von Ilse machte, zeigt unübersehbar zwei noch volle pints of Guinness Stout, der Schaum leicht erhöht mit seiner abgerundeten Kante oberhalb des Glasrands. Wir führten uns die genannten Seafood Chowders als Vorspeise, gefolgt von Lamb Shanks und Irish Stew, zu Gemüte. Das Lokal füllte sich langsam, an unserem Tisch ließ sich eine Bande junger Männer und Mädchen nieder, die bereits an anderem Ort dem Bier zugesprochen haben mussten. Ihre Stimmung war entsprechend, und nachdem wir uns ein wenig kennen gelernt hatten, gaben sie uns einen aus.

Längst hatten wir die Verstärkeranlage in der Ecke entdeckt. Das sah nicht nach Irish Folk aus, eher nach moderneren und wahrscheinlich sehr lauten Klängen. Da sich bis zweiundzwanzig Uhr nichts tat, erwarteten wir keine Musik mehr und machten Anstalten zu gehen. In dem Moment erschien durch den Hintereingang ein Mann mit Gitarre. Ein Kellner begann, die Lautsprecher abzumontieren, Hoffnung zog in unsere Herzen.

«Das warten wir noch ab!» erklärte Ilse, und ich schritt entschlossen zur Tat, in diesem Fall zur Theke, denn Warten bedeutete auf jeden Fall noch zwei pints. Ein weiterer Musiker erschien, packte ein Banjo aus, beide Männer hatten außerdem Percussioninstrumente mitgebracht und machten sich in der Musikerecke zu schaffen. Langsam und bedächtig.

Mit eben diesem Tempo schlürften wir unsere stouts.

«Sie könnten ja dazu singen», meinte ich, denn normalerweise waren die beiden Instrumente für Irish Folk ein wenig zu wenig.

«Eine fiddle fehlt, oder eine tin whistle», tat Ilse sachkundig kund.

«Oder eine bagpipe, aber Hauptsache oirisch!» gab ich mich zufrieden.

Doch dann erschien sie, unser Engel, die Queen von Clifden – kaum zwanzig Jahre alt, nicht blond oder rothaarig wie in Reiseprospekten, sondern dunkelhaarig, mit braunen Augen und hoher Stirn, ein Madonnengesicht – mit der Geige in der Hand. Und als sie loslegten, alle drei, setzten wir die Gläser ab und wurden still. Jigs und Reels wechselten in rasanter Reihenfolge, alle hörten gebannt zu, auch die jungen Leute uns gegenüber, sie summten mit, die Musiker spielten und spielten, schneller und schneller, und als sie die erste Pause einlegten, war es bereits nach Mitternacht. Verschwinden Engel nach Mitternacht? Diese guten Geister nicht, die Madonna von Clifden strich ihre Geige bis in den Morgen. Und wenn sie lächelte – nein, das ist kaum zu beschreiben, leicht schmerzlich, bei bestimmten Tonlagen –, wenn sie lächelte, ging niemand einfach an ihr vorbei. Besonders die älteren Herren auf dem Weg zur Toilette nutzten die Gelegenheit, direkt vor ihr stehen zu bleiben, um scheinbar unauffällig der Musik aus der Nähe zu lauschen, denn sie wollten nicht nur hören, sie wollten sehen! Und zwar dieses Mädchen mit dem Madonnengesicht, das die Geige spielte, als hätte es sie der Teufel gelehrt.

«Das muss ich auch mal überprüfen», entschuldigte ich mich bei Ilse und stand auf.

«Seit wann zählst du dich denn zu den alten Herren?»

Ich ließ mich nicht beeinflussen. Und sie blickte mich an, oder wen, oder durch mich hindurch, ihre Finger tanzten über die Saiten, dann kam dieses Lächeln, und ich vergaß völlig, wohin ich eigentlich gewollt hatte. Erst als heftiger Beifall aufbrandete, geriet ich wieder in diese Welt. Die Männer hinter der Theke kamen mit dem Zapfen kaum nach. Die Bude brummte, die Madonna lächelte, alle blieben, dieses Paradies verließ keiner freiwillig, nicht bevor die Musik zu Ende war.

Auf dem Heimweg leuchtete der Mond und auch ein Stern war zu sehen, St. Patrick sei's gelobt und gepfiffen, und am nächsten Tag würde, ja müsste die Sonne scheinen.

ARTHURSTOWN ZUM DRITTEN

... in Irland muss man eben Geduld haben, sonst findet man nicht, was man sucht. Nämlich zum Beispiel Arthurstown bei Sonnenschein. Zwei irische Handwerker sind unsere Zeugen (und der Wirt, der mitsoff): die Sonne schien wirklich. Auf jeden Fall über den Wolken. It could have been worse!

Es regnete. Motorkutter lagen wie hingestreut im kleinen Hafen, der Andeutung eines Hafens, eher eine kleine Bucht zum Anlegen, wo früher noch Masten in den Regenhimmel ragten. Es waren die Kutter der Eigner, die trotz Fangquoten und steigender Preise für Dieselöl noch nicht aufgegeben hatten. Das Lichtnetz des Leuchtturms draußen vor der Bucht von Waterford hatte immer noch seinen Sinn. Es herrschte Ebbe, Niedrigwasser, dunkelgelber feuchter Sand bedeckte die Bucht.

Der Ort schien leer bis auf die Frau mit der Heckenschere in einem der Gärten. Aber sie hatten neue Häuser gebaut, eineinhalbstöckige in gefälligem Gelb, intelligent aneinandergereiht, kein Forster oder Bellini war hier tätig gewesen, und doch hatte die Häuserzeile ihre Identität, modern und irisch zugleich, in Arthurstown, wer kannte das schon, hier fuhr man höchstens durch. Wir hatten angehalten, ein weiteres Mal erreichten wir diesen Ort, in den es uns bereits zweimal bei Regen verschlagen und ich mir geschworen hatte, ihn einmal bei Sonnenschein zu erleben. Welche Vermessenheit! Auf die niedrige Mauer am Hafen wollte ich mich stützen, wollte hinausblicken zur Öffnung der kleinen Bucht, die hinüberfloss in die größere Bucht von Waterford, der auch größeren Stadt, die besucht wurde von vielen Touristen, unter anderem wegen ihrer Glasindustrie. Aber Arthurstown? Was um St. Patrick's Willen hatte ein fremder Mensch in Arthurstown verloren? Seine Erinnerungen? Seine Wünsche? Sein Glück? Was versuchte ein Mensch dort zu finden? Seine Einsamkeit, seine Verlorenheit, seine Zufriedenheit?

Es regnete auch beim dritten Mal. Enttäuscht wandte ich mich von dem erhofften Blick ab, konnte nur Nebeldunst im Südwesten erkennen und die Ausläufer der Bucht, wie ich sie von der Landkarte her kannte. Ich drehte mich um, sah eine Bierreklame von Murphy's (Be guided by taste!), denn behäbig thronte das Gebäude der Kings's Bay Inn gegenüber der Hafenmauer, direkt an der Kreuzung. Ersäufte ich meinen Kummer im braungelben Schaum des stouts? Was sonst und wo sonst, dafür besitzt Irland seine pubs, zum Ersäufen des Kummers; in Dublin hatte es früher in manchen Kneipen die Säuferkojen gegeben, Heinrich Böll hat sie beschrieben, wo Männer sich einzeln einschließen konnten, nur mittels einer kleinen Öffnung, durch die das Bier geschoben wurde, mit der Außenwelt verbunden. So konsequent, auch in ihrem Kummer, konnten nur Iren sein. Wir hatten pubs gefunden, die sich Murphy's Bar nannten und doch Guinness zapften oder Beamish oder John Smith's, auch das war irisch, zum Teufel noch mal, aber The King's Bay Inn bot Murphy's Stout wie draußen angeschlagen. Ziemlich angeschlagen wirkten auch die beiden Männer, die an der Theke hockten, in das Kaminfeuer und auf den davor liegenden Golden Retriever starrten, dann und wann ein karges Wort mit dem Wirt wechselten. Wir setzten uns dazu, bestellten zwei pints und starrten ebenfalls auf Kaminfeuer und Hund, der nur kurz seine Augen geöffnet hatte, um zu kontrollieren, ob wir unser Bier bekämen, ob alles seine Ordnung hatte bei diesem irischen

Wetter, das natürlich auch in Ordnung war, sich dann streckte und genüsslich weiterschlief.

Nach dem zweiten pint fragte ich, warum es in Arthurstown immer regnete. Again and again, always. For ever anscheinend. Seit mindestens zehn Jahren! Sagte ich. Poor Arthurstown!

«No!» sagte einer der Männer an der Theke, der mit dem hellgrauen, grobgestrickten langen Pullover. Sein Gesicht war gerötet.

«No.» Das sei nicht wahr, immer könne man nicht sagen, solle man nicht sagen, immer oder nie sei nicht gut, sozusagen unlogisch und damit falsch.

Außerdem, ergänzte der andere Mann, der eine speckige dunkelblaue Jacke trug, aus deren Seitentasche ein Metermaß lugte, sei der Ort nicht poor Arthurstown, sondern ihr Heimatdorf, und ich sei ein poor boy, denn ich käme anscheinend stets im falschen Moment. Und es sei alles halb so schlimm (it could be worse sagte er nicht, aber genau das kam mir in den Sinn), denn so lange das Fass nicht leer sei, sei die Hoffnung nicht verloren.

«Slàinte!»

Wir hoben die Gläser.

Bei der nächsten Runde, die auf uns ging, trank der Wirt ein Glas mit. Der Hund blinzelte. Alles in Ordnung? Es schien so, denn die Augen schlossen sich wieder.

Arthurstown bei Sonnenschein. Der hellglühende Stern, die unvorstellbar große Wasserstoffexplosionskette, tauchte Landschaft und Meer wie seit Milliarden Jahren in sein grelles Licht, kein Wölkchen zeigte sich am Himmel, dessen Blau Irlands Grün fast verblassen ließ, das nur bei leichtem drizzling richtig zur Geltung zu kommen schien. Ruhig lag die Wasserfläche vor mir, ich stütze mich mit den Händen auf die niedrige Mauer, die die Straße und den kleinen Hafen voneinander trennte. Blickte hinaus zur Öffnung der kleinen Bucht, die hinüberfloss in die größere Bucht von Waterford, der größeren Stadt. Erinnerte mich an die beiden andere Male, als ich hier gestanden und im Regen sehnsuchtsvoll über das Meer geblickt hatte, obwohl es nicht so sehr um den Ozean oder genauer gesagt, um die Keltische See ging, sondern um das Land, das man nie stärker ersehnt, als wenn man über die scheinbar unendliche Weite des Meeres fährt. Doch lässt sich das eine nicht vom anderen trennen, Inseln sind so. Ich versuchte, die damals empfundenen Gefühle zurückzurufen, ein schier unmögliches Unterfangen, ich erinnerte mich an sie, konnte sie schwerlich erneut in mir erzeugen. Diese Ambivalenz zwischen Freude, Euphorie und Verzagtheit. Und vielleicht Verzweiflung?

Ich dachte an Arthurstown, das damals genau so an dem Meereseinschnitt gelegen hatte, der Waterford Harbour hieß, was einem Gewissheit vermittelte; wenigstens das, dachte ich, hat sich noch nicht geändert. Wo es zwei traurige Häuserreihen gab den Abhang hinunter, zwei drei Nebenstraßen, eine Kneipe und ein Haus, das so aussah wie ein Kneipe. Ein Schild an einem der Häuser hatte uns magisch angezogen: B & B, Bed and Breakfast. Ein Bett jetzt, dachten wir damals, und am anderen Morgen das Frühstück serviert bekommen! Nach einem abgebrochenen Ausflug zum Hook Head waren wir, klatschnass, zurückgekehrt nach Arthurstown.

«Wir können doch nicht am zweiten Tag schon ins Haus kriechen!» hatte ich gesagt.

«Ich schon», hatte Ilse gemurrt, dann aber zum Zelt gegriffen.

In der Nähe der Hafenstraße befand sich ein kleiner Rasenparkplatz, auf dem ein einsamer Einachsanhänger gestanden hatte, der uns Windschatten bot. Dahinter verschwand unser Igluzelt, entzog sich den Blicken der scheinbar nicht vorhandenen Bevölkerung. Wenig wohltuend hatten wir die nassen Ärmel unserer Pullover und Hemden empfunden. Und die nassen Füße. Auch das Regenzeug war innen nass vom Schwitzen. Wir hatten keine Möglichkeit gehabt, die Sympatex-Jacken zu trocknen.

Später hatte der Regen aufgehört, Vögel begannen zu zwitschern. Ilse hatte sich bereits in den Schlafsack verzogen, ich zwängte mich noch einmal in meine nasse Jacke. Langsam ging ich an der Hafenstraße, die auch die Durchgangsstraße war, entlang. Linkerhand sah ich eine alte Bogenbrücke, durch die ein Bach in die Bucht floss. Von Südwesten her schimmerte trotz der Abendzeit Helligkeit. Ich roch den typischen Geruch des Meerwassers und die salzige Luft, die noch nach Regen schmeckte; das tröstliche Rufen einer Amsel ertönte. Niemand war zu sehen; die Bevölkerung schien ausgewandert. Ich lehnte mich auf die Brückenmauer und starrte in Richtung Hook Head. Dort, wo das Leuchtfeuer unter dem dunklen Wolkenhimmel aufblitzte, begann die Celtic Sea, die sich an Ärmel- und St. Georgs Kanal anschloss. An der linken Buchtseite, im Anschluss an die Bogenbrücke, hatten Fischerboote und kleine Segeljachten festgemacht, deren Masten ich in der Dunkelheit nur schwach ausmachen konnte. In gleichmäßigen Zeitabständen strich der Lichtschein des Leuchtturms über die Bucht. Berührte auch mich. Eine in den Seehandbüchern verzeichnete Lichtquelle, deren Koordinaten und Leuchtintervalle dort angegeben waren, so dass auch fremde Schiffe sich orientieren konnten. Eine von Menschen geschaffene Gewissheit, die Sicherheit vermittelte, die trotz Satelliten und Global Positioning Systemen weiterhin ihre Existenz behauptete, auch wenn die Technik automatisiert worden und der Beruf des Leuchtturmwärters so gut wie ausgestorben war.

Tief durchatmend hatte ich mich plötzlich wohlgefühlt. Ein Einverstandensein mit der Situation durchzog mich, die friedliche Stille machte mich heiter. Ich wanderte zurück, an der langen Häuserzeile vorbei, der traurigen, die plötzlich gar nicht mehr traurig aussah. Warmes Lampenlicht spiegelte sich in den Resten der Feuchtigkeit auf der Straße. Ein junger Mann in Jeans und schwarzer Lederjacke kam mir entgegen, schlenderte zu den Booten, konnte sich wohl nicht entscheiden, in eins der beiden pubs zu gehen. Der Ort war nicht ausgestorben. Ich beschloss damals, dass er mir gefiel und ich sehr gern einmal bei Sonnenschein hierher zurückkehren würde.

Leuchtete Arthurstown? Die Sonne schien, auch wenn sie durch Wolken unseren Blicken entzogen war, selbst der Hund träumte von ihr, seine Läufe zuckten, er zog die Lefzen ein, seufzte. Arthurstown zum Dritten. Das war Irland. Das Bild wurde zu einem anderen Bild, Wirklichkeit und Wunsch schoben sich übereinander, wurden gespiegelt von einer Linse, mit dem Pinsel gemalt oder mit Wörtern, gefühlt von Kopf und Bauch.

Und eine Stimme fragte:

«How are you?»

Und wir sagten:

«Allright!»

EIN NACHWORT

Ein Nachwort und auf keinen Fall schon jetzt ein Nachruf, nein, dieser Ulrich Straeter bleibt ein Ausbund an Produktivität, dieser menschen- und sachkundige Erzähler aus dem Inneren des Ruhrreviers, dieser in Büchern wie in Ländern weit umhergereiste Mensch macht seit sehr vielen Jahren überaus praktische und hilfreiche, aber auch viele denkwürdige Anmerkungen über mediterrane Regionen ebenso wie über nordische, egal, ob über schauriges Schottland oder über heiße Provence, fast überall war Straeter schon da und hat die Gedanken, die unsereinem erst sehr viel später oder nie einfallen, sofort notiert und mithilfe seiner blitzschnell zeichnenden Freundin und Ehefrau Ilse zu vielen schönen Büchern aufbereitet – es ist schon eigen, dieses Paar zu beobachten, wie die beiden etwa durch eine irische Altstadt streunen, Ulrich im gewichtigen Wiegetritt und bedächtig und eher so, als betrachte er auch jetzt mehr seine eigenen reichlichen Denk- und Wissensvorräte, die reale Umgebung dagegen nur just mal so aus diesem oder jenem kleinen kritischen Seitenblick, ganz anders seine Ilse, wendig im Blicken wie im Wahrnehmen, mit großen Augen und meist mit notizbereitem Zeichenblock, auch mit Kommentaren nicht unbedingt das, was man zurückhaltend nennen müsste und zögerlich, besonders dann, wenn unten am Hafen endlich der Blick sich öffnet über eine breite Meeresbucht hinüber auf ein in der Ferne bizarr vorspringendes Küstenstück mit, ja mit was denn wohl, mit einem ihrer so sehr geliebten Leuchttürme.

Eine wundersame Ergänzung der Temperamente und Künste ist da unterwegs, da hat sich als Paar noch einmal europaweit das Phänomen des gebildeten Bummelanten in Gang gesetzt, des freundlich Neugierigen, des kritischen Causeurs, der plaudert, aber keine Mühe scheut, sein gut vorbereitetes Bücherwissen ständig zu korrigieren durch gegenteilige Erfahrungen, und sei es, dass er seine anderen Sehweisen bei lang anhaltend nassen Gegenwinden mit dem Fahrrad erfahren hat oder gar auf unerschrockenen Fußwegen. Unerschrocken? Ja, auch immer wieder Mut zu ungewöhnlichen Fragen bewegt den Schreiber Straeter, Mut, Fragen nicht von oben her oder aus dem Papier zu beantworten, besserwisserisch und endgültig, sondern Fragen oft offen zu lassen, und dann macht er keinen Halt vor historischen und erst recht nicht vor akut aktuellen Problemen, wenn er zum Beispiel unversehens über die Höhe jener Einkünfte räsoniert, die bekanntlich unsere globalen Investment-Banker monatlich und jährlich einstreichen, um sie wechselseitig wie in einem hybriden Wettstreit weltweit zu astronomischen Höhen zu steigern, dann liest man bei Straeter: «... die Summen sind so außergewöhnlich, dass der Normalbürger sich einfach nicht vorstellen kann, dass es überhaupt Arbeit geben soll, die solch ein Entgelt rechtfertigt» – richtig, von dieser Ecke her musste auch dies tatsächlich endlich mal in Frage gestellt werden, wie kann ein Einzelner dermaßen viel arbeiten, dass er vierhundert mal mehr verdienen darf als der Durchschnittsverdiener in der eigenen Firma, wo gibt es solche Art Arbeit, wo gibt es Menschen, die solche Arbeit je leisten könnten –

– einem, der seinerseits sehr viel gearbeitet hat, dem muss man für seine anschaulichen und immer mal wieder neu zupackenden Sichtweisen dankbar sein, nämlich diesem bewegenden Schreib-Arbeiter Ulrich Straeter, aber auch dem immer wieder intuitiv richtigen, diesem genialisch flinken Zeichenstift seiner Freundin und Frau Ilse.

Jürgen Lodemann

P. S.

Mich interessiert die Triage
aus Reportage, Erzählung und Bericht,
in denen die zeitübergreifende Nachricht,
die Vergangenheit, die Zukunft,
der Konjunktiv, die Möglichkeitsform,
die Wunschform oder das Wissen,
das zu einem Ereignis gehört,
mitgeliefert werden.
Auch der Alltag, das Gefühl, die Geschichte.

Alexander Kluge

Wünschest du mich zu verstehn,
so geh auf die Hügel oder zur Meeresküste.
Die nächste Mücke ist eine Erklärung,
jeder Wassertropfen, jeder Wellenschlag ein Schlüssel.
Der Schlegel, das Ruder, die Handsäge bekräftigen meine
Worte.

Walt Whitman

Dem möchte ich zustimmen.
Essen, 26. Juli 2006/2008

U.S.

LITERATUR

Alioth, Gabrielle: Irland, Eine Reise durchs Land der Regenbogen, München, Wien, 2003

Beckett, Samuel: Molloy, Malone stirbt, Der Namenlose, Frankfurt am Main, 1971

Beckett, Samuel: Warten auf Godot, Berlin und Frankfurt am Main, 1962

Behan, Brendan: Bekenntnisse eines irischen Rebellen, Übersetzt von Annemarie Böll, Köln, 1978

Behan, Brendan: Borstal Boy, Frankfurt am Main, 1980

Benjamin, Alexander (Hrsg.): Limericks, Nonsense-Dichtung, München, 1985

Betz, Klaus: Gehversuche, die Träume zu Füßen, über die eher beiläufige Entdeckung der irischen Seele, Frankfurter Rundschau, 14.8.1993

Blobel, Brigitte: Pans Flötenlied, München, 1992

Böldl, Klaus: Die fernen Inseln, Frankfurt am Main, 2003

Böll, Heinrich: Irisches Tagebuch, München 1964 / 1978 / 1996, (dtv Nr. 1)

Borrow, George: Wildes Wales, Frankfurt am Main, 1998

Brendel, Renate (Hrsg.): Keltische Sagen, Aus dem Gälischen übertragen von Rudolf Thurneysen, Frankfurt am Main 1991

Brinkbäumer, Klaus / Höges, Clemens: Die letzte Reise, Der Fall Christoph Columbus, München / Hamburg, 2004

Brown, Christy: Mein linker Fuß, Zürich, 1995

Campe, Joachim Heinrich: Robinson, Ein Lesebuch für Kinder, Stuttgart, o. J.

Capus, Alex: Reisen im Licht der Sterne, Eine Vermutung (Robert Louis Stevenson), München, 2005

Chatwin, Bruce: Auf dem schwarzen Berg, Frankfurt am Main, 1990/93

Christoffel, Karl (Hrsg.): Theodor Fontane, Selbstbildnis, Lebensweisheit, Weltbetrachtung, Heidelberg, o. J.

Defoe, Daniel: Robinson Crusoe by Daniel Defoe, Pictured by Gordon Robinson, Kelly Verlag, London 1915

Defoe, Daniel: Leben und Abenteuer des weltberühmten Engländers Robinson Crusoe, Reutlingen, 1949

Defoe, Daniel: The Life and strange surprizing adventures of Robinson Crusoe, of York, Mariner, written by himself, Oxford, 1998

Demand, Carlo: Die großen Atlantikflüge, 1919 bis heute, Stuttgart, 1983

Deschner, Karlheinz: Kriminalgeschichte des Christentums, Die Frühzeit, Reinbek bei Hamburg, 1996

Donegan, Lawrence: In the Middle of Nowhere, Mein Abenteuer in der irischen Provinz, Köln, 2002

Doyle, Roddy: Paddy Clarke Ha Ha Ha, Frankfurt am Main, 1999

Doyle, Roddy: Henry der Held, Frankfurt am Main, 2002

Erickson, Carolly: Königin Victoria, Biographie, Düsseldorf / Zürich, 1999

Fritz, Wolfgang (Fotos): Irland, Die grüne Insel, Text: Reinhard Krischer, Erlangen, 1995

Eagleton, Terry: Die Wahrheit über die Iren, München, 2000

Flanagan, Richard: Goulds Buch der Fische, Berlin, 2002

Gauguin, Paul: Noa Noa, Voyage de Tahiti, Erste authentische Ausgabe, zweisprachig, hsg. & kommentiert von Prof. Pierre Petit, München, 1992

Gerard-Sharp, Lisa / Perry, Tim: Irland, München, 2003

Giordano, Ralph: Mein irisches Tagebuch, Köln, 1996

Grayling, A.C.: Wittgenstein, Freiburg im Breisgau, o. J.

Gronau, Wolfgang von (zusammengestellt von Arnold Frisch): Im Flugboot nach Amerika, Erlebnisse des Ozeanfliegers, Berlin, Leipzig, Wien, 1936

Grunenberg, Antonia: (Hannah) Arendt,
Freiburg im Breisgau, 2003

Haffmanns, Gerd (Hrsg.): Das Diogenes Lesebuch irischer Erzähler,
Zürich, 1976/77

Haarmann, Harald: Geschichte der Schrift, München, 2002

Hamilton, Hugo: Gescheckte Menschen, München, 2003/04

Hamilton, Hugo: Die redselige Insel, München, 2007

Hamilton-Paterson, James: Seestücke, Stuttgart, 1998

Hamilton-Paterson, James: Wasserspiele, Stuttgart, 1999

Hannig, Christian E.: Irisches Reisetagebuch,
Radabenteuer auf der grünen Insel, München, 1994

Happe, Hans Ulrich: Die Antwort der Kobolde,
Reiseerlebnisse in Irland, Bad Honnef, 2005

Healy, Dermoth: Der Lachsfischer, Hamburg, 2000

Heany, Seamus: Die Hagebuttenlaterne, München, Wien, 1990

Heinrich, Bernd: Die Seele der Raben, München / Leipzig, 1989

Hetmann, Frederik (Hsg. und Übers.): Keltische Märchen,
Irland, Schottland, Wales, Bretagne, Frankfurt am Main, 1990

Hurley, Frank: Die Schicksalsfahrt der Endurance,
Mit Shackelton in die Antarktis, München, 2000

irland-journal, div., Moers, 1998 – 2008

Irlandkomitee Westberlin (Hrsg.): Irland, Reisebuch, Berlin, 1980

Irlinger, Bernhard: Wanderwege in Irland, München, 1992

Johaentges, Karl / Blackwood, Jackie: Bilder aus Irland,
Hannover, 1990

Joyce, James: Ulysses, Übertragung von Hans Wollschläger,
Frankfurt am Main, 1981

Kapuscinski, Ryszard: Meine Reisen mit Herodot,
Frankfurt am Main, 2005

Kinealy, Christine: Geschichte Irlands, Essen, 2004

Klaus, Michael / Jörgensmann, Theo: Irland an Försters Küchentisch, Literatur und Jazz, Bielefeld, 1999

Krusche, Dietrich: Reisen, Verabredung mit der Fremde, München, 1994

Kruta, Venceslas: Die Kelten, Aufstieg und Niedergang der Kelten, Freiburg i. Brsg., 2000

Leakey, Richard: Die ersten Spuren, Über den Ursprung des Menschen, München, 1999

Llosa, Mario Vargas: Das Paradies ist anderswo (Gauguin und Flora Tristan), Frankfurt am Main, 2005

Lodemann, Jürgen: Lynch und das Glück im Mittelalter, Frankfurt am Main, 1982/83

Lodemann, Jürgen: Lynch, Eine wahre Begebenheit aus Irland, Frankfurt am Main, 1996

Lodemann, Jürgen: Nora und die Gewalt- und Liebessachen, Oberhausen, 2006

Luttermann, Hans-Joachim: Blüsen, Baken, Feuertürme, Rostock, 1990

Maddox, Brenda: Nora, Das Leben der Nora Joyce, Frankfurt am Main, 1990

Maletzke, Elsemarie: Very British!, Unterwegs in England, Irland und Schottland, Frankfurt am Main, 1995

Maletzke, Elsemarie: Irish Times, Unterwegs in Irland und Schottland, Frankfurt am Main, 1996

Martin, J.H. / Bennett Geoffry: Das große Buch der Schiffe, München, 1978

Maugham, W. S.: Silbermond und Kupfermünze, Frankfurt am Main und Hamburg, 1960

McCann, Colum: Hungerstreik, Hamburg, 2004

McCarthy, Pete: McCarthy's Bar, Mein ganz persönliches Irland, München, 2002

McCourt, Frank: Die Asche meiner Mutter, Irische Erinnerungen, München, 1996

Meehan, Cary: Heiliges Irland, Reiseführer zu den frühchristlichen und prähistorischen Stätten Irlands, Frankfurt am Main, 2006

Merian: Irland, Hamburg, 1976 und 1990

Merian: Wales, Hamburg, 1980/86

Mikes, George: Komisches Europa, Gesammelte Reiseerfahrungen, München, Goldmann Nr. 2429

Morton, Henry Vollam: Irlandreise, Frankfurt 1978

Nadolny, Sten: Die Entdeckung der Langsamkeit, München, 1983

Newby, Eric: Hölle vor dem Mast, Windjammer ohne Romantik, Bielefeld, 1986

Newby, Eric: Round Ireland in Low Gear, London, 1988

Newby, Eric: Ein Spaziergang im Hindukusch, Frankfurt am Main, 2002

Nolan, Christopher: Unter dem Auge der Uhr, Ein autobiografischer Bericht, München, 1993

O'Brien: Flann: Der dritte Polizist, Aus dem Englischen von Harry Rowohlt, Frankfurt am Main, 1991

O'Brien, Flann: Durst und andere dringenden Dinge, Aus dem Englischen von Harry Rowohlt, München, 2003

O'Brien, Flann: In Schwimmen-Zwei-Vögel oder Sweeny auf den Bäumen, Aus dem Englischen von Harry Rowohlt, München, 1993

O'Brien, Flann: Trost und Rat, Myles nag Copaleen, Aus dem Englischen von Harry Rowohlt, Zürich, 1996

O'Crohan, Tomás: Die Boote fahren nicht mehr aus, Bericht eines irischen Fischers, Aus dem Englischen von Annemarie und Heinrich Böll, Göttingen, 1988

O'Faolain, Sean: Sünder und Sänger, Erzählungen, Zürich, 1976

O'Flaherty, Liam: Zornige grüne Insel, Eine irische Saga, Zürich, 1987

O'Flaherty, Liam: Der Stromer, Erzählungen aus Irland,
Zeichnungen von Gertrude Degenhardt,
Frankfurt am Main, Wien, Zürich, 1975

Paturi, Felix R.: Natur erleben in Europa, Faszinierende Schönheit
am Rande europäischer Reisewege, Düsseldorf / Wien, 1978

Polyglott-Reiseführer: Irland, München, 1975

Potting, Christoph / Annette Weweler: Irland,
Reinbek bei Hamburg, 1990

Pückler-Muskau, Hermann von: Reisebriefe aus England und
Irland, Berlin, Weimar, 1992

Rappel, Franz: Irland, Gräfelfing / München, 1992

Rappel, Franz: Wales, Gräfelfing / München, 1992

Rathjen, Friedhelm: Vom Umgang mit Joyce, Ein Rundumblick, in:
Schreibheft, Zeitschrift für Literatur Nr. 39, Essen, Mai 1992

Rathjen, Friedhelm: Wir sind die Toten, sind die Toten, die Toten,
Mit Dylan Thomas nach Donegal im irischen Nordwesten,
Irland-Journal VIII, 3/1997

Rathjen, Friedhelm: Irische Reise, Göttingen, 1999

Rathjen, Friedhelm: Singende Fahrradreifen in Ulster – Eine irische
Grenzerfahrung, Scheeßel, 2004

Raykowski, Harald (Hrsg.): Voices of Ireland, Irland-Lesebuch,
München, 2002

Rowohlt, Harry: In Schlucken-zwei-Spechte, Harry Rowohlt
erzählt Ralf Sotschek sein Leben von der Wiege bis zur Biege,
Berlin 2002

Rudgley, Richard: Abenteuer Steinzeit, Die sensationellen
Erfindungen und Leistungen prähistorischer Kulturen, Essen, 2004

Schellemann, Carlo / Jung, Mathias: Irisches Bilderbuch,
Dortmund, 1986

Schnack, Elisabeth (Hrsg.): Liebesgeschichten aus Irland,
Von G.B. Shaw bis Frank O'Connor, Zürich, 1979

Schreiber, Hermann: Irland, Seine Geschichte – Seine Menschen, Gernsbach, 1997

Schulz, Thomas: Außergewöhnliche Fahrradtouren, Vorbereitung, Ausrüstung, Routen, Stuttgart, 1985

Severin, Tim: Auf der Suche nach Robinson Crusoe, Essen, 2004

Simek, Rudolf: Die Germanen, Stuttgart 2006

Söcknick-Scholz, Rainer: Eine Auswahlbibliographie, Oldenburg, 1993

Söcknick-Scholz, Rainer: Reisen in Irland im Spiegel älterer Reisebeschreibungen, Oldenburg, 1996

Sotscheck, Ralf: Gebrauchsanweisung für Irland, München, 2003

Sotscheck, Ralf: Der gläserne Trinker, Irische Geheimnisse, Berlin, 2006

Straeter, Ulrich / Straeter, Ilse: Schafsnasen in Wales, Ein Reiseverführer, Hamburg, 1990

Straeter, Ulrich: Zwischen Wind und Wetter, Tausend Kilometer Irland mit dem Fahrrad, Essen, 1996 / 1999

Straeter, Ulrich: Irish! – Reisegedichte, Essen, 1993

Straeter, Ulrich: Schottland schaurig schön, Eine Reise von Cornwall zu den Hebriden, Essen, 1999

Stündel, Dieter H.: James Joyce, Finnegans Wehg, Kainnäh ÜbelSätzZung... in: Schreibheft, Zeitschrift für Literatur Nr. 39, Essen, Mai 1992

Sudhoff, Heinke: Sorry Kolumbus, Seefahrer der Antike entdeckten als erste Amerika, Bergisch-Gladbach, 1990

Swann, Leonie: Glennkill, Ein Schafskrimi, München, 2005

Swift, Jonathan: Gullivers Reisen in die Länder der Zwerge und der Riesen, Gütersloh, Nr. 986 / 1554

Terhart, Franjo: Ich – Grace O'Malley, Die abenteuerliche Geschichte einer irischen Piratin, Recklinghausen, 1991

Terhart, Franjo: Irland, Land und Leute am Shannon, Bergisch-Gladbach, 1992

Terhart, Franjo: Die Meeresnarbe, Eine irische Geschichte,
Bad Kreuznach, 1994

Terhart, Franjo: Maud, Meine irische Liebe, Heilbronn, 1995

Terhart, Franjo: Anne Bonny, Piratenkönigin der Karibik,
Bergisch-Gladbach, 1996

The Clancy Brothers & Tommy Makem: The Irish Songbook,
New York, London, Sydney, 1969

Thomas, Dylan: Unter dem Milchwald, Aus dem Englischen
übersetzt von Erich Fried, Frankfurt am Main 1984/88

Thomas, Dylan: Ein Blick aufs Meer, Aus dem Englischen übersetzt
von Erich Fried, Frankfurt am Main, 1984/89

Thomas, Dylan: Der Strand von Falesá, Nach einer Geschichte von
Robert Louis Stevenson, Aus dem Englischen von Harry Rowohlt,
Frankfurt am Main, 1988

Unser wunderbarer Planet, Regenwälder, Ozeane, Inseln, Berge,
Wüsten, Pole (div. Autoren), Hamburg, 2004

Uris, Leon und Jill: Irland, Schreckliche Schönheit, München, o. J.

Walther, Ingo F.: Paul Gauguin, Bilder eines Aussteigers, Köln, 1993

Warner, Patrick: Irland, Eine Entdeckung, mit Bildern von Michael
Andersch und einem Vorwort von Alfred Andersch,
Frankfurt am Main, Berlin, Wien, 1977

White, Terence H.: Mr. White treibt auf der reißenden Liffey nach
Dublin, Ein Überlebensroman, Köln, 1984

Wilde, Oscar: Märchen und Erzählungen, München, 1955

Wilder, Thornton: Die Brücke von San Luis Rey,
Frankfurt am Main / Hamburg, 1959

Wollschläger, Hans: ,Tiere sehen dich an', Essays, Reden,
Göttingen, 2002

Wollschläger, Hans: Die bewaffneten Wallfahrten gen Jerusalem,
Geschichte der Kreuzzüge, Göttingen, 2003

Yeats, William Butler: Liebesgedichte, hsg. von Werner Vordtriede,
Darmstadt und Neuwied, 1976

Zerilli, Linda M. G.: Einsicht in die Perspektive, Nach dem Ende aller Maßstäbe: Hannah Arendts Überlegungen zur demokratischen Urteilskraft sind von ungebrochener Aktualität, Frankfurter Rundschau v. 7. Januar 2006

Zielske, Horst: Wales, Dortmund, 1992

Ulrich Straeter

Bittersüßer Aperitif

Reisenotizen aus Südfrankreich

ARKA Verlag

Der Aperitif – vor dem Essen genossen soll er den Appetit anregen und Lust auf das machen, was folgt.
Gleich 23 Mal serviert Ulrich Straeter den Leserinnen und Lesern Kostproben seiner ganz speziellen Gaumenkitzler, effektvoll garniert mit vielen Bildern und Illustrationen von Ilse Straeter.
30 Jahre Reise-Erinnerungen liegen in gebundener Form vor uns.
Petra de Lanck, Location Magazin, Essen

ISBN 3-929219-21-2
ISBN (13) 978-3-929219-21-0(1)
16,80 Euro

ILSE STRAETER

unterwegs

Aquarelle im kleinen Format

Mit Texten von Ulrich Straeter

Luftig-leichte Reise-Aquarelle von Ilse Straeter im kleinen Format aus verschiedenen Ländern Westeuropas, passend ergänzt von Ulrich Straeters Reise-Gedichten.

Leser und Leserinnen begleiten ein Paar, welches das Reisen zeitweise zur Lebensform erklärt hat, immer auf der Suche nach dem, was der Philosoph Hans-Georg Gadamer einmal gesagt hat:
Das Schöne ist das um seiner selbst willen Daseiende.

ISBN 978-3-929219-13-5

15,-- Euro